TO RESTORE ORDER

重建秩序的场景

文化产业发展的伦理建构与隐私保护

金元浦 主编

中国工人出版社

我国文化产业进入高质量发展新阶段

金元浦

什么是高质量发展？2021年3月7日习近平总书记在参加十三届全国人大四次会议青海代表团审议时指出："高质量发展是'十四五'乃至更长时期我国经济社会发展的主题，关系我国社会主义现代化建设全局。高质量发展不只是一个经济要求，而是对经济社会发展方方面面的总要求；不是只对经济发达地区的要求，而是所有地区发展都必须贯彻的要求；不是一时一事的要求，而是必须长期坚持的要求。"他强调："立足新发展阶段、贯彻新发展理念、构建新发展格局，推动高质量发展，是当前和今后一个时期全党全国必须抓紧抓好的工作"。[①] 这是进一步推动国家发展的新的顶层设计，是"十四五"乃至更长时期我国经济社会发展的总蓝图与总路线，是对各级政府、各个行业、全体人民发出的严肃的要求，也是全面深化改革、推进创新升级的新的动员令。

在"十四五"开局之年，我国文化产业也进入了一个新的历史阶段。以高质量发展为总体导向，我们面临着新的挑战、新的问题、新的困难和新的变革。我们应该如何深入理解文化建设的新发展理念？2020年9月，习近平总书记在教育文化卫生体育领域专家代表座谈会上首次用"四个重要"深刻阐释了新

① 《习近平在参加青海代表团审议时强调：坚定不移走高质量发展之路 坚定不移增进民生福祉》，来源：http://www.gov.cn/xinwen/2021-03/07/content_5591271.htm.

时代文化建设的崭新坐标，习近平总书记强调:“统筹推进‘五位一体’总体布局、协调推进‘四个全面’战略布局，文化是重要内容；推动高质量发展，文化是重要支点；满足人民日益增长的美好生活需要，文化是重要因素；战胜前进道路上各种风险挑战，文化是重要力量源泉。”我们必须全面、准确地贯彻执行习近平总书记做出的战略部署。我国文化产业必须在“创新、协调、绿色、开放、共享”五大理念中，坚持把创新放在首位，并协调其他。我国文化产业必须将高质量发展同满足人民群众更高的美好生活的需要紧密结合起来，推动坚持生态优先、推动创造高品质生活，实现创新与人民需求的有机结合，共享发展。

回顾过去，我国文化产业曾经历过一个粗放型、“铺摊子”、一哄而上的发展阶段，经历过一个产业转型、内部洗牌、升级换代的阶段。目前正开始向高质量、高层次、精细化发展模式转换，进一步将文化与高科技融合为一，将传统文创与数字化融合为一，将公共文化服务与文化经济融合为一，将创意设计与装备制造业、消费品业、信息业、建筑业等几乎大多数行业实现跨界融合。可以确信，“十四五”时期文化建设在国民经济和社会发展中将处于更加重要和突出的地位。2020 年 11 月，《文化和旅游部关于推动数字文化产业高质量发展的意见》(以下简称《意见》)的出台与实施，意味着以数字技术为推动力量的文化产业将迎来一波新的发展高潮。国家的顶层设计赋予了文化产业在新发展阶段的重要使命，而且文化产业在与当代互联网数字科技的结合下呈现出一些新的创新发展的态势。

新时代：文化产业发展的新语境

产业发展总与时代走向密切相关。文化产业的高质量发展之路，是时代对文化产业提出的必然性要求。当前，“百年未有之大变局”正在到来，就国际层面而言，第四次科技革命方兴未艾，现代互联网科技与生产生活的结合，数据分析、云计算、人工智能、区块链、物联网等新兴行业，在提高生产力水平、丰富物质供给的同时，正在颠覆诸多领域的产业形态、分工和组织方式，实现行业的跨界与融合，重构社会生产生活秩序和文化伦理。“百年未有之大变局”，为中国产业的转型升级带来了历史性的机遇。2018年7月，习近平在约翰内斯堡参加金砖国家工商论坛上的讲话中指出：

当今世界正面临百年未有之大变局。对广大新兴市场国家和发展中国家而言，这个世界既充满机遇，也存在挑战……未来10年，将是世界经济新旧动能转换的关键10年。人工智能、大数据、量子信息、生物技术等新一轮科技革命和产业变革正在积聚力量，催生大量新产业、新业态、新模式，给全球发展和人类生产生活带来翻天覆地的变化。我们要抓住这个重大机遇，推动新兴市场国家和发展中国家实现跨越式发展。①

新一轮科技革命使世界的发展进入了以5G为背景的“加速度”时代，大数据、工业4.0、网络人工智能化已成为时代进程中的三大潮流，信息通讯技术、计算机技术、视听表达技术、仿真技术、新材料技术、节能环保技术是推动潮流发展的六大核心技术。面对世界高速创新的变革，我国已将数字技术促进文化发展放在十分重要的位置来推动。应当认识到，数字科技形成的文化，也是当代文化发展的重要内容，而不仅仅是形式和基础支撑，它已发展为一个多层次、大范围、新型、前沿、有特定内容的文化系统的重要部类，是文化产业高质量发展的重要支撑。加快文化科技发展，是文化繁荣发展的必要支撑，是转变经济发展方式、推动文化产业成为国民经济支柱性产业的战略任务。当前，高新数字技术的广泛运用，在多个层面影响和推动着文化的发展，提升与

① 《习近平在金砖国家工商论坛上的讲话》，来源：新华网 http://www.xinhuanet.com/politics/leaders/2018-07/26/c_1123177214.htm.

推动了文化发展业态、内容形式、传播手段、消费路径、“走出去”方式的优化与升级。

就国内层面而言，全面建成小康社会以及2035年全面建成文化强国，是“十四五”时期乃至更长一段时期内文化建设的宏观语境，这就必然要求文化产业要迈向高质量发展之路。

一方面，文化产业高质量发展是全面建成小康社会取得决定性成就后提升文化供给的必然要求。我国的主要矛盾已经转变为人民日益增长的美好生活需要和不平衡不充分的发展之间的矛盾，而这一矛盾在全面建成小康社会取得决定性成就后将更加鲜明地凸显出来。在新的历史发展时期，人们必然需要高品质的物质文化需求，也必然需要高品质的文化供给巩固和加强全面建成小康社会的成果。因此，破解社会的主要矛盾，以高质量的文化供给代替无效供给、低端供给，增强文化供给结构应对消费需求变化的精准性和灵活性，丰富人民群众的文化娱乐生活，必然要推动文化产业的高质量发展，加快形成适应经济发展新需求下的文化发展方式。习近平总书记强调：

> 要推动经济高质量发展，牢牢把握供给侧结构性改革这条主线，不断改善供给结构，提高经济发展质量和效益。要加快推进新旧动能转换，巩固“三去一降一补”成果，加快腾笼换鸟、凤凰涅槃。要聚焦主导产业，加快培育新兴产业，改造提升传统产业，发展现代服务业，抢抓数字经济发展机遇。要完善科技成果转移转化机制，走出一条创新链、产业链、人才链、政策链、资金链深度融合的路子。①

在推进文化产业供给侧结构性改革，优化文化供给的整体导向下，我国进

① 《习近平在江西考察并主持召开推动中部地区崛起工作座谈会》，来源：中国政府网 http://www.gov.cn/xinwen/2019-05/22/content_5393815.htm.

行了产业供给结构内部的"洗牌"，推动了行业的升级换代。原先处于龙头位置的出版产业、旅游产业、演艺产业，甚至电影产业、电视产业都遇到了发展瓶颈。而一直处于末端的中国互联网相关文化创意行业成为中国文化产业的高端产业、核心产业、先导产业。因此，改善文化产业的产业供给结构是文化产业谋求高质量发展的必由之路。但是，不容忽视的是，目前我国文化产业的发展依然面临文化产业低水平徘徊、文化供给侧创新创意不足，高质量文化供给的产品和服务不够充分，资源依赖现象较为普遍，产业整体的市场化程度较低，文化企业的现代产业体系的升级尚存在较大空间，文化市场的各类主体发展还不均衡，许多中小民营文化企业仍然难以做大做强，特别是新型的更高形态的数字文化消费尚未建立。这些都成为文化产业高质量发展的障碍。

另一方面，建成文化强国需要文化品牌的支撑。相较于美国、日本等国，我国仍然缺乏核心文化 IP，丰富的优秀文化资源未能充分得到创造性转化和创新性发展，具有世界竞争力的文化品牌仍然缺乏有效的载体支撑。虽然我国近年在文化内容产品层面出现了一些爆款产品，如《流浪地球》《西游记之大圣归来》等，但尚未形成如迪士尼、初音未来之类的世界超级文化 IP，更缺乏对文化 IP 具有统筹和承载能力的主体园区，如美国创造的迪士尼已在全球布局主题公园，日本制作的初音未来将二次元之风吹向世界。因此，建成文化强国需要形成一批具有产业承载能力和传播能力的优质文化 IP，积极吸纳优秀传统文化元素并推动传统文化的创造性转化，创建具有自主知识产权和世界影响力的文化品牌，这就为文化产业的高质量发展提出了必然要求。《意见》特别指出：

深刻把握数字文化内容属性，加强原创能力建设，创造更多既能满足人民文化需求，又能增强人民精神力量的数字文化产品。培育和塑造一批具有鲜明中国文化特色的原创 IP，加强 IP 开发和转化，充分运用动漫游戏、网络文学、网络音乐、网络表演、网络视频、数字艺术、创意设计等产业形态，推动中华优秀传统文化创造性转化、创新性发展，继承革命文化，发展社会主义先进文化，打造更多具有广泛影响力的数字文化品牌。[①]

在文化强国的建设进程中，提炼传统文化元素，培育优秀文化 IP，最关键的是用现代互联网科技与文化创意相结合，形成新的文化产品形态。例如，敦煌以传统壁画作品作为创作内容，对敦煌石窟和相关文物做数字化采集、加工和存储，实现“云游敦煌”。2020 年 2 月“云游敦煌”小程序上线仅两个月，浏览量累计突破 1200 万人次，即成爆款。此外，敦煌文化 IP 创作的《敦煌动画剧》，使得“千年壁画，声动上映”。这些融合了现代互联网技术与传统文化内容的新文化产品形态，展示了传统文化资源的巨大魅力，也揭示出实现文化强国之路并不意味着要在文化内容打造或品牌 IP 培育上另起炉灶、另辟蹊径，而是可以充分依托民族传统文化资源的巨大宝库，并借鉴世界文明的先进成果，创造符合国情和时代发展趋势的文化内容，系统构建民族文化品牌，助力文化强国建设。

因此，从国际国内两个维度发展趋势来看，文化高质量是国家战略的重要组成部分，它的提出与实施标志着我国社会经济发展进入一个新的阶段。在文化高质量发展的推动下，文化作为生产力的作用进一步凸显，以科技为支撑的文化新业态充分涌现，文化与互联网科技的融合将重塑文化经济发展格局。

新态势：文化产业“双线交错”新发展

当前，我国在文化产业高质量发展的过程中，形成了双线交错的发展态势。一条是文化与旅游融合，文化为旅游赋能，出现了一批大众化、普及化的实体产业形态。另一条是文化产业升级换代而涌现的大批新形态，这些形态与数字

---

① 《文化和旅游部关于推动数字文化产业高质量发展的意见》，来源：http://www.gov.cn/zhengce/zhengceku/2020-11/27/content_5565316.htm.

科技、大数据、人工智能、云计算、物联网以及大视频相关，创造了科文融合的新形态和新景观。

“双线交错”发展新态势的出现，在于文化产业的整体发展面临“线上＋线下”的路径选择，即文化产业本身需要线下实体产业的支撑，这一产业布局较多地集中在旅游领域，例如旅游演艺、美丽乡村旅游、特色小镇建设、非遗传承衍生、民宿设计运营等。红色旅游、研学旅游、休闲旅游、度假旅游、体育旅游、医养旅游、健康旅游等正在拓展升华发展形态。文化产业的线上路径更多地为互联网文化业态所选择，从广义上来说属于信息消费，如李子柒的传统文化走向世界、小朱配琦的直播带货、TikTok 短视频的国际影响力、国产人工智能汽车的数字运行、发展迅速的云游戏、不断涌现的网络服务新社区，以及各种沉浸式的 VR/AR/MA、3D/4D 的新感受、新景观、新形态。国内华为、中兴、腾讯、字节跳动、阿里巴巴、京东、拼多多、美团、小米以及海康威视等与互联网、移动网密切相关的企业进一步进入文创领域寻找发展机遇。它们迅速成长为文创独角兽甚至超级独角兽，成为创意经济中头部经济形态。当然，文化产业“线上＋线下”的发展路径并非完全独立，而是存在交叉，如“云旅游”成为线下旅游走向线上旅游的典型形态，而“网络直播”也会把某地推波助澜为线下的网红打卡地。

文化产业“双线交错”的发展新态势，指向的都是文化新消费。“新消费”是“以传统消费提质升级、新兴消费蓬勃兴起为主要内容”，[①] 并以此催生出相关产业发展、科技创新、基础设施建设和公共服务等领域的新投资、新供给。当前，我国正处在消费结构升级，以及消费的主导化、上游化和高档化，使得各类消费支出的结构升级和层次提高，直接反映了未来的消费趋势。新消费时代正在来临。近年来，新消费已上升至国家顶层设计层面，《国务院办公厅

① 《国务院关于积极发挥新消费引领作用加快培育形成新供给新动力的指导意见》，来源：http://www.gov.cn/zhengce/content/2015-11/23/content_10340.htm.

关于以新业态新模式引领新型消费加快发展的意见》(国办发〔2020〕32号)、《国务院关于进一步扩大和升级信息消费持续释放内需潜力的指导意见》(国发〔2017〕40号)、《国务院关于积极发挥新消费引领作用加快培育形成新供给新动力的指导意见》(国发〔2015〕66号)等一系列文件相继出台，均强调新消费在产业结构升级和经济提质增效中的引领性作用。《国务院关于积极发挥新消费引领作用加快培育形成新供给新动力的指导意见》描述了我国消费结构的变化：

发挥新消费引领作用是加快推动产业转型升级、实现经济提质增效的重要途径。消费升级的方向是产业升级的重要导向。我国居民消费呈现出从注重量的满足向追求质的提升、从有形物质产品向更多服务消费、从模仿型排浪式消费向个性化多样化消费等一系列转变。[①]

消费是生产的最终目的，消费内容的转变必然要求新文化内容的供给，也只有围绕消费市场的变化趋势积极调整文化生产内容、优化产业结构，才能实现文化产业的高质量发展。以线下为主要载体形式的文化旅游，注重体验消费。文化为旅游赋能之后，旅游告别纯粹的观光游，而是更加注重消费者（旅游者、阅读者、观赏者）的深度介入和参与。在消费者的消费过程中，深度的沉浸式参与使人感受到身体乃至心灵的震撼。那是对过程的体验——体验另一种身份、体验异域生活，以及体验自身的创造力等，并从中获得满足感、愉悦感和幸福感。这就是沉浸类消费特别受到欢迎的原因，消费者愿意为这类旅游体验付费，因为它美好、不可转让、转瞬即逝。随着模仿型、观光型、排浪式消费阶段的基本结束，个性化、多样化消费渐成主流，特别是年轻一代更加偏好体现文化

① 《国务院关于积极发挥新消费引领作用加快培育形成新供给新动力的指导意见》，来源：http://www.gov.cn/zhengce/content/2015-11/23/content_10340.htm.

特色、个性特征的文化体验和服务，应着力推动与消费者体验、个性化设计和柔性制造等相关的产业加速发展。

以线上为主要内容的信息消费，则成为增长最强劲的消费内容。2020 年信息消费增长较快，仅 2020 年第 1 季度，我国移动互联网接入流量同比增长 39.3%。可以说，信息技术的广泛运用特别是移动互联网的普及，正在改变我国居民的消费习惯、变革消费模式并重塑消费流程，催生跨区跨境、线上线下和体验分享等多种消费业态兴起。互联网与协同制造、农业、教育、医疗、文化等产业的跨界融合，在刺激信息消费、带动各领域消费的同时，也为云计算、大数据和物联网等基础设施建设以及智能终端相关技术研发和产品服务发展提供了广阔前景。

我们必须看到，“双线交错”发展的新态势，展现了我国文化产业发展在不同领域所取得进展的总体状况。过去这两条线几乎是互不交错的平行线，各有各的发展领域和运行方式，而当前这种情况得到很大改善，两条线相互交错，形成了互相支撑的新局面。高新科技的发展需要广阔的市场，需要新的消费人群，旅游文化需要创意升级、技术提升、金融支撑和市场检验。

新业态：文化产业边界的新拓展

如果说“双线交错”的发展态势还只是从宏观上对整个行业进行的概括与描述，那么，就文化产业业态本身而言，“双线交错”的整体趋势体现了文化产业边界的扩展。文化与科技融合、行业之间的跨界是当代文化产业创新发展的核心动力，而融合后最为直接的结果则体现为业态边界的扩展。

在世纪之交互联网时代的文化转向中，人们对文化产业的最大认识之一就是文化产业边界的移动。作为急剧变化转型期的当代文化产业是否有一个明确无疑的边界呢？或许，我们可以从国家统计局公布的《文化及相关产业分类》划分产业门类数量的变化中可见一斑。根据国民经济行业分类，《文化及相关产业分类（2004年版）》共划分文化产业99个小类，《文化及相关产业分类（2012年版）》则调整为120个小类，如在数字内容服务中增加了数字动漫制作和游戏设计制作，以及其他电信服务中的增值电信服务（文化部分）等，删除了包括旅行社、休闲健身娱乐活动、教学用模型及教具制造、其他文教办公用品制造、其他文化办公用机械制造和彩票活动等。《文化及相关产业分类（2018年版）》则划分为146个小类，新增加了符合文化及相关产业定义的活动小类，如互联网文化娱乐平台、观光旅游航空服务、娱乐用智能无人飞行器制造、可穿戴文化设备和其他智能文化消费设备制造等业态。产业类别数量的不断增加，既体现出国家分类标准是处在不断修订完善中的，又体现出以"互联网+"为依托的文化新业态不断涌现，并且在社会经济中发展迅猛，日益成为文化产业新的增长点，理应把这些新业态及时纳入统计范围，以反映社会经济的活跃度。

从这个角度来说，文化产业的边界从来就没有固定过。人们总是认为，文化产业作为一个极具影响力的理念是从20世纪中期霍克海默和阿多诺对文化工业的批判开始的，这是牵强的。法兰克福学派之后的文化产业、创意产业、创意经济的发展，无论在理念上还是在现实性上，都选择了另一条实践的、文化经济的、社会参与的、国家推动的道路。从那时起，文化产业内所包含的产业类别和文化产业的边界就一直处在变动中。报纸、广播、电影、电视、音乐、网络小说、网络游戏等，都是在历史上的不同历史时期、不同发展阶段、不同传播时代"加入"文化产业阵营的，并且在不同的发展阶段有不同的"主打"类型。今天，移动互联网所引起的传播革命，又一次引发和推动了文化产业自身的边界拓展。文化产业面临着又一次越界、扩容。一大批新型的产业样式如短视频、直播、虚拟现实、3D打印服务、云旅游、云演艺、智慧旅游、工业旅游、意念电竞游戏、区块链版权等，一大批新业态都已进入文化产业研究的视野，更多的新兴文化艺术样式和产业内容被创造出来，成为今日文化产业关注和研究的对象。当下无疑是一个短视频的时代，截至2020年12月，中国短视频用户规模已达8.73亿，占整体网民的88.3%，无论是市场价值，还是消费用户规模都俨然是最吸引眼球的业态。因此，随着时代的变化，重新审视文化及其相关产业的类别，并依据时代、文化、艺术、技术的发展而有所扩容，有所变更，与时俱进，是非常必要的。

边界拓展是历史的常态，而驱动边界拓展的动力即是创意所追求的“跨界”或“越界”。任何文化新业态都追求创意在产业发展中的核心价值，而创意的根本观念是通过“越界”促成不同行业、不同领域的重组与合作，在产业的边界衍生出新的业态。通过越界，寻找和培育新的增长点，进而实现推动文化发展与经济发展和在全社会推动创造性发展的目的。从总体而言，文化新业态是与传统文化业态相对的一个概念，更多的是顺应多元化、多样化、个性化的产品或服务的文化需求，依托技术创新和应用、内容形式的转化和创新，从现有产业和领域中衍生叠加出的新环节、新链条、新活动形态，以互联网为依托开展的经营活动等为主，而以互联网数字技术为支撑的产业形态也是未来文化产业发展的趋势。

新问题：文化产业面临的新挑战

在文化产业边界不断拓展、业态不断催生的整体背景下，我国文化产业也面临着产业秩序调整与规范、产业伦理重构与形成等问题。当前我国文化企业在文化产业运营中的企业社会责任缺失与大量“失信”问题：如互联网诈骗、虚假广告宣传、不实承诺、新型电子诈骗、电子商务购物诈骗、公民个人信息泄露与买卖等。传统媒体与新媒体的媒介伦理问题：如媒介人职业操守、新闻传播道德与窃听手段、网络新媒体中互联网“谣言”传播、网络信息安全、网络“黑客”、青少年网络游戏沉迷与“网瘾”、网络“人肉搜索”与侵犯隐私权等。知识产权保护中的盗版泛滥问题，中国在加入世贸组织后，尤其是近年来，加大了对盗版的打击力度。但是因为文化观念和制度法规滞后，在反盗版方面一直受到国际社会的质疑，也因此使我国遭受了一些经济的、政治的和文化方面的损失。同时，我国文化产业发展中也暴露出一些不良的发展趋势，如文化产业的过度娱乐化和突破道德底线问题，文化产品内容的极端商业化问题与劣质化甚至“三俗”化，产业发展中出现的“涉黄赌毒”问题；各路明星偶像“负能量”对青少年的影响。一系列问题彰显出文化产业的发展并非是一路高歌猛进，而存在许多亟待解决的问题。习近平总书记指出：

> 网络空间是亿万民众共同的精神家园。网络空间天朗气清、生态良好，符合人民利益。网络空间乌烟瘴气、生态恶化，不符合人民利益。谁都不愿生活在一个充斥着虚假、诈骗、攻击、谩骂、恐怖、色情、暴力的空间。[①]

加强互联网文化产业的行业治理与伦理构建，形成完善的现代文化产业体系和市场体系，已成为国家顶层设计的重要内容。因此，在提升文化产业治理能力和治理水平的总体指向下，平衡协调文化产业发展中的经济效益、市场运营与社会伦理、社会公平、社会效益等问题，妥善处理社会转型之下文化产业面临的伦理冲突、互联网新媒体的历史性变革下的“伦理危机”、互联网自媒体传播的产业伦理困境等，治理行业发展中出现的“辫子新闻”、虚假信息、隐私泄露、大数据杀熟等现象，是推进文化产业高质量发展的重要保证。

因此，围绕以上相关问题，本套丛书创新性地提出了以下命题，并予以阐释，也许可以称为亮点：

> 互联网思维是科技革命中范式转换的必然成果
>
> 创客运动是中国走向原创大国的重大战略
>
> 我国文化创意产业正走向原创力发展的历史性阶段

① 习近平．习近平谈治国理政（第二卷）．北京：外文出版社，2017：336.

创新生态系统：我国文化产业提质增效的路径

2021—2025年：文化新业态发展的历史关口期

文化新生代引领新业态创造性发展

独角兽竞争——我国文化创意产业发展的新领域与新形态

数字时代大平台的文化政策与伦理关切

后斯诺登时代信息安全与用户隐私

大数据时代个人隐私数据的泄露与保护

在文明对话中构建世界人工智能的伦理向度

互联网文化新业态伦理建构的情境主义路径

需要强调的是，我们这套丛书是以我国文化产业发展中出现的前沿问题为导向的，我们的研究结果肯定不是最后的结论，但它是探索性的，我们在寻找文化产业高质量发展的新路径。

感谢中国工人出版社，你们在2020年疫情的严酷中，毅然定下出版这套丛书的计划，情怀在兹，能不感慨、感谢、感铭于心？在本书的编辑过程中，出版社的总编、编辑同仁们也曾与我们反复讨论书中的内容及取舍，特别是书名的选定，我们曾几番讨论，审慎选择。感谢葛忠雨、傅娉，以及参与本书编辑的诸位同仁，谢谢你们认真负责的精神，谢谢你们辛勤的汗水和心血。

有道是：

晴空一鹤排云上，便引诗情到碧霄。

权为序。

金元浦于海淀三灯阁

2021年3月12日

目录

上　编

下 编

上　编

绪　论

我国文化产业伦理发展的现实境遇与当下形态

习近平总书记对互联网时代文化伦理提出了一系列精辟的论述。他指出："网络空间是亿万民众共同的精神家园。网络空间天朗气清、生态良好，符合人民利益。网络空间乌烟瘴气、生态恶化，不符合人民利益。谁都不愿生活在一个充斥着虚假、诈骗、攻击、谩骂、恐怖、色情、暴力的空间。"[①]这就为互联网语境下文化产业的伦理研究提出了新的命题，文化产业伦理既关乎国家政策顶层设计，又关乎行业健康发展，更关乎社会生活。可以说，随着以信息技术为核心的新一轮科技革命的勃兴，科技深刻改变着人们的生产生活。由此，文化产业伦理或者互联网文化产业伦理在新一轮产业革命中，作为影响和规范文化产业发展的重要因素，也日益凸显出来。

文化产业应该要有正确的价值观，这关乎国家，关乎社会，关乎百姓，特别是关乎青少年，起码要承担起最基本的社会责任，决不能突破底线。应该有更多的力量来为互联网大众的公共利益和社会利益而不懈努力。

一、问题倒逼：文化产业主体要担起社会责任

2016年，快播案首次网络视频直播庭审，引爆舆论狂欢。紧接着，"百度血友病贴吧出售"事件，再度引起朋友圈刷屏。2019年，轰动业界的"AI一键脱衣""AI一键换脸"以及"逢脸ZAO戏"等实践，提出了中国文化产业主体的社会责任和价值观问题。习近平总书记指出："网络空间同现实社会一样，既

① 习近平谈治国理政（第二卷），北京：外文出版社，2017：336.

要提倡自由，也要保持秩序。自由是秩序的目的，秩序是自由的保障。”①

近年来，我国依托于互联网、移动网、大数据、云计算的高科技新媒体产业发展迅速，已经深刻影响广大公民的生活方式。但是与之伴行的产业伦理的理论与实践却相对滞后，暴露了许多深层的结构性隐患。如文化产品的诚信问题、涉黄问题、青少年网瘾问题、电子诈骗问题、网络谣言问题、盗版泛滥问题、“有毒”信息问题、媒介职业道德失范问题；虚假新闻、新闻敲诈和新闻腐败问题；虚假广告与广告失德问题；“人肉搜索”侵犯个人隐私问题，特别是一些具有广泛影响力的影视、体育、网络明星，大V、博主、“意见领袖”，大肆冲击公共伦理道德底线，严重影响了全社会的道德氛围，尤其对青少年影响更大。这一系列问题，已经相当严重地影响到我国新媒体文化产业的健康发展。

“百度贴吧门”事件，作为问题倒逼我们再次关注新媒体的社会责任和价值观，也引发了人们广泛的思考：37家公益组织由此向全社会提出了新媒体企业与社会公益的关系问题，企业的营利与社会责任问题，企业自身的法律意识和新媒体的企业管理问题，企业品牌与社会形象问题，等等。虽然追求商业利益对于任何一个企业来讲都是必然的，但互联网作为公众平台必须有自身的价值追求，不能忽略自身的社会责任。因此，文化产业的发展应具有底线思维、伦理思维。

二、责任担当：文化经济应有价值观和伦理准则

习近平总书记指出：“在我国，七亿多人上互联网，肯定需要管理，而且这个管理是很复杂、很繁重的。企业要承担企业的责任，党和政府要承担党和政府的责任，哪一边都不能放弃自己的责任。网上信息管理，网站应负主体责任，

① 习近平关于社会主义文化建设论述摘编. 北京：中央文献出版社，2017：36.

政府行政管理部门要加强监管。”[1] 责任是文化产业伦理构建中不可或缺的因素。

在文化经济伦理研究中，价值观、价值选择被放在文化经济学的首要位置。伦理学大师、哈佛神学院的拉尔夫·波特博士曾设计一种道德推理模式——波特图式，或称波特方格。它将道德分析的四个方面纳入其中，即定义、价值、原则、忠诚。其核心应当是从业者的价值观、伦理准则和对谁忠诚或负责，但更重要的是价值观和伦理准则。戴维·思罗斯比在《经济学与文化》中提出："在经济学与文化两个我们所关注的领域里，尽管起源不同，却都将价值概念视为事物估价的一种表述方式，不仅在静态或消极意义上，而且在动态或积极意义上，将其视为一种议价或交易现象。因此，在将经济学与文化这两个领域连在一起时，可以从价值入手，价值是连接经济学与文化的基石。"思罗斯比认为，我们关注文化经济的伦理问题，是因为文化创意产品和文化服务的特殊性质。"我们需要铭记的是，许多文化商品和文化服务事实上都是混合商品，它们兼具私人物品和公共物品的双重属性。"

文化创意产品和文化服务有明显的公共产品的性质。它不同于一般商品，而有着极大的溢出效应。许多文化商品不是像物质商品那样在消费中被消耗掉了，而是越消费价值越大，如电影、电视、文学、艺术、绘画和音乐作品等，消费的人越多，商品的价值越高，而且还会产生长远的价值，包括商业价值、文化价值、社会价值、艺术价值、审美价值等。作为公共产品的集体消费，它就天然地具有了消费者共同关注的政治理念、社会价值、社会伦理、公民责任，乃至交往准则、道德底线、文化习惯、民族喜好和审美取向等一系列性质。另外它的公共性质还在于与城市或社会的公共服务密切结合在一起。所以，思罗斯比强调指出："在宽泛的文化语境里界定价值需要遵循一条必不可少的原则，该原则意味着，（文化）价值代表了积极的而非消极的特征，导向了好的，而非坏的、更好而非更糟的方面。"

① 习近平关于社会主义文化建设论述摘编．北京：中央文献出版社，2017：51.

面对新媒体文化产业伦理实践的严峻问题，我国相关理论和政策研究还处于落后状态，必须深入研究和借鉴各国文化产业伦理的理论与实践成果，研究和转化中国传统伦理文化的深厚资源，以落实中国特色的社会主义核心价值为宗旨，全面探索我国文化创意产业伦理学的框架、概念、思路、对策和路径。一系列违反产业伦理的案件，对理论研究和产业发展而言，都是一个警示，一种倒逼。

三、我国当前创意经济的新梯形结构与层级模态

文化产业伦理存在于文化经济之中，因此，探讨文化产业伦理，有必要对文化经济有一个全面深刻的把握。只有明晰文化经济的结构层次、现状与趋势，才能对文化产业伦理存在的问题做更为深入的解剖。经过 40 多年来我国文化创意产业的不断发展，我国已形成由文化创意新航母发展模态、创意企业大发展的独角兽模态和培育千百万创客的满天星斗模态等三个层级构成的创意经济的新梯形结构。

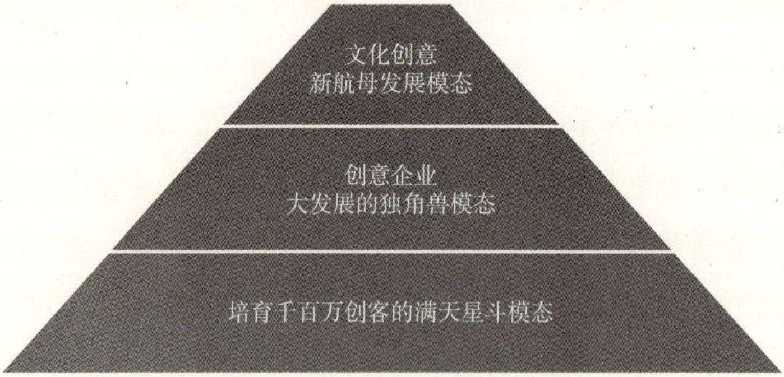

培育千百万创客的满天星斗模态是这个层级结构的基础。它由双创（大众创业、万众创新）战略持续推动，在国内建立了百万计的创客空间。千百万青年在这里实现了创业的梦想。这是我国文化创意产业升级换代的动力层。一方

面，大量青年学子走上创业道路，成为国家走向原创大国的人才储备库；另一方面，他们创办的百万计的小微企业不断发展壮大，在创新、创意、创造的理念引导下，向独角兽模态进发。

创意企业大发展的独角兽模态是层级结构承上启下的重要支撑。一方面，它是潜力独角兽企业在国内外严峻竞争环境中成长的平台，必须不断向文化创意新航母发展层次推出独角兽与超级独角兽，并推动其上市，退出独角兽平台，进入文创新航母群发展形态。另一方面，它必须大力开放平台运营，选择和扶持理念先进、设计前沿的创客企业，推动金融机构进行风险投资，更多捕获潜力独角兽。同时邀请新航母舰队层次的旗舰企业，按照其综合发展的需求，扩大其企业生态链构筑，发现、培育和捕获更多独角兽。

当然，这一梯形结构的核心和关键还是文化创意新航母群的领军模态。首先，文化创意产业在走向高质量发展过程中，进行了产业内部的“洗牌”，实现了行业的升级换代。原先处于龙头位置的出版产业、旅游产业、演艺产业，甚至电影产业、电视产业都遇到了发展的瓶颈。而一直处于末端的中国互联网相关文化创意行业成为中国文化产业的高端产业、核心产业、领军产业、先导产业。从我国经济看，文创产业已真正成为我国经济的重要支柱产业。其次，文化创意新航母舰队群的重要标志性特征是它与数字时代大数据、人工智能、云服务、区块链、移动网、物联网、大视频等融合为一体。它以跨越领域、行业“边界作业”，建构了创意经济的融合新形态。这个形态与全球创意经济的发展是一致的。在与发改委、经信委、科技部提出的“数字创意产业”的提法协调一致上，也需要继续举起创意的旗帜。一些人固执地坚持摒弃创意，是对创新这一党的十八大以来中央放在首位的理念理解不到位，是在新的发展阶段忽略了形势发展的变化，是不符合我国文创大业发展的现实，也是缺乏远见的。最后，在新的统计指标之下，我们也可以允许一些地区先走一步，如北京、上海、杭州、成都等城市的文化创意产业试验。以往的经验证明，恰恰是北京文化创意产业的理论和实践的引领，才使得国家统计指标一改再改，更切合我国文创发展的现实。全国很多地区和城市也是在创意的引导下，取得了众多开创性的成果。实践要求我们必须变革理念。

1. 构建文化创意产业发展的文创新航母舰队群

从全球来看，美国以其互联网五大头部企业引领的创意经济，构建了一个庞大的前沿的科创文化的航母舰队群。这是一支远超美国军事航母战斗群的另一支科创文化舰队群。它在中美经济的、文化的、科技的乃至政治的激烈竞争中发挥着非常重要的作用。

这支美国舰队发展十分迅速。从经济上看，2018 年 8 月 3 日苹果公司的市值突破了历史新高，创下了一万亿美元的纪录，将整个美国的 IT 行业各大公司的市值都带到了一个全新的高度。其中，亚马逊 8735 亿美元，谷歌 8430 亿美元，微软 8130 亿美元，Facebook 市值也在 5000 亿美元左右。这是互联网公司的市值历史上第一次都达到这样的高位。此后微软、亚马逊、谷歌都突破万亿美元大关。

2019 年 8 月 1 日，美国互联网五大头部企业市值：苹果市值 9797.56 亿美元；微软市值 10607.43 亿美元；亚马逊市值 9129.16 亿美元；谷歌 A 市值 8387.08 亿美元；Facebook 市值 5074.96 亿美元。

2020 年 6 月 10 日，除了沙特阿美 17193 亿美元创造石油能源全球历史最大市值外，这一天，苹果股票市值收盘价再创新高，按照每股 352 美元左右的价格，大约有 43 亿股的流通股，苹果公司的市值达到 1.53 万亿美元。成为首个市值达到 1.5 万亿美元的美国公司。其后，微软市值 14393 亿美元，亚马逊市值 13000 亿美元，谷歌市值 9940 亿美元，Facebook 市值 6800 亿美元。6 月 22 日，苹果股市继续上涨，市值达到 15554.63 亿美元。

无疑，全球互联网创意企业的巨无霸是以苹果、谷歌为首的美国航母舰队群，这是全球唯一的巨型集群，形成了全球科技文化创意经济的五大头部企业。当今世界还没有任何一个国家能建立起这样一支互联网科技文创类的航母舰队群。这个舰队群，以苹果为旗舰，加之谷歌、亚马逊、微软、Facebook、IBM、高通……每只股票都达到了惊人的高市值。其中苹果一骑绝尘，达 1.5 万亿美元，超过世界前 12 名每个国家的 GDP 总量，令世界为之惊叹。谷歌两只上市公司股票，市值超过 1 万亿美元，亚马逊、微软等也超过或接近 1 万亿美元。这些公司均超过美国能源类、全球制造业公司，成为美国经济的坚强支柱。在美国 20.5 万亿 GDP 中，占据极其重要的地位。为美国的经济增长（GDP 增速）作出了重要贡献。欧盟曾经希望能与这一舰队抗衡，无奈能力不济，不断退缩，难以构成美国对手。

我国文创航母舰队群正在初步成形，成为当今世界唯一可能与美国文创科技航母群相颉颃的企业群。它以民营经济、混合所有制为主。华为突前，中兴其后，阿里巴巴在美国上市，腾讯在中国香港上市，两个企业市值都超过 5000 亿美元（依股市行情升降变化）。在 2020 年 6 月 10 日世界前十大市值企业的同一榜单上，阿里巴巴市值 5921 亿美元，腾讯市值 5500 亿美元，位列全球第 7、第 8 位，仅落后于美国五大头部企业。成为中国两大文化创意上市领军企业。华为（未上市）、中兴、京东、百度、小米、网易、搜狐，世界第一大 PC 厂商联想、中国移动，以及蚂蚁金服、字节跳动、滴滴、美团、拼多多这样一大批潜力企业获得发展，通过上市和购并规模迅速扩张，形成了一支走向国际的文化创意准航母舰队群。

正是这样一批创意创新的中国企业的发展，引起了美国的特别关注，遭到了其疯狂的打压。自 2017 年开始，美国商务部已先后将上百家中国公司列入“实体清单”，中兴、华为、中科曙光、科大讯飞，海康威视等知名公司都曾受到制裁。2019 年，美国商务部曾将华为及其 70 家附属公司纳入美国贸易管制清单，包括旷视科技、商汤科技、依图科技等国内知名人工智能服务商在内的 8 家企业。

2020 年本次列入清单企业的深网视界、云天励飞、银晨智能等企业的技术优势集中在人脸识别领域。中国“AI 四小龙”（旷视科技、商汤科技、依图科技、云从科技）已全部位列“实体清单”。美国自 2019 年以来累计将我国 147

家企业列入其所谓的“实体清单”。2020年5月23日凌晨，美国商务部宣布，将共计33家中国公司及机构列入“实体清单”，其中甚至包括一批大学、科研机构和科技公司：如北京计算科学研究中心、奇虎360、哈尔滨工业大学、哈尔滨工程大学、K急送、云从科技、东方网力等。

目前，在高新科技推动下，我国文化创意产业已悄然实现升级换代。中国互联网相关文化创意行业已成为中国文化产业的高端产业、核心产业、领军产业、先导产业，真正成为支柱产业。

领军行业责任重大。其发展一是要学习美国五大头部企业引领的科创发展的经验和创新型思维；二是全面研究美国商务部“实体清单”的制裁带来的严峻困难，进行有理有利的回击；三是中美之间还是要寻求合作，互惠互利，形成共同发展的新局面。

2. 独角兽争夺是文创全球竞争赢取未来的关键

实际上，今天我们看到5G背景下中美之间的独角兽竞争已经变成了争夺未来之争，就是看谁培育出多少独角兽的竞争。独角兽代表着未来，独角兽代表着在中国新的经济洗牌之后将产生什么样的动能。

为什么要大力培育独角兽？中美的差距最重要的是在创新、创意、创造即原创上。独角兽的发展是当前中美竞争的焦点之一，是在实现金融支撑的条件下，我国在5G时代跨界协调、文化与科技融合实践中提出的新的创新经济的新兴“战队”。在创意经济这样一个新的变革中，文创企业如何成为中国的头部经济先导力量？如何与美国头部经济的企业进行竞争？

独角兽的竞争是中美之间一场全面的竞争。是谁能从宏观经济上把握产业发展新趋向的竞争，是哪个国家能实现新型的融合型跨界重构格局的未来之争。独角兽的发展要求产业链全面协调运行。其运行的模式集产业自身发展、市场环境建构、投融资系统、新业态创新驱动、中微观企业选择为一体，所以我们必须高度关注。笔者认为中美未来的发展胜负在某种程度上就在于两国之间独角兽的竞争。

美国财经分析师罗伊特·库卡尼（Rohit Kulkarni）在其博客中曾针对中国创业生态进行了分析。他指出：小米在香港上市，其IPO估值可能达到1000亿美元，成为2014年继阿里巴巴以来最大规模的IPO。近年中国独角兽的全球崛起，吸引了外媒的注目。罗伊特·库卡尼认为，现在是中国创业生态的关键时刻，越来越多的中国独角兽崛起：估值约达600亿美元的陆金所，800亿美元的滴滴出行，以及300亿美元的美团。可以预见，小米、陆金所、滴滴和美团等未来的市场估值会超过2700亿美元，将成为中国创业生态中富有影响力的独角兽企业。

长期以来，美国投资界普遍认为，中国创业公司往往都是美国同行的复制品。伦敦经济研究院2008年曾报告中国在全球原创中仅占2.5%。毋庸讳言，在改革开放前期，中国创业者的确采用了学习、跟随的战略。但是这些年来，这种情况已大为改观。甚至硅谷的企业也不得不到中国来考察。

罗伊特·库卡尼指出，在过去的10年里，已经看见中国创新浪潮的明显逆转。更多中国创业公司正在打造创新解决方案来解决当地问题。中国的民营科技投资者相应地升级了他们的赛局。中国在2019年比其他任何国家，包括美国，都创造了更多的独角兽。据CB Insights的数据显示，中国目前拥有60家私营公司，市值均超过10亿美元，这个数字在5年前只有少数几家。快速浏览世界十大独角兽，会发现中国在创新领域位居世界领先地位。十大独角兽中有六个来自中国，拥有超过4000亿美元的总市值。相较之下，另外四个美国独角兽价值则为1500亿美元。作者表示中国在创新领域已经领先世界，并且胜过了美国。

其实，这几年美国已经意识到了中美之间的区别。中国在竞争动态、消费者人口统计特征、技术的采用和资本获取等方面根本性的差异。比如拼多多的强势崛起，使许多风评家和股评家大吃一惊，也使若干家美国律师事务所的围剿失败。

近些年，中国城市发生了巨大的变化，纷纷热切关注起独角兽的发掘、培育与捕获。我们看到全球首个独角兽岛落户成都天府新区，2020年已经建成。目前已经有很多企业报名入驻这个园区了。

那么，文化创意企业独角兽，它的高质量发展有什么样的特点，怎么融会，中美到底在争什么？当然前面已经有一个更大的航母舰队群的竞争，而未来属于谁则是独角兽的较量，因为独角兽都要升级，都要上市，都要成为未来的科创型航母。

2013年，美国的独角兽占据全球75%，中国尚无，也就是说美国独角兽有强劲的发展能力，拥有未来，其他国家一共占25%。到了2015年，美国独角兽占到了全球的49%，中国占了28%，其他国家综合起来占据了23%。到了2017年，这个数据是，美国占全球41%，中国占36%，其他国家占23%。现在我们看，中国和美国2018年全球独角兽企业的估值情况，中国9573亿美元，而美国有5500多亿美元。大家再看中国和美国独角兽的数量之比，全球其他国家都非常少，中国有205家，美国有149家，另一个评价认为美国有203个。

这是中美独角兽行业合计估值的对比，中国在金融领域、文化娱乐领域都是非常强劲的，大家会看到这是非常迅速的发展。而美国在游戏领域里远远超过中国。另外在社交网络上我们没法和Facebook相媲美，像这一类的社交网站，美国比我们多得多。还有一个高端装备制造，美国独一份。化妆品、建筑科技、服饰，美国也非常凶猛，甚至房地产服务，美国也大大超过中国。

再看中美独角兽行业估值的结构差异，也是非常明显的，美国的几大块——金融、房地产业、汽车交通和企业服务——均超过中国。而在中国，独角兽所在领域第一是金融；第二是文化娱乐，中国的文化产业在独角兽竞争中，文化娱乐作了很大的贡献；第三是与高端汽车的发展联系在一起的产业形态。

在这两个大国中，哪些独角兽是最厉害的呢？从美国来看Uber是最厉害的；在汽车交通方面、房产服务方面，美国都比较厉害。中国是蚂蚁金服、今日头条、阿里云、滴滴出行、大疆无人机、京东数科，还有快手、菜鸟、陆金所、京东物流，通过这些能看出来中国在文创领域更集中地展示了自己强大的力量，而美国则是在各个领域都有相对均衡的发展。

近年中国独角兽的全球崛起，美国专家做过一些分析。一个美国的经济分析师提出，中国在创新领域已经领先世界，并且胜过了美国。当然，这些我们权且听之。在整个发展中，由过去的一个跟随型的或者叫复制型的发展态势进入到今天的创新型的发展态势，中国的一些创新已经不再是完全按照美国、按照硅谷的发展模式往前走了，所以硅谷有一种紧张感，他们要跑到中国来看看，中国又搞什么了，这是一个非常大的变化。

今日头条客户端的开发商北京字节跳动科技，是中国非常重要的位居第二的独角兽企业。美国是 Uber 发展最好，中国的滴滴打车则在国内占据很高位置，这是两国独角兽之间的一场同场竞技，现在竞争的态势日趋激烈。中国的独角兽日益增多，而且这些独角兽在纳斯达克上市的时候，均呈现出很高的创新性。尽管它们大部分都是在亏损状态下选择纳斯达克上市的。

2018 年，北京的独角兽企业达到 82 家，占到全国的四成，这说明北京科创中心和文化中心结合的这样一个优势。

如何建立和形成促使独角兽诞生的“科创气场”金融支撑和技术优势？如果我们忽视了这一条，在竞争中就必定落到下风。在关于独角兽培育的资本聚集上，过去这些年我国金融给予了巨大支撑，比美国的规模还要大一些。但 2020 年受新冠肺炎疫情的影响有所下落，需要进一步重整旗鼓。

3. 全面构建培育千百万创客的满天星斗模态

创意经济的全球格局正在变化。在创意引领下，中国正努力走向创意原创大国。2015 年李克强总理在《政府工作报告》中首次提出“大众创业，万众创新”即“双创”，开启了我国新的创客时代。我国前所未有地开设了千百万间“创客空间”“创新课堂”“创意工坊”。创客空间提出以后，中国有数以千万计的年轻人投入到了创客时代满天星斗的“创造力宇宙”之中，投身到创新创意创业的巨大洪流之中。它正在改变中国过去长期形成的学习、模仿、跟随战略，这是一个我国走向创新型大国的历史性的转折期。

创意产业的核心是原创力。原创，是整个产业赖以安身立命的灵魂。如何改变我国创意产业原创力相当衰弱的现状、实现我国文化创意产业原创力的跨越式发展呢?

习近平在中国科技创新大会上指出：如何构建引领创新、支持创新、鼓励创新的科技体制，是科技创新的关键，是创新发展的关键。实际上，不同于西方“极客”，中国式的“创客”，不仅仅痴迷于技术突破，更是要激发全民族的创造性原发力量。从长远看其意义非常深远。创客这个概念在 2015 年《政府工作报告》中有了新的解释，它被叫作“中国式创客”。就是在当下的“双创”中把原有的概念进行了新的扩展，即将技术的创新探索扩展到文化创意和更大范围的创业运动。力图在推动产业结构向中高端迈步的过程中，大力发挥来自草根创业者的无穷智慧，所以创客是创意者的新概括，他们将使中国的经济焕发勃勃生机。同时，“中国式创客”实际上要求所有具有“创意、创业、创新”意识的新一代创业人，不仅要有技术突破，还要有身后的人文情怀，社会责任和国家文化复兴的历史担当。他们将是处在文化经济创新前沿的具有人文精神的一代新人。

大众创业、万众创新作为我们经济转型和保增长的双引擎之一，有着十分重要的意义。大众创业、万众创新战略提出以后，我国的经济社会迎来了一波新的创业潮、新的技术发展的需求潮，带来了文化科技的一个新的发展高潮。它的最大成果是让逾千万的创业者走向了创客之路。

经济学中长尾理论的发明者和阐述者克里斯·安德森在《创客：新工业革命》(2015 年) 中预测：在接下来的十年里，人们会将网络的智慧用于现实智慧中，未来不仅属于建立在虚拟原则上的网络公司，也属于深深扎根于现实世界的产业，所以创客运动是线上线下的高度融合，是虚拟的世界与现实的制造业和现实的产业的高度融合。安德森预测，创客一代随着数字设计与快速成型技术赋予每个人发明的能力，能够使互联网创新模式成为一个普遍的方式，一个人坐在家里就可以参加全部的创意活动。

2011 年开始，全球掀起了创客文化的浪潮。2014 年奥巴马把创客提升到了打造新一轮国家创新竞争力的高度，并且宣布每年的 6 月 18 日为美国国家创客日。由此可以看出，创客成为数字世界真正颠覆现实世界的一个助推器，掀起新一轮的工业革命，在全球实现“全民创造”。

“创客运动”是数字世界真正融合现实世界的助推器，是一种具有划时代意义的新浪潮，全球特别是中国将实现全民创造，掀起新一轮工业革命。在《创客：新工业革命》中，克里斯·安德森深入到新工业革命的前沿阵地，考察了创业者是如何使用开源设计和 3D 打印，将制造业搬上自家桌面的。在这个定制制造、“自己动手”设计产品、创新的时代，数以百万计发明家和爱好者的集体潜力即将喷薄而出，全球制造业将由此而掀开新的一页。

2015 年以来，各地建设了一大批创客空间，主要是以工作坊、咖啡店等形式来培育小微企业，发挥创业孵化器的作用，成为年轻创客们实现创客梦的出发地，为很多创业人带来活动的空间和交流交易的环境。在车库咖啡这样的创客空间里，投资人、合伙人、员工，风险投资人、创业基金机构、银行贷款机构都在这里汇聚。这里也是国家大力推动的产业空间。创客运动的重大长远意义在于它扭转了我国互联网科技—文创企业长期采取的“跟跑”、追随和复制的战略，进入追求原创的新时代。

所谓“创客模式”的一种取向，是指网上虚拟创意产业集聚区或文化园区可以在当代文化潮流、文化消费、文化市场、文化时尚基础上，构建某一创意产业（行业）科研、生产、流通、交易的数字化平台，创意信息数字交易港，吸引大量散在各处的创客线上进驻，构成线上创意集聚区。它通过吸引巨量信息 / 订单汇聚，开展网上信息交换、商务交易和产品推介销售。这一网上创意产业集聚区或“文化创意信息数字交易港”是面向世界市场的无国界、多语言、低门槛、高效率的国际化平台，可以为国内外的客商服务。它可以解决不同语言转换的问题，可设置多语种交流平台，建立完善的商务服务。

四、认识文化产业伦理的五大领域

文化产业的新梯形结构体现出文化产业本身的多元性和复杂性，尤其是在文化产业越来越注重文化与经济、文化与科技、创意与科技等跨界融合的背景下，文化产业本身的内涵与外延具有极强的延展性、生长性和包容性。基于此，围绕文化产业理论、现象、案例等形态，文化产业伦理可以从文化产业伦理的理论探索、文化产业新业态背景下的伦理新现象及其实践、文化产业的虚假信息治理与隐私保护、文化产业伦理下的当代青年亚文化、文化产业伦理的批判性案例等层面，剖析文化产业实践中存在的相关伦理问题。

第一，"文化产业伦理的理论探索"着重从理论层面分类文化产业理论的内在逻辑。我国文化创意产业发展迅速，而与之伴行的产业伦理的理论与实践却相对落后，出现了与之相关的一系列严重的伦理问题。面对文化创意产业伦理实践中的这些问题，我国学界与相关领域，必须以落实中国特色社会主义核心价值观为宗旨，深入研究和借鉴西方各国的相关理论成果，研究和转化中国传统伦理文化的深厚资源，全面探索我国文化创意产业伦理学的框架、概念、思路、对策和路径，并针对现实问题提出改革与发展的策略与探索。大数据、区块链是当下最为重要的互联网信息科技，探讨数字时代大平台的文化产业政策与伦理关切和区块链技术集成应用推动文化产业伦理价值的实现，分析新技术条件下文化产业伦理的实现条件。

不可否认，文化产业发展的宏大社会背景是社会转型，社会的急剧转型既为文化产业的快速发展提供历史契机和现实基础，也为转型之下的文化产业在各领域的伦理冲突、道德失范、伦理困境埋下了隐患。因此，在新历史条件下，围绕互联网文化产业平台的主体责任，构建起合乎现代产业发展道德伦理，是推动文化产业健康发展的重要条件。同时，随着我国文化产业"走出去""一带一路”倡议的人道、共享、平等、正义、和合等多个层面的伦理意蕴，成为文化产业伦理践行的新实践。

第二，“文化产业新业态背景下的伦理新现象及其实践”分析文化新业态背景下，文化产业发展过程中出现的诸种现象，阐释这些现象或对传统文化产业伦理形成一定冲击，又在某种程度上建立和筹划着新的伦理秩序。一方面，市场经济体系仍不成熟，新兴业态发展速度过快；另一方面，法规体系尚不完善，制度建设相对滞后。市场经济体系的完善是一个渐变的过程，相关法规制度的跟进又应该与产业实践密切相关，而不同条件下的产业实践需要不同的产业伦理。所以在文化产业伦理原则构建的普遍与特殊、一般与个别、共性与个性之间，充分释放技术对生产关系的调整与改造，是一个需要多方协调的系统性工程。这其中需要考虑到文化新业态本身的复杂性、文化消费模式的多元性、文化新生代的审美取向、供给侧结构性改革等多种因素的统筹与协调。

文化新业态蓬勃发展中，涌现出诸多值得从文化产业伦理角度分析的现象，如独角兽竞争、云端霸权、区块链赋能、媒体融合、虚拟现实、移动短视频的生产与消费、IP 影视转化、情爱伦理、封面男星、艺术电商等。这些现象均从某一方面建构着新的伦理秩序。如云端霸权将伦理与数字相联系，我们一再批判“技术中立”之时，又不可避免地通过数字来衡量伦理。如虚拟现实在为我们开辟了一个新世界的同时，也把虚拟世界“公共性”问题抛掷出来；再如移动短视频，在开启视觉狂欢盛宴的同时，也带来视觉审美范式的新嬗变。这些均为文化新伦理的建构提供了思考方向。

第三，“文创产业的虚假信息治理与隐私保护。在当代文化产业发展中，违反伦理原则或道德秩序，最为直接鲜明的是虚假信息的泛滥，以及数据泄露对隐私的危害。网络用户的隐私与信息安全是全世界共同关注的话题，以棱镜门为代表的一系列关键事件在引发普遍恐慌和义愤之外，更标志了人类社会数字化、信息化的关键节点，说明下一阶段的发展必将取决于互联网开放、共享和联通的本质属性与个人空间和主体性之间矛盾关系的演化。美国对全球信息的无边界监控，和对我国黑客攻击、盗取经济科技信息的多种无理指控，都要求我们高度关注互联网信息安全与用户隐私问题。

各国都重视互联网隐私的保护和虚假信息治理。2017 年美国国会众议院全票一致通过了《电邮隐私法案》，欧盟对《1995 年数据保护法规》（Data Protection Regulation 1995）的修订，英国认定"发布虚假信息即是犯罪"，以及中国出台《网络安全法》《App 违法违规收集使用个人信息行为认定方法》等，都展示出对公民网络隐私权的保护，以及对非法窃取他人数据的打击。因为，这些隐私和数据关涉经济运行、商业伦理、文化安全、社会安定，乃至政治清明的众多领域，与构建信息保护和数据管理新格局密切相关。

真实是新闻的基本伦理原则。融媒体时代"辫子新闻"的内容生产具有融合性特征，一方面为人们提供了更为丰富的信息资源，另一方面也面临着内容真实性把关的挑战。规范"辫子新闻"的生产，确保其内容的真实性与合乎新闻伦理，是发展融媒体传播的重要内容。

第四，"文化产业伦理下的当代青年亚文化"，探讨青年亚文化中包含的文化伦理问题。从嘻哈、街舞、恶搞、非主流、涂鸦、粉丝这老一些的亚文化，到弹幕、拍客、极客、朋友圈、二次元、杀马特、丧文化、尬舞、网红、屌丝、表情包、怼文化等新的亚文化，俨然已经成为资本、权利、消费、娱乐等意识形态角逐的场域，而其所包含的伦理问题既是社会伦理道德的一个有机组成部分，也因其技术特性表现出了自身的某些特殊性。

互联网亚文化伦理危机的爆发最根本的原因在于互联网亚文化自身的重要价值。受技术影响，互联网亚文化并不具备自律性，它所构筑的是一个国家与个人、商业与政治、娱乐与教育等多元意识形态博弈的场域，能够满足不同意识形态持有者的需求。这种态势使互联网文化成为了一种重要的文化资本，可以为各方带来持续的利益，因而也成为了各类意识形态角逐的"战场"，而一旦陷入利益至上主义则将不可避免地造成道德失范，引发伦理危机。

互联网亚文化的多元意识形态决定了其伦理问题在表现上具有复杂性。从范围来看，互联网亚文化在生产、传播和消费的各个环节都有可能爆发伦理问题；而从后果来看，对个人、企业乃至整个社会都可能产生消极影响。互联网亚文化伦理的构建绝非一蹴而就，而是关系到多方诉求的系统性工程，而在这种复杂的关系中首先应当坚持的就是一种情境主义的认知方式。

第五，“文化产业伦理的批判性案例解析”。案例是文化产业最直接的实践，案例分析可以从一个具体事例解读出文化产业伦理问题在我国文化创意产业领域的表现、延伸及对策问题。在这些案例中，“百度事件”“艳照门”等一度是公共舆论领域的热点话题，并曾从中引发出社会对技术伦理的缺失的反思。这一部分对这些热点问题的提及，并没有停留在现象描述上，而是有所引申和思考，如“百度事件”提示了文化产品价值界定的思考：“在宽泛的文化语境里界定价值需要遵循一条必不可少的原则，该原则意味着，（文化）价值代表了积极的而非消极的特征，导向了好的，而非坏的、更好而非更糟的方面……用简单的享乐主义界定文化价值可能有失偏颇，甚至不够贴切。例如，价值产生于一定的道德和社会环境中，道德和社会环境可能促进人们对享乐原则的理解与接受，并可能影响人们对价值的阐释。”而“艳照门”案例的分析则导向了“私人事件公共化”问题，这在 2020 年新冠肺炎疫情出现的春天，重新思考公共媒介的边界和能力，具有可延伸叙述的现实意义。

除了热门社会事件以外，针对互联网文化产品的语言、设计等对社会风尚、审美教育、信息舆情具有一定倾向的案例也是审视产业发展变化的重要对象，如综艺节目、“低级红、高级黑”现象、B 站、弹幕、粉丝、“男色”“伪娘”、网络身份、恶搞、涂鸦及其他行为艺术等，一方面体现了当代青年的文化生态现状，另一方面作为鲜活的案例，提供了能够观察和引导青年人在使用互联网等新兴媒介工具时的三个突破口：身份认同、文化表达方式、新艺术媒介使用。这些都是对文化产业伦理问题相关具体对策制定时的重要参考。

（作者：金元浦）

第一章

国际文化创意产业伦理问题研究的内容与路径

我国文化创意产业发展迅速，而与之伴行的产业伦理的理论与实践却相对落后，出现了与之相关的一系列严重的伦理问题。面对文化创意产业伦理实践中的这些问题，我国学界与相关领域，必须以落实中国特色社会主义核心价值观为宗旨，深入研究和借鉴西方各国的相关理论成果，研究和转化中国传统伦理文化的深厚资源，全面探索我国文化创意产业伦理学的框架、概念、思路、对策和路径，并针对现实问题提出改革与发展的策略。本文主要关注国际文化创意产业伦理问题研究的内容与路径。国际上对创意产业、创意经济中的伦理问题有十分深入的研究，值得我们大力关注与借鉴，对于我们建设我国文化创意产业伦理学也具有重要意义。

我国文化创意产业发展迅速，而与之伴行的产业伦理的理论与实践却相对滞后，出现了与之相关的一系列道德伦理甚至犯罪问题：如文化产品的诚信问题、涉黄问题、青少年网瘾问题、电子诈骗问题、网络谣言问题、盗版泛滥问题、“有毒”信息问题、媒介职业道德失范问题；虚假新闻、新闻敲诈和新闻腐败问题；广告失德问题；明星吸毒、嫖娼、赌博等道德失范行为及其对青少年影响问题，以及“人肉搜索”等一系列伦理问题，已经相当严重地影响到文化创意产业的健康发展。

何以如此？我国文化产业市场化发展中，忽视或缺失了类似西方市场经济与新教伦理伴行的大环境，我国优秀的传统的文化伦理和商业伦理被打倒或被排斥，造成市场经济中文化伦理和法制观念的缺位与混乱。这一方面是由于我国市场经济发展时间短，市场化与法制化程度不高，特别是发展初期对人文价值忽视所致。另一方面，许多世界创意产业、创意经济的伦理问题也是在全球新技术、新媒介、新业态发展中产生的共同的新问题，迫切需要各国共同面对，共同解决。

面对文化创意产业伦理实践的严峻问题，我国相关理论和政策研究还处于落后状态。我国相关业界必须深入研究和借鉴西方各国文化产业伦理的理论与实践成果，研究和转化中国传统伦理文化的深厚资源，以落实中国特色社会主义核心价值观为宗旨，全面探索我国文化创意产业伦理学的框架、概念、思路、对策和路径。

国际上对创意产业、创意经济中的伦理问题有很多研究，值得我们大力关注与借鉴。比如从学术史来看，道尼尔·福雷（Donald Frey）2009年的专著《美国的经济伦理家：竞争伦理学与经济学史》（*America's Economic Moralists*：*A*

History of Rival Ethics and Economics）就对美国经济伦理学家以及他们对经济—伦理问题的争论进行了一番严肃的学术史的梳理。厘清了自殖民时代以来盛行于美国的“个人主义”和“集体主义”两种探讨商业和经济伦理的思维范式的发展轨迹，以跨学科的视角分析了美国经济史、宗教思想、伦理观念、政府政策以及公共文化等多方面的资料，揭示了美国这一全球最大经济体的商业、经济伦理现状的历史渊源。这本书，无论是其具体内容还是研究范式，对于我们梳理中国社会经济以及传统思想文化中的经济伦理脉络和重构应对当下现实问题的中国经济、商业伦理，特别是尝试建设一门文化创意产业伦理学，都有着重要的借鉴意义。

回到我国文化创意产业伦理问题研究这一主题，问题意识的产生，即当前我们为什么更加关注文化产业、创意产业的伦理问题，首先是问题倒逼的结果。近年来在国家的高度重视与大力扶持之下，文化产业的热度一直居高不下；然而，文化产业在急剧发展的同时也产生了诸多乱象、暴露了许多深层的结构性隐患。而这些问题大多涉及产业和整个社会经济发展的伦理问题，不是单纯依赖经济或技术手段就能解决的。较我国而言，欧美等西方国家以及日本等一些亚洲国家的文化产业和创意经济已经相对成熟，其相应的产业和经济伦理讨论与制度设计也更为先进，因此，从国内文化产业发展现状和全球文化产业的格局来看，借鉴他山之石，应该作为我国文化创意产业伦理问题研究的一个起点和重要领域。

一、国际文化产业、创意经济伦理研究对价值的追问

近年来国内外一批文化创意产业从业者，特别是具有广泛影响力的影视、体育、网络明星、大V、博主、意见领袖、持异议者，大肆冲击公共伦理道德底线。一些国际名人不断传出道德丑闻并涉嫌犯罪，严重影响了全社会的道德

氛围，尤其对青少年影响更大。个人价值观、伦理观是文化产业、创意经济伦理学必须关注的首要问题。在当下社会伦理环境恶化的语境中，问题倒逼我们必须切实研究对策。

在这些文化经济伦理研究中，价值观、价值选择被放在文化经济学的首要位置。伦理学大师、哈佛神学院的拉尔夫－波特博士曾设计一种道德推理模式——波特图式，或称波特方格，为我们今天文化创意产业从业者在面对困境时如何作出抉择提供了一种重要途径。波特图式是一种社会伦理模式，它将道德分析的四个方面（即定义、价值、原则、忠诚）纳入其中。其核心应当是从业者的价值观、伦理准则和对谁忠诚或负责。在这里，价值观与伦理准则相对来讲具有普遍意义，而对谁忠诚则是争议颇多的问题——比如新闻记者的职业责任与公共伦理的关系，对企业忠诚还是对社会负责，对更高的道德负责，还是对商业和金钱俯首称臣。但更重要的是价值观和伦理准则。

戴维·思罗斯比在《经济学与文化》中提出："在经济学与文化这两个我们所关注的领域里，尽管起源不同，却都将价值概念视为事物估价的一种表述方式，不仅在静态或消极意义上，而且在动态或积极意义上，将其视为一种议价或交易现象。因此，在将经济学与文化这两个领域连在一起时，可以从价值入手，价值是连接经济学与文化的基石。"①

思罗斯比认为，我们关注文化产业、创意产业的伦理问题，是因为文化创意产品和文化服务的特殊性质。"我们需要铭记的是，许多文化商品和文化服务事实上都是混合商品，它们兼具私人物品和公共物品的双重属性。"作为私人文化商品，消费者将为购买此商品付出相应的价格，这与购买其他类别的商品如大量的物质商品基本相同。但是文化创意产品和文化服务还有明显的公共产品的性质。它不同于一般商品，而有着极大的溢出效应。许多文化商品不是像物

① 戴维·思罗斯比．经济学与文化．王志标等译．北京：中国人民大学出版社，2011：20–21.

质商品（如汽车）那样在消费中被消耗掉了，而是越消费价值越大，如电影、电视、文学、艺术、绘画、音乐作品，消费的人越多，商品的价值越高，而且还会产生长远的价值，包括商业价值、投资价值、增值价值、文化价值、社会价值、艺术价值、审美价值。作为公共产品的集体消费，它就天然地具有了消费者共同关注的政治理念、社会价值、社会伦理、公民责任，乃至交往准则、道德底线、文化习惯、民族喜好和审美取向等一系列性质。另外，它的公共性质还在于与城市或社会的公共服务密切结合在一起，比如，大型剧院、体育场馆或音乐厅是作为一个城市的公共基础设施建设的，而后的运营则是市场化的，你去欣赏戏剧，则必须付费。

所以，思罗斯比强调指出："在宽泛的文化语境里界定价值需要遵循一条必不可少的原则，该原则意味着，（文化）价值代表了积极的而非消极的特征，导向了好的，而非坏的、更好而非更糟的方面。用简单的享乐主义界定文化价值可能有失偏颇，甚至不够贴切。例如，价值产生于一定的道德和社会环境中，道德和社会环境可能促进人们对享乐原则的理解与接受，并可能影响人们对价值的阐释。"①

纵观国际上的相关研究，从探讨价值的角度展开的总体性研究大致包括两大类：一类是围绕文化产业的性质，特别是交叉地带带来的双重性，在产业或制度经济学以及公共管理、社会治理等学科领域内展开的针对经济伦理与相应政策、制度设计的宏观研究。如莎拉·欧文·范德斯鲁伊（Sarah Owen Vandersluis）的专著《全球经济下的伦理学与文化政策》（*Ethics and Cultural Policy in a Global Economy*）就是在经济全球化的特殊语境下讨论文化政策的伦理维度。大卫·赫斯蒙德夫（David Hesmondhalgh）、安迪·普拉特（Andy C. Pratt）、苏珊·盖勒威（Susan Galloway）、斯图亚特·邓禄普（Stewart Dunlop）以及乔·卡斯特（Jo Caust）等人也撰文讨论同一主题。这类研究也包括对传统

① 戴维·思罗斯比．经济学与文化．王志标等译．北京：中国人民大学出版社，2011：21.

文化——道德、宗教的要素对经济的影响的分析，如《市场经济与天主教伦理》（*Market Economy and Christian Ethics*）一书就以批判的笔触分析了个体在市场经济中的身份与处境，并且指出了天主教会在市场经济中仍然在扮演着重要的角色。

实际上，发达国家主要从产业经济学、制度经济学和政治经济学的范畴切入研究，涉及制度设计和公共管理、文化政策（cultural policy）等学科和领域。对此进行了宏观和理论化研究的是：彼得·格隆维根（Peter Groenewegen）出版于1996年的专著《经济学还是伦理学？》（*Economics and Ethics?*）和约翰·布鲁姆（John Broome）1999年在剑桥大学出版的《出自经济学的伦理学》（*Ethics Out of Economics*）。两本专著从创意经济的宏观角度对经济伦理进行了深入探讨，更强调经济与产业运行中的伦理问题。萨拉·欧文·凡德留斯（Sarah Owen Vandersluis）（2004）的著作《全球经济中的伦理和文化政策》（*Ethics and Cultural Policy in a Global Economy*）则从经济全球化的角度讨论了文化政策的伦理维度。

另一类研究则从微观的视角讨论了一些具体的论题，如安迪·班尼特（Andy Bennett）在《后亚文化转向：十年后的一些反思》（*The post-subcultural turn: some reflections 10 years on*）一文在回顾青年亚文化和青少年发展的过程中对后亚文化理论（post-subcultural theory）的批判。又如特里·弗卢（Terry Flew）针对发展文化产业的不同诉求所主导的两种政策制定模式："主权"（Sovereignty）和"软件"（software）的分析。

二、国际文化产业、创意经济对媒介伦理的高度关注

国内报载，21世纪网高管和少数记者，以21世纪网为平台，以不报道负面新闻为诱饵，联合公关公司招揽广告客户。凡是与其签订广告协议的客户，

网站就不再刊登其负面新闻，或删除已上网的负面报道，从中牟取暴利。这种方式成为其经营思路，业内称为收“保护费”。业内人士称，这种用所谓“广告费”换取“舆论安全”的行为，已经泛滥成灾，成为IPO公司、上市公司与媒体之间的“潜规则”。2014年21世纪网总裁等数人已被抓捕。

其实，国外也有同样的案例。2002年3月一位名叫米莉·道勒的13岁女孩被人绑架，以报道内幕闻名的《世界新闻报》曾雇佣私人侦探姆凯尔，在案发后入侵道勒的手机语音信箱，窃听留言，还在信箱已满的情况下删除了部分留言。这一做法让警方和家属以为女孩还活着，但道勒实际上已经遭撕票，耽误了警方的搜救活动。

“窃听门”爆出后，英国舆论哗然，伦敦警方立即展开调查，包括与道勒一同被撕票的女孩的电话是否也被窃听。此后有关《世界新闻报》更多的窃听行为被公之于众。伦敦警察局透露，《世界新闻报》窃听行为的受害者可能多达4000人，英国王室、社会名流、政坛要员、影视演员、体育明星、谋杀案受害者家属等都成为《世界新闻报》的窃听对象。其他如默多克新闻集团子报《太阳报》及《镜报》等都卷入窃听丑闻。

更有甚者，诸多主持人的性丑闻也令世界瞠目结舌。如英国政府公布的英国广播公司（BBC）已故主持人萨维尔性侵案调查报告。调查报告显示，萨维尔在50多年间性侵了数百名女性，受害者年龄最小的只有5岁，年龄最大的75岁。

过度商业化和利益至上扭曲了新闻媒介的社会公正和社会良心。大卫·赫斯蒙德夫在其著作《文化产业》中引用吉特林的研究，描述了西方媒介道德伦理的缺失：“自1990年以来NBC例行公事般地掩盖了其母公司的丑闻，《ABC新闻》的彼得·詹宁斯则掩盖了对迪士尼的批评。在吉特林看来，最大的危险‘自我审查’：记者决定不追踪可能与公司文化相冲突的新闻事件；而新闻媒介则被用于宣传其所属集团的娱乐业务。”[①]

---

① 大卫·赫斯孟德夫．文化产业．张菲娜译．北京：中国人民大学出版社，2007：193.

他指出，最近20年，从这些媒介公司所支持的利益群体以及他们在宣传或抑制社会公正追求上所扮演的潜在角色来看，一个清晰的答案就是：文化产业公司已成为其自身公司利益，特别是首要利益和整个商业利益的宣传者。①

在这里，媒介的社会公正与社会责任荡然无存，剩下的，是赤裸裸的金钱和利益。

与国内学者习惯在对媒介伦理进行研究时，把伦理原则或道德规范作为首要的出路方案相比，国外的媒介伦理研究更倾向于内在德性的观念与对道德修养实践的关注。德性论认为伦理学的首要任务是告诉人们如何认清自己的生活目的，并为实现一种善的生活的内在目的而培植自我的品行与美德。

国际媒介伦理研究有丰富的理论资源和悠久的研究史。从古希腊时代开始，就有亚里士多德的中道之行的伦理观，康德的绝对律令，密尔等人的功利主义，罗尔斯的正义论，以及麦金泰尔等人的社群主义理论等。而奠基于这些原则体系的国外媒介伦理的规范建构也因其有着更为丰富的文化与价值内涵而超越了单纯的规范铺陈。

现代国外媒介伦理学的研究起步较早，并且已经基本建构起了比较完整的学科体系，媒介伦理研究中针对传统媒介的部分主要包括对传播内容的讨论和争议，媒介从业人员如记者的职业操守；而与互联网等新兴媒介以及信息产业相关的内容，主要涉及隐私保护、信息安全以及频繁出现的媒体记者窃听等问题。

马修·基兰（Matthew Kieran）以及S.P.裴克（S.P. Phadke）各自著有以媒介伦理为题的专著，均直面当代新媒体中诸多伦理问题和媒体人的职业道德操守，提出了关注与解决的方向与建议。斯蒂芬·沃德（Stephen Ward）和凯特琳·隆比（Catharine Lumby）与埃尔斯佩思·普罗宾（Elspeth Probyn）的专著则分别从全球化和新媒体的新颖视角探讨了媒介伦理。

---

① 大卫·赫斯孟德夫．文化产业．张菲娜译．北京：中国人民大学出版社，2007：83-84.

一些研究直接进入文化产业中的具体领域。以下三部著作分别从电影、摄影、电视和出版角度研究了伦理问题：

霍华德·古德（Howard Good）和 迈克尔·迪伦（Michael J. Dillon）的著作《关于电影的媒介伦理学》集中探讨了作为重要媒介的电影中的道德伦理与电影突破传统、反叛创新的关系；拉里·格罗斯等人撰写了《影像伦理学：主体在图像、电影和电视中的道德权力》，更关注视觉文化中的道德伦理问题以及每一主体在创作与观影中的权力与底线。克利福德·克里斯坦等人撰写的《好新闻：社会伦理学与出版》，则从出版的角度出发，探讨出版作为媒介的伦理问题。

三、国际文化产业创意经济伦理研究关注发展与环境之间的矛盾

我国在文化产业大发展中，搭建各类旅游景点，在发展创意产业园区和小城镇建设名义下的“圈地运动”，许多地方过度开发，破坏了原有的生态环境和人文环境。国际上的研究对此有强烈的抨击，并提出一系列保护环境的准则。

《联合国创意经济报告 2013》十分关注创意经济的发展与环境和文化遗产的开发、保护之间的平衡关系，这本《报告》是一部教科文组织主持的特别版，它与之前由世界贸易大会主编的《创意经济报告 2008》和《创意经济报告 2010》略有不同，更强调经济与文化的协调和平衡。它认为，“有必要在更大范围内剖析地方创意经济带来的经济及非经济利益与促成变革的各项因素之间的关系”。这也正是联合国系统“后 2015 联合国发展议程工作组”在 2012 年的报告《实现我们希望人人享有的未来》中提出的挑战：“迫切需要找到鼓励创造和创新的发展新途径，力争实现包容、公平和可持续的增长与发展。”《报告》大力提倡从全球伦理和人文角度来审视创意经济，将创造力视为某种具象、灵动、能够影响多种产业和活动的特征。提出了大量从实地经验、技术援助和项目管理活动，以及非洲、阿拉伯国家、亚洲和太平洋、拉丁美洲和加勒比的学术研究

和专家论文中获取的例证，来寻求产业经济与社会公平、人文诉求的协调与平衡。联合国另一个报告《2013 年人类发展报告——南方的崛起：多样化世界的人类进程》（*The 2013 Human Development Report - The Rise of the South: Human Progress in a Diverse World*）则强调发展中国家与发达国家在经济、文化、资源上的协调和平衡："150 年来第一次，发展中国家的三大领衔经济体的总产出——巴西、中国和印度——与北方国家长年工业力量的 GDP 总额相同——加拿大、法国、德国、意大利、英国和美国。"这就是世界范围内的经济平衡与发展伦理问题。

开发与保护的矛盾是国际文化产业和创意经济伦理问题研究的一个重要主题，这揭示出国外研究较强的政策应用性和注重操作，也体现了借鉴其研究成果和经验对于中国完善制度、法规和具体操作的实际价值。这方面的代表性专著如《评估自然？：伦理学、经济学和环境》（*Valuing Nature?: Ethics, Economics and the Environment*）、《经济学、伦理学和环境政策：争议性的选择》（*Economics, Ethics, and Environmental Policy: Contested Choices*）以及《环境伦理和公司》（*Environment Ethics and the Corporation*）。三者关注的都是自然生态的价值，并且在此基础上进一步讨论了产业经济和环境的协调发展以及相应的环境政策的价值选择。相关的学术论文则更多了。

四、创意经济伦理学高度关注知识产权保护与盗版问题

与文化生态环境和遗产保护一样，知识产权保护是一个文化创意产业伦理学重要的研究主题，同时知识产权和相应的反盗版问题也是文化产业发展的一个核心问题。侵犯知识产权、盗版，是世界文化产业创意经济发展的毒瘤；知识产权保护是文化产业发展最重要的保障；建设与维护共同参与的维护知识产权的伦理氛围和法律保护体系，是全球共同努力的目标。

目前，盗版、信息盗取、黑客入侵、破坏网络程序、网络诈骗、设置病毒

以及电子商务间谍等问题泛滥，全球知识产权保护困难重重。尤其是在数字化、互联网、移动网的现实环境下问题更是触目惊心。美国联邦调查局雇员斯诺登揭露了美国疯狂进行信息盗取的大量问题，不仅在政治上产生恶劣影响，在经济上、伦理上、道德上也产生了大量负面影响，对于全球创意经济伦理秩序造成了混乱。

世界知识产权组织创意产业发展部副主任迪米特·甘特雪夫指出，“目前在全世界盗版十分猖獗，已经影响到与版权相关的行业，影响这个产业的可持续发展。当然，盗版还有很多其他的负面影响，并不能靠一个单独的政策来解决，需要一个全面的应对。当然还需要很多公司、行业、网络的内容服务商还有一些法制人员的参与，一些公平的技术保护措施和完善的法律框架将会起到重要的作用。”①

甘特雪夫认为，保护知识产权对于创意产业的发展意义重大。它“在创意经济当中有三个作用，第一，它是一个知识因素，可以帮助创作者获得自己作品的回报，这样创作者就有了动力，有了激励机制，创作了就可以得到回报。第二，它体现了一个市场运营的框架，你需要有一定的规则，能够建立起来创意产业如何运作。版权也可以被看作这样一个框架，或者说是建立一个游戏规则。第三，版权界定清楚，就可以把它作为一个衡量创意产业的标准，来了解它对于国际经济产生的影响”。②

国际知识产权保护的研究是中国需要重点借鉴的一个方面。2011 年，欧盟经济和社会委员会以及地区委员会发布了《在知识产权单一市场化下，推动创造力和创新能力为欧洲带来经济增长和提供高质量的就业岗位，以及提供一流的产品和服务报告》(2011—2020)报告(以下简称《报告》)，强调在创意经济中进一步加强知识产权保护对于欧盟各国的重大意义。

---

① 参见新浪网 2010 年 9 月 18 日报道：迪米特·甘特雪夫在“北京首届世界城市全球论坛”上的发言。

② 金元浦、甘特雪夫. 创意产业·知识产权·盗版. 甘肃社会科学，2013(第 5 期).

《报告》陈述，有组织和大规模的知识产权侵权已经成为一个全球性的现象，正在引起全世界的关注。经合组织的最新研究报告（2009）估计，假冒商品的国际贸易增长在2000年刚刚超过1000亿美元，到2007年更是达到了2500亿美元，这一数额超过约150个国家的国内生产总值。由欧盟委员会公布的数据显示，从2005年到2009年，欧盟边境登机在册的疑似知识产权侵权货物案件量从26704件增至43572件，5年间，同比增长超过60%。

《报告》指出，“知识产权侵权剥夺欧盟创造的应获利益，阻碍创新，损害竞争力，破坏就业，减少公共财政，并可能威胁到欧盟公民的健康和安全。经济和商业研究中心开展的一项研究强调，假冒和盗版所造成的损失可能会使欧盟每年减少80亿欧元的国内生产总值。假冒也会为有组织的犯罪集团带来大量的利润，并且因为鼓励企业间的非法行为，也会扭曲内部市场竞争”。

《报告》还特别强调了当今高科技条件下知识产权的保护，“欧洲内部知识产权的实施和它的执行范畴依然还不完善。新科技发展的时代对如何预防使用那些未经授权的受保护作品带来了挑战。到目前为止，欧盟知识产权的执法框架并没有与新数字化的环境相匹配。欧盟的政策要适应数字化时代，那些为消费者提供数码产品内容的具有吸引力和可行性的政策法规，必须与进一步加强知识产权执法的其他措施并行。而且，推动和保护知识产权不能止步在欧盟范围内。在全球化贸易流动的背景下，这些问题变得更加紧迫。知识产权是欧盟在新兴市场竞争力的重要资本构成”。

面对当代科技发展现实的急剧变化，一些作者反复探讨技术、伦理和经济三者的关系（*Calculated Futures: Theology, Ethics, and Economics*）以应对新的现实条件下如何处理技术发展、伦理失序和经济复苏三者的关系。

保护知识产权还需要法律的武器。基斯·玛斯库斯（Keith Maskus）出版于2012年的专著《私权与公共问题：21世纪知识产权的全球经济学》（*Private Rights and Public Problems: The Global Economics of Intellectual Property in the 21st Century*）和詹姆斯·英格利士（James English）的专著《声誉的经济：奖项、荣

誉和文化价值的传播》（*Economy of Prestige: Prizes, Awards, and the Circulation of Cultural Value*）等大量偏于法律的著作，讨论和研究了知识产权保护和反盗版措施。而肯尼斯·艾纳·西玛（Kenneth Einar Himma）的《信息伦理》（*Information Ethics*）和亚当·莫尔（Adam Moore）的《信息伦理：隐私、财产和权力》（*Information Ethics: Privacy, Property, and Power*）以及塞斯·海姆林克（Cees Hamelink）的《赛博空间的伦理》（*Ethics of Cyberspace*）等著作则着重研究了赛博伦理、信息伦理、信息安全、防止黑客入侵等新兴产业的文化伦理问题。同时，为提高从业人员的职业道德和伦理意识，西玛等人还编写了《信息与计算机伦理指南》（*Handbook of Information and Computer Ethics*）等通俗读本，以教育培养更多新从业者。

五、文化经济发展与文化遗产和非遗之间的矛盾

当代文化创意产业的发展一直存在着产业的发展与历史文化遗产保护之间的矛盾。现代世界以工业化为主体的现代化发展，取得了巨大的成就，但也存在着无视、损害乃至破坏历史遗产和文化传统的严峻问题，甚至犯下不可挽回的罪责。当代文化创意产业的发展，在保护人类文化遗产上也出现了一系列问题，如假造文化遗迹、景点过度开发、文化遗产失传等文化伦理问题。造成历史断裂，传统消失，地域特色文化无存，多样性人文失去光辉。

在国际上关于文化伦理的研究中，有关人文传承和遗产保护的文献与著作十分丰富。这些研究针对文化遗产和非遗保护中的问题，批判过度商业化，勾画人文前景，推动了文化多样性的发展。

2001 年，联合国教科文组织发表了《世界文化多样性宣言》（*Universal Declaration on Cultural Diversity*）（以下简称《宣言》），把保护历史文化多样性提升到“道德律令”的高度。《宣言》指出，文化是一个社会或族群的一整套精神

的、器物的、智力的和情感的特征，除文学艺术之外，还包括生活方式、共同生活准则、价值体系、传统和信仰。文化多样性对于人类来讲就像生物多样性对于维持生物平衡那样必不可少。从这个意义上说，文化多样性是人类的共同遗产，应当从当代人和子孙后代的利益考虑，保护、改善和传承那些记录着人类经验和理想的一切形式的文化遗产，以便促进多种多样的创造力，鼓励文化间的真正的对话。《宣言》认为，保护文化多样性意味着对人权、自由和尊严的承诺，特别是对少数族群和土著居民权利的承诺。每个人都有权用自己选择的语言，特别是用母语来表达思想，创作并传播作品。《宣言》还特别强调，目前世界上文化物品的流通和交换存在的失衡现象是对文化多样性的一种威胁。必须加强国际协作和团结，以使所有国家，特别是发展中国家和转型期国家，建立在国内和国际上都能够生存的、有竞争力的文化产业。①

与文化创意产业有着千丝万缕联系的非物质文化遗产，一开始就存在着文化性与产业性之间的矛盾。联合国教科文组织于2003年10月17日第32届大会通过了《保护非物质文化遗产公约》（*Convention For the Safeguarding of the Intangible Cultural Heritage*），使得世界保护非物质文化遗产和人类文化的多样性获得了明确的法律保证。《公约》认为，"'非物质文化遗产'指被各群体、团体、有时为个人视为其文化遗产的各种实践、表演、表现形式、知识和技能及其有关的工具、实物、工艺品和文化空间。各个群体和团体随着其所处环境、与自然界的相互关系和历史条件的变化不断使这种代代相传的非物质文化遗产得到创新，同时使他们自己具有一种认同感和历史感，从而促进了文化多样性和人类的创造力。在本公约中，只考虑符合现有的国际人权文件，各群体、团体和个人之间相互尊重的需要和顺应可持续发展的非物质文化遗产"。② 在文化创意产业的市场化、商业化、产业化发展中如何关注非物质文化遗产的保护、

① 参见联合国教科文组织2001年《世界文化多样性宣言》.

② 参见联合国教科文组织2003年《保护非物质文化遗产公约》.

再生、革新和创新，如何适度地与当下的市场经济融合发展，并保存其历史性、民族性、人文性，及其多样化形态，是文化经济伦理学必须关注的课题。

国外对于文化产业发展的伦理问题的研究比较注重创意经济与文化的协调发展，特别关注应用领域的实用性和操作性。这对于中国完善制度、法规和具体操作具有很强的借鉴性。约翰·福斯特（John L. Foster）的专著讨论自然生态的价值，关注伦理、产业经济和环境的协调（*Valuing Nature*: *Ethics, Economics and the Environment. Routledge*），丹尼尔·布鲁姆雷和约尼·帕沃拉（Daniel W.Bromley and Jouni Paavola）也关注同样的问题：经济、伦理与环境政策的选择（*Economics, Ethics, and Environmental Policy*: *Contested Choices*）。

在大量相关文献中，有两份报告特别值得关注，一是 S. 费什（S. Fisch）在 2008 年发表的《历史遗产长期保护的政府管理，一份比较报告》（*National Approaches to the Governance of Historical Heritage over Time. A Comparative Report*），其中细致总结了十多个发达国家历史遗迹保护的政策和措施。另一份则是世界银行在 2001 年发布的类似报告，不同的是其内容针对的是中东和北非地区。梅兰妮·霍尔（Melanie Hall）2011 年的新著总结了从 1870 年到 1930 年间的遗产保护运动的历史根源，探索了遗产、文化与身份三者间的关系，该书有助于国内学者和政策制定者理解国际文化遗产保护现状的历史和思想渊源。另外两部比较有特色的专著则是从具体问题着眼：罗伯特·谢泼德（Robert Shepherd）讨论了文化遗产的旅游开发，而基斯·霍华德（Keith Howard）则介绍东亚地区作为无形文化遗产的音乐传统并探讨了相关传统的保护。

总体来看，我们对西方的相关伦理研究，要服务于建构适用于当下中国文化与产业发展的文化创意产业伦理的制度与政策体系，更要服务于长远培育中华民族审美文化伦理结构的宏大目标。

这是一个需要几代人不懈努力的工作。

（作者：金元浦）

第二章

数字时代大平台的文化政策与伦理关切

数字平台的崛起标志着一个新的时代到来，改变了传统文化产业价值链。传统的商业伦理已经不能全面覆盖新平台时代的数字商业活动，带来集中、垄断、隐私、监管等问题。加之平台企业责任定位不明、边界不清等基本问题，在大数据、人工智能发展的今天，这一问题已经迫在眉睫。企业唯有开放心态，积极与全社会一起努力，才能有望构建健康的数字环境。

如果过去我们使用“数字化”更多是“文化现代化”的一种具体形式，即用数字工具对文化内容进行数字化处理：保管、分析、编辑和建模[①]，我认为大型数字平台（腾讯、阿里巴巴、谷歌、脸书、苹果应用商店，甚至快手等）在当下的繁盛才标志着真正意义上数字时代的到来。这一耸人听闻的结论源于：数字平台明确地将传统文化价值链上相对独立的创作、生产、分配和消费整合在一起，织成了一张很难再用过去边界切分的网络，并使这一过程“自然化”，不仅改变了文化价值链的形态，还彻底改变了链接生成的方式。

这是一个正在进行时的过程，尽管具体到某些平台可能尚未抵达这一顶峰，但作为一个正在发生的趋势，未来新环境的文化政策和伦理关切，已经不得不提上日程。

一、平台崛起：数字化的文化与数字文化

文化的数字化近年来已经成为国际潮流，市场和政府都在有意引导相关机构成立和工作开展。规模最大的类型是面向公共文化服务的数字图书馆、档案馆、博物馆建设与服务项目，其中有全球性的世界数字图书馆项目（World Digital Library），区域性的 Europeana，欧盟许多机构都是 Europeana 平台的枢纽单位；还有美国公共数字图书馆项目（Digital Public Library of America）等。而

① ［美］安妮·迪伯克等．数字人文：改变知识创新与分享的游戏规则．马林青、韩若画译．北京：中国人民大学出版社，2018：2.

公认建设成效最为显著的 Europeana 项目是欧盟国家试图与 2004 年谷歌公司启动的全球最大数字图书馆计划相抗衡的项目[①]。

传统文化产业价值链由四个环节构成：创作、生产 / 复制、分销 / 发行和获取 / 消费[②]。在文化政策指引的传统思路下，不少国家（尤其是发展中国家）分别从这四个环节发力，大量兴建和创办旨在分别促进四个环节的政策、机构和活动，相当一部分由政府引导。在创作领域，比如墨西哥 2012 年建立的数字文化中心、奥地利 2014 年成立的电子艺术中心（欧洲数字艺术和科学网络的协调机构）、意大利 2015 年启动的多媒体艺术和语言节“看（不）见的城市（In/Visible Cities）”、英国文化委员会 2016 年启动的“数字文化访问（Digital Culture Visit）”计划等。

在生产 / 复制领域，自 2014 年起加拿大允许纯数字出版商和纯数字出版物申请国家图书基金，加拿大媒体基金会（CMF）开始资助游戏和交互类的内容生产；法国于 2016 年成立了推动数字音乐的基金，法国国家电影和运动图像中心（CNC）也开始资助游戏项目；2012 年突尼斯专门成立了国家电影和图像中心来推动电影院的现代化；哥伦比亚也自 2012 年起设立了创意数码项目（CreaDigital）资助数字内容生产。很多国家和地区实施了类似中国“双创”的创业扶植政策，如爱沙尼亚的“2014—2020 创业成长战略”、墨西哥 2013 年创办国家企业家研究院（INADEM）、葡萄牙 2016 年启动“创业葡萄牙”计划、奥地利 2016 年启动创意空间机构整合办公空间、巴西于 2015 年创建国家级创

---

① 汪静．Europeana 发展现状及启示．数字图书馆论坛，2017（3）：46–53．文中提到，为使欧盟国家的人民充分了解本国历史瑰宝和文化遗产，从而与 Google 抗衡，法国于 2005 年 4 月组织欧洲 19 个国家联合创建数字图书馆，希望在数字图书馆方面形成统一的欧盟体系。

② 联合国贸发会议主编．2008 创意经济报告．北京：三辰影库音像出版社，2008.10：63．根据报告注释，这一后来被公认为创意产业价值链说法成立于 A.C.Pratt（2004）“Creative clusters：Towards the governance of the creative industries production system?” Media International Australia（112：50–66）；A.C.Pratt（2004），“The New Economy, Creativity and Consumption”，in International Journal of Cultural Studies（7.1：117–128），March.

意孵化网络等。欧盟启动 2016—2018 年欧洲创意枢纽网络项目，还建立了在线门户网站 crowdfunding4culture.eu 为文化创意企业提供整合众筹数据平台[①]。

在分销 / 发行领域，一些国家和地区通过版权法的修订来适应数字时代的变化，打击盗版。比如英国 2017 年在 2010 年法案基础上出台的《数字经济法案》(*Digital Economy Act*)，除了规定网络色情访问限制外，就电子通信方面的知识产权保护作出规定，提供了与数据共享有关的条款，对 BBC 配合英国通信传播办公室(OFCOM)[②] 的职能作出规定，也对网络直销进行了规范[③]。而奥地利在 2014 年修订《图书定价法案》则从另一个方面证明了在具体领域，各国也在制定数字发行相应的具体措施。在这一法案中，奥地利将适用范围扩大到电子书领域，还将本地和国际网络零售商置于平等地位。

在获取 / 消费领域，除了前述的数字图书馆、博物馆和档案馆外，很多国家也研发出便于查询在线材料的搜索引擎，比如澳大利亚的"宝库系统"(Trove system)(www.trove.nla.gov.au)，芬兰的 Finna (http://tamk.finna.fi) 和印度尼西亚的"一搜"(One Search)(www.onesearch.id)。

虽然当下政策还能辨识出传统文化产业价值链的四个环节，但这些价值链节点之间的时间差越来越小，传统模式上一环节完成再进入下一环节的形式不再典型，几个环节都汇集在同一个平台甚至同一主体，同时发生，互相连接，传统的"管道式"文化产业价值链进入"网状式"状态[④]。这一状态因腾讯、谷

---

① UNESCO. Re|Shape Cultural Policies. ISBN 978-92-3-100256-4. 2017：71-73.

② 英国的电信传播监管机构 OFCOM，即"通信传播办公室"。2002 年，英国颁布《OFCOM 组织法》，整合了英国原电信管理局、无线电通信管理局、独立电视委员会、无线电管理局、广播标准委员会五个机构的职能，成立 OFCOM，监管范围涵盖电信、无线通信、电视和广播等所有通信传播领域。参见兰俊 . 从英国电视法与 Ofcom 探中国传媒管制体制 . 今传媒，2015 (3)：35-37.

③ 参见 https://services.parliament.uk/bills/2016-17/digitaleconomy.html. 访问日期：2018 年 4 月 19 日 .

④ UNESCO. Re|Shape Cultural Policies. ISBN 978-92-3-100256-4. 2017：74&76.

歌等大平台的崛起变得普遍，平台将创意者、生产者、消费者和消费平台整合在一起，随着用户自创内容（UGC）等新型生产方式的兴起，甚至模糊了彼此的身份界定，也逐渐模糊了部分链接与环节之间的关系，构成了典型的网络状的创意场景。

网络状总结仍然基于分辨文化产业价值链各个节点，正如这个时代创意人已经“斜杠化”，大平台已经进入一个超越过去“节点论”的新阶段，在一定程度上重构了社会经济结构。如互联网在美国总统选举中的媒介作用甚至被认为影响到了美国的选举制度。在美国大选进行中，各方面已经意识到精准广告投放会吸引更多支持者参加投票或促使选民改变想法，而在选举后，人们反思选举期间在互联网平台投放虚假信息也影响了选举的进程①。

这也使大平台的拥有者逐渐从刚开始频频成为偶像被推上神坛被视为无所不能创造者形象回归普通企业主，被作为一种新的行业“负责人”接受舆论的质询。如今腾讯微信的月活跃用户已经接近10亿，Facebook在全球月活跃用户已经达到22亿，日活跃用户也已经超过14.5亿，他们不仅掌握着无法想象的巨大市场，他们的一举一动也会带来难以估算的社会和经济影响。由于网络大平台是新兴事物，很少适用于传统行业公司在若干年来形成的“行规”和法律，但又具有传统行业无法比拟的巨大市值，他们在税收、用户协议制定、知识产权保护、基础设施监管等各个方面都多少引起了公众的不满。

① “庞大触角加精准定向，Facebook如何主导2016美国总统大选”，新浪科技，2016年10月3日。网址：http://tech.sina.com.cn/i/2016-10-03/doc-ifxwkzyk0897354.shtml，访问日期：2018年5月14日。以及“Facebook承认恶意行动在美国选举中传播虚假新闻”，新浪科技，2017年4月29日。网址：http://tech.sina.com.cn/i/2017-04-29/doc-ifyetxec6994158.shtml，访问日期：2018年5月14日。文中提到Facebook在选举期间，仅仅在法国就删掉了超过30000条假消息。

二、大平台的集中和垄断问题

近年来，随着社会发展，伦理问题在许多传统伦理规则未曾覆盖的文化领域被提出。如 2015 年联合国教科文组织颁布的《保护非物质文化遗产伦理原则》，有 12 条总共千字的概述性总体原则，目的是成为地方根据具体情况制定详细规则的基础，确保非遗的积极意义被认可，进而促进其在现代社会的存续[①]。这代表了众多文化领域伦理问题在当下的紧迫性和重要性，文化领域（尤其是文化表现形式多样性）又一次面临前所未有的发展空间，却也面临着又一次前所未有的存续挑战。

平台不是互联网时代的首创，但互联网时代平台效益最为明显。平台是一种技术，但平台这种技术可以最大限度地将资源整合起来。这种传统文化产业价值链的模糊，从积极的角度看，是现在国内热门的“IP 全产业链”，对于 IP 的开发可以实现最大的社会传播效果和经济效益，但从消极视角看，也被认为是“脱媒”（disintermediation）[②]的范畴，这一过程被认为在中长期内会造成垄断[③]，尤其当 IP 掌握在少数平台，即便软件开源程度越来越高，文化产品也更紧密地掌握在平台手中。

在国际上引起讨论较多的是同为流媒体服务商的 YouTube 和 Spotify，由于 YouTube 具有大平台的特征，拥有更多的注册用户，因此它带来的垄断现象是为版权支付的金额更少而获取的利润更多[④]。Spotify 在 2017 年用户收费 45 亿美

---

① 巴莫曲布嫫，张玲. 联合国教科文组织：《保护非物质文化遗产伦理原则》. 民族文学研究，2016，34（3）：5–6.

② 经济学术语，指的是从供应链中删除经济中介，或者在交易中删除中间人。

③ UNESCO. Re|Shape Cultural Policies. ISBN 978-92-3-100256-4. 2017：80.

④ 教科文报告认为因为 YouTube 有 8 亿注册用户，它制定了只为每位版权提供

元会员费，免费用户贡献的广告收入约5亿美元，但是向唱片公司支付的版权费用是98亿美元①，远远超过了它的收入。但是Spotify代表了大平台之外小平台的生存策略，即以垂直化的业务为主，不光推送内容，还做内容营销，把自己的领域做透，再和其他垂直化小平台组合起来②。

随着智能手机的普及，全球互联网的普及率已经接近50%，（移动）互联网已经和公路一样成为社会基础设施的一部分。除了平台之间的差异，在发达地区与欠发达地区之间，由于基础设施的差异带来的“起点不同”，平台出现后垄断带来的社会经济问题较明显。这表现在两个方面：其一，大平台垄断了连接机会，比如Facebook在一些国家推出了一项服务称为Free Basics，又称为Internet.org，这是一项基础设施服务，提供网络链接服务，其中部分网站的访问是免费的，包括购物网站、健康网站和招聘网站，维基百科和Facebook的这一服务在印度等国家由于有垄断性质而被禁止。其二，虽然大平台的运营方式看似非常合理，但发展中国家由于基础差，能够出售给平台的数字应用（App）机会比发达国家少得多，造成开发投入远远高于价值获得的结果③。

对研究者而言，平台最大的问题是数据不透明。在平台时代以前，研究者可以通过工商部门或者统计部门了解文化产业发展的具体数据信息。但在平台

者1美元的报酬的政策，而Spotify的用户少得多，但它为版权所有者支付18美元的费用。这样，虽然Spotify只有2.12亿用户，他们的版权支出是39亿美元，而YouTube有9亿用户，却只支付了5.53亿美元的版权费。

① 阑夕，“有关Spotify的一些故事”，微信公众号“阑夕”，2018年4月19日。

② 陈少峰，“互联网文化产业小平台的生存之道”，微信公众号“峰火文创”，2018年4月8日。

③ 教科文报告注明两个结论的来源为：Hampel, J. 2016. India bans Facebook’s Basics app to support net neutrality. Wired. Available at：www.wired.com/2016/02/facebooks-free-basics-app-is-now-banned-in-india/（访问日期2018年4月14日）。以及Pon, B. 2016. Winners and Losers in the Global App Economy. Caribou Digital. Available at：http://cariboudigital.net/wp-content/uploads/2016/02/Caribou-Digital-Winners-and-Losers-in-the-Global-App-Economy-2016.pdf（访问日期：2018年4月14日）。

时代，数据也是商品之一，数据不仅是大平台可以获利的工具，有时候甚至是“有价无市”的平台私有财产，外人无从获得，甚至平台内部跨部门也不能获知相关数字，只能依靠平台有选择地公开披露数据进行推测。即便人们已经普遍接受了数据也是一种需要购买的商品的观念，不再纠结于需要购买数据信息的新趋势，这些有选择的数据不管是免费的还是收费的，由于分类标准不同，也很难进行比较研究，于是在研究结论上有时也要依赖平台下属的研究机构和研究报告。对于其他研究者来说，结论的引导性和数据来源亦成为考验研究者能力的一部分[①]。

数据的缺乏对于研究者的个人影响并不重要，但是对整个行业发展影响非常巨大。如果缺少可比较的文化数据，“创意经济不为人知的部分占比会越来越高”[②]，对于政策制定部门来说，及时发现问题、纠正问题的难度会增加，误判的概率也会增加，相关政策的可行性和效果会大打折扣，也不能及时监测政策的实施效果，这是非常需要警惕的。2017 年 6 月，曾将反垄断作为“不作恶”主要内容之一的谷歌在经历了长期反垄断调查后，被欧盟以“滥用其在市场上的主导地位”为由，在搜索结果中有系统地偏重自营购物服务为由罚款 24.2 亿欧元。

数据垄断因此会带来进一步的垄断，由于政策制定部门也无法获知最准确的行业信息，小型企业和个人创业者便更加盲目，试错的可能性和成本都会增加。但大平台本身，由于其商业模式都无一例外建立在用户数据的基础上，这种模式随着平台扩大，获客成本增加，用户数增长率放缓等必然出现的瓶颈，会更加依赖对用户数据的使用[③]，进一步巩固大平台对其用户数据垄断权的“捍

① 笔者认为，现在在文化产业教学中出现的很多“软文式”案例研究论文就是研究者的数据来源单一情况下，研究者能力和视野仍有局限的结果。

② UNESCO. Re|Shape Cultural Policies. ISBN 978-92-3-100256-4. 2017：81.

③ 尹生，“越界的互联网巨头与社会的‘报复’”，微信公众号：尹生价值观，2018 年 5 月 8 日。

卫”。而他们的大平台地位也因此进一步得以固化[①]。

三、大平台的其他数字伦理问题

在网络造神的年代，社会普遍对大平台给予过多的期待，甚至希望大平台能承担起互联网社会治理的责任，扮演维护公共秩序的公正角色。但无论他们如何努力，注定会失败，因为他们从根本上仍然是由私人创办的商业企业。回到前文提到被印度抵制的 Facebook 的 Free Basics 项目，虽然在项目宣传中是以公益、慈善的名义出现的，“为了让世界更美好”。但作为企业，必须在商业逻辑下做事，在用户使用到该公司提供的免费互联网服务后，通过免费服务培养起使用习惯和品牌忠诚度，产生为该品牌未来的流量买单的可能性，最终仍旧是为了企业的盈利和互联网消费的扩张。即便是号称通过可以飞行在平流层的热气球来搭建互联网连接点，为网络不发达地区提供互联网服务的谷歌 Project Loon 项目，也承认其动机是看中了背后大约 100 亿美元的收益，因为气球可以到达现有的运营商尚不能到达的地区，同时省去大量光纤铺设的基础建设费用。这些行为进一步被解读为违反互联网中立原则的举动，带来互联网服务中的不公平竞争，因为提供的免费服务不是由用户需求决定的，而是由提供服务的企业决定的[②]。

同时，像现在这样仰仗互联网平台企业制定互联网商业价值标准，也不合

① 尹生，“越界的互联网巨头与社会的‘报复’”，微信公众号：尹生价值观，2018 年 5 月 8 日。尹生认为，在这之后出现的重量级参与者（包括应用）中，除了 Uber、Square、Snapchat、今日头条等少数例外，大多数都要么诞生于超级头部内部，比如微信和微信支付，要么成为它们的猎物，比如 Instagram、WhatsApp、YouTube 等，要么贯穿着巨头的力量或已经成为其生态的重要部分，比如滴滴、美团等。

② 玄宁，“殖民主义正在数字时代重演：科技巨头免费让人上网究竟有何企图”，微信公众号 PingWest 品玩，2018 年 4 月 29 日。

适。单从文化角度来说，大平台要实现成本、效益和用户体验的最优化，其中为各种“个别现象”提供普适解决方案是平台的最优选择。这对以语言多样性为代表的文化表现形式多样性是极大的挑战。人们甚至认为，在发达国家用户增长饱和的情况下，新兴市场就是一片等待挖掘的富矿，类似于数百年前欧洲人看着自己即将殖民的土地一样。平台提供导向西方互联网产品的行为、为本地化产品设置过高准入门槛都因此遭到了猛烈批判[①]。

内容审查是平台必须要承担的责任，尤其是在全球反恐形势严峻和假新闻泛滥的时代，Facebook 和 Twitter 这样的社交媒体也开始积极对内容进行过滤。除危险信息外，对社会公序良俗产生不良影响的内容也使平台广被诟病。平台带来内容的开放性，对色情信息、恐怖信息、虚假信息的过滤给平台自身和监管部门都在不断带来挑战。用户自创内容（UGC）的发展，既是我们社会创新创意能力的体现，也给平台自身的监管增加了几何倍数的难度。再加上新平台类型出现，如抖音、内涵段子、火山小视频等内容形式比传统图文监管要难得多。

互联网平台企业因此处于一个微妙的位置，作为一个自由市场的宠儿，它们有了成长壮大的机会，但它们反过来又造就了一个封闭、专断的互联网环境，把本应由社会化过程来完成的规则制定变成自己企业的私事，在自己无所不能的幻觉中越俎代庖地完成政府部门和社会，甚至个人用户自己的责任和权利。

隐私是平台面临的另一大伦理问题。平台的基本问题就是平台用户“用隐私换取一个基于信任的沟通平台”[②]。对于平台而言，用户提供的真实信息本身就存在着问题。如今像 Facebook 这样信息保管不力出现的问题颇引人注目，这一主题是讨论平台企业伦理问题最常被论及的话题，论著颇多，故不在此重复赘述。

---

① 玄宁，“殖民主义正在数字时代重演：科技巨头免费让人上网究竟有何企图”，微信公众号 PingWest 品玩，2018 年 4 月 29 日。

② 傅蔚冈，“信息、隐私与平台责任”，微信公众号“蔚为大观”，2018 年 4 月 10 日。

在新问题出现的同时，一个传统行业伦理问题的核心议题“信息不对称”反而不再突出。互联网出现之初就致力于解决信息不对称问题，也因而名曰“信息互联网”，后来物联网、人工智能、区块链的诞生进一步将物体和价值都连接起来，信息不对称问题进一步得到解决。因此，在种种问题之中，还是要看到互联网平台存在的最大意义，是展示给社会普通人凭借努力可以在公平竞争环境中实现成就的积极正能量。但就像很多评论者提到过的“互联网是社会的互联网还是互联网公司的互联网？”[①]，尽早开展和制定针对互联网平台企业的健全的规则、法规对各方都有益。随着大数据的进一步发展，人工智能技术的日益崛起和成熟，甚至在不久的将来出现更加革命性的科技爆发，社会、管理部门、用户与大平台之间的关系和问题只会越来越多、越来越复杂。如若不能在现阶段针对平台的运行特殊性制定相关的运行、监管规则，可能会经历失控甚至毁灭性的产业发展挫折。

对于平台而言，以开放的心态面向社会是关键，在追求利益最大化的同时将自身利益与整个行业生态整体利益结合起来。作为朝经济基础设施方向努力的企业，在自身经营之外，需要考虑总体就业、线上线下等多种生活方式、财富的公平分配、经济整体运行效率、对创新的保护、经济体的可持续性，以及用户的时间和经济管理、虚拟社会管理、技术社会后果等[②]。否则，由政府和社会组织全面进驻与替代企业在这些方面本身可以兼顾的考量，对企业自身发展将是巨大的束缚。

（作者：意娜）

① 尹生，“越界的互联网巨头与社会的‘报复’”，微信公众号：尹生价值观，2018年5月8日。

② 同上。

第三章

文化产业：文化自信的现实基础与伦理维度

文化自信是理论自信、道路自信、制度自信的深厚基础与道义承载，是“中国特色”的坚实支撑。文化自信的核心是价值观自信，文化产业是价值观传播的有效载体，是增强文化自信的现实基础。夯实文化自信的现实基础，既要发掘优秀传统文化“软力量”资源，繁荣文化事业；更要积极创新当代文化，以发达的文化产业为支撑，依托国家文化“软实力”，提高文化产业竞争力。加强文化产业伦理维度的探索，则关系到文化产业的健康发展。

2016年，习近平总书记在庆祝中国共产党成立95周年大会上的讲话中，明确提出了第四个自信——文化自信。所谓文化自信，在普遍性意义上，是指一个成熟的民族或国家以及一个政党对自身文化价值的充分肯定，并在日常生活中被积极践行，其核心是价值观自信，由此对其文化的生命力饱含坚定信念。正是文化自信促使我们从心理上、精神上深化了对道路、理论、制度的自信和自觉，而从根本上心悦诚服地去自愿认同，使社会主义核心价值观成为大众举手投足的基本遵循。因此，习近平总书记指出，“文化自信，是更基础、更广泛、更深厚的自信，是更基本、更深沉、更持久的力量。”[①]可见，文化自信是理论自信、道路自信、制度自信的深厚基础与道义承载，是最鲜明的“中国特色”的坚实支撑。文化自信不是抽象的口号，它需要强有力的现实支撑，在文化“软实力”和综合国力竞争日益激烈的当下，文化产业越来越成为文化现实力量的展示和显现形态，甚至成为21世纪以来全球战略格局重组的一条中轴线，是建构“人类命运共同体”的有力背书。因此，增强文化自信离不开文化产业的强有力支撑，文化产业是增强文化自信的现实保障。

一、文化产业是增强文化自信的现实基础

从文化影响力上看，中国虽有强大的文化底蕴和强劲的文化发展势头，但

① 习近平．在中国文联十大、中国作协九大开幕式上的讲话．北京：人民出版社，2016：6.

不可否认的是，我们目前仍是一个文化大国而不是文化强国，中国文化“软实力”的表现与物质硬实力的日益强大尚不匹配。中华文化深厚的底蕴和当代文化创新的成果，尚未发展为全球所追捧的文化产品和文化服务，也未能成为当代中国人须臾不可或缺的精神家园，更遑论在世界文化交往中成为有广泛溢出效应的文化自信和文化自豪感。现实中文化不自信的根本是主流文化的疲弱、主流价值观的乏力，对内缺乏社会凝聚力，对外缺失文化辐射力。作为有着深厚文化根基、丰富资源并倡导“大众创业、万众创新”的现代化大国，因文化创意和创新能力的不足，特别是文化产业能力的不强，使得处于伟大民族复兴进程的中国“软实力”仍有很长的路要走！

国内外形势的风云际会，迎来了中国文化产业大发展的机遇。随着社会发展形态的提升，文化与经济和社会的交融越来越深刻，文化既直接贡献于经济增长，又能有效提升经济运行的质量。社会愈发达，文化创意的融合功能就越强，文化就愈益渗透到经济发展全过程，文化产业在国民经济中的支柱性作用就越明显。在此境遇下，文化资源就越发成为经济发展的基础性资源，而文化产业则是对这些资源最好的配置方式，人才、创意、品牌、形象、信誉等文化形态的无形资产日益成为市场竞争的关键所在。21 世纪的一个突出现象是文化的地位和作用的国际性凸显，文化力量越来越显现于文化产业竞争力，文化产业作为新兴战略产业，已成为财富创造的重要方式和经济活动的核心，日益受到各国政府和国家政要的高度倚重，在经济社会发展中担当越来越重要的使命。

从国际上看，新一轮全球化动能的转换和文化思潮的激荡，使文化走上国际竞争前台，伴随全球范围内资源配置出现前所未有的分化和重组，对文化资源和话语权的争夺成为全球资源配置的重要内容，越来越多的文化产品进入国际市场，曾经分散和隔离的区域文化经济逐渐融入全球文化市场体系中。当前，文化产业已成为许多发达国家的支柱产业，洞察产业发展背后都有着或隐或显的国家战略意识。美国、英国、日本、韩国等文化产业发达国家，已借助先发优势占据文化产业全球分工和贸易的优势地位，正以其实力引领国际经济贸易、产业结构的升级及其国际分工体系的价值链高端，并引导着世界文化思潮的激荡，这进一步强化了文化与经济、政治的交融趋势，使得战略博弈愈加激烈，文化产业的影响力更加不可小觑。正是依靠强大的文化影响力和文化软实力，美、英、日、韩等国将其价值观、道德观、行为方式、生活方式乃至宗教信仰不断向全世界扩散，成为操控全球话语权屡试不爽的制胜法宝。

从国内来看，社会各界对文化产业的认知愈加深化，文化产业在国民经济发展格局中的地位愈加重要，逐步迈向国民经济的支柱性产业。2009 年，国务院发布的《文化产业振兴规划》，被视为文化产业发展提升到国家战略高度的标志，大力发展文化产业成为各级政府施政的主要内容；2011 年，党的十七届六中全会提出“文化强国”战略，党的十八大进一步推进强国战略实施，文化产业进入新的发展周期。随着居民消费结构的升级，大众的精神文化需求越发呈现多样化多层次多方面特点。契合这种变化，文化市场的结构性矛盾突出，满足大众文化消费需求的压力增大，文化领域成为我国少数几个供给难以满足有效需求的领域之一，这种态势极大影响了社会主义核心价值观的传播和践行，难以有效增强国人的文化自信。可见，提升文化产业竞争力，壮大文化产业实力的意义和迫切性格外凸显。

当下，在激烈角逐的国际市场，文化产业竞争越来越表现为文化精品之争。在文化消费高涨、文化产品竞争加剧的语境下，文化精品的不断涌现是增强文化自信的前提。因此，发展文化产业要有文化精品意识，要以精品支撑文化品牌建设，以文化精品引导文化消费趣味，以高质量的文化品质和健全的审美情趣满足大众差异化、多元化的精神需求，全方位鼓励有原创性的审美价值和创意价值的产品生成，尊重文艺创作规律和遵循文化产业发展规律。惟此，推动文化产业结构优化升级，扶持优秀文化产品创作生产，发展创意文化产业，加大文化内容产业和原创文化产品生产，是“十四五”文化发展规划应重点关注的内容。实践表明，文化产业的提质增效发展是保障文化精品不断涌现的前提，针对现实中某些高端的艺术品、高雅的艺术表演和高品位设计的高价格现象，需要在统筹“五位一体”战略布局和实现“中国梦”的进程中多措并举。第一，在先进理念的指导下提升文化产业的整体水平，向国际水准靠拢，推出更多文化精品；第二，政府要积极引导和培育居民的文化消费习惯和消费层次，营造高雅的文化消费的社会环境；第三，政府要给予更多支持，从笼统的扶持细化到具体的项目，通过购买文化服务，或者践行“文化例外”原则不断补贴高端文化生产，在文化惠民中提升大众的文化消费水平；第四，激励企业要付出更多努力，以产品的高质量高品位不断“走出去”，给文化精品更多亮相国际市场的机会，积极参与国际市场竞争，在扩大文化消费中降低价格惠及更多民众。从一定意义上讲，文化产业能力是衡量一个国家现代化发达程度的尺度。这不仅是其作为先进生产力的表征所体现的技术力和经济力，更是作为“软实力”发挥的内在价值的文化影响力即文化力。由此可见，文化产业在理论上是一个学科群的概念，在实践中是一个产业群的概念，它有着多维的价值和意义。也就是说，发展文化产业不但有经济价值，还有着社会和文化价值。因此，文化产业不但要“强身健体”，更要有“灵魂”，只有与社会主流价值观相契合的文化产业才能有效增强文化自信！

从根本上说，文化产品消费的实质是蕴含其中的价值观的传播，该产品的价值观能否被消费者认可或认同，决定着该产品是否有竞争力。真正能够吸引大众的恰恰是其中的文化价值取向，以及由这种价值取向所主导的审美趣味。就此而言，相对于高雅文艺的艺术卓越性追求，大众文化同样要有文艺精品意识。所谓精品就是要有灵魂，要有思想的穿透力和适当的表现形式，如习近平总书记指出的，“精品之所以‘精’，就在于其思想精深、艺术精湛、制作精良”，[①] 这样的产品才容易被消费者接受，才能传播久远。以市场化程度较高的影视剧为例，一部影视剧的文化价值取向与社会主流价值观的契合度，直接影响其市场营销的成功与否，以及口碑与票房之间的平衡。所谓价值观正确，是

① 习近平．在文艺工作座谈会上的讲话．北京：人民出版社，2015：10.

指其高度契合了主流消费者的情感诉求和价值取向，正是它影响了产品消费的广泛性，从而成为决定影视剧市场盈亏的关键要素。文化产业生产的通常是大众文化产品，其价值取向如果背离时代精神和民族性，就会在心理和情感倾向上偏离社会主流航向，其市场前景就会叵测。因此，从文化资源大国到文化产业强国，不单纯是一个经济学命题，以文化经济新形态参与供给侧结构性改革，促进产业升级和调结构与转方式；它更是一个文化学的价值传播命题，其要害处在于内容价值的诉求，必须与人类文明的价值取向和社会主流文化价值观相吻合，以促进大众文化素质和文明程度的提升，进而能够从根本上涵养一个国家的“软实力”资源。可见，发展文化产业是提升国家“软实力”的一条重要路径和方式，通过促进文化与经济交融，在经济形态的升级中追求有文化的经济和有经济支撑的文化，以高质量的文化产品和有活力的经济，使文化融入国民经济发展的“大循环”中，而不是固化在宣传思想文化的小圈子中，成就的是一种大文化观，一种大文明视野下的文化产业，这样才能从根本上增强文化自信。

在全球文化博弈的舞台上，一个国家和民族若没有发达的文化产业，其文化自信就会沦为空谈的口号、自说自话的梦呓。相对于中国经济对世界的贡献，让更多发展中国家搭上中国经济的快车，我们需要思考中国文化对世界的贡献，如何以文化价值的共享来获得世界的认可和认同。民族的伟大复兴需要文化先行，中国当代文化只有成为全球化舞台上高势能的文化并不断向四周辐射，才能在世界现有格局和当代世界史体系中，不断靠近世界舞台中心或战略格局重组的主线。历史经验表明，文化是大国崛起的最终地平线，一个民族的崛起或全面复兴，常常以民族文化的辉煌为表征。在世界文化交流交锋更加频繁的大变革语境下，谁占据了全球文化发展的制高点，谁就能更好地在激烈的国际竞争中掌握主动权，谁就能发出自己的声音、展现自己的色彩和形象。

二、文化产业是增强价值观自信的有效载体

时代的因缘际会，使文化越来越以产业的形态存在，文化产业是当今时代文化价值生成、传承和价值观弘扬，以及文化累积和文明积淀的主导性方式，其核心是文化价值的传播和高扬。当前人们越来越达成的共识是，发展不单纯指经济的发展，GDP 的增长、物质财富的增加，不是社会发展的唯一性目标，更不是所谓终极性目标。发展最终要以文化概念来定义，文化繁荣才是发展的最高目标和社会文明进步的尺度。但契合新发展观的转变，依然有一些不变的东西。不惟如此，文化产业还越发成为意识形态传播的经济基础，其传播的隐蔽性越来越强，其效力就越来越持久。国际经验表明，主流文化作为意识形态传播的载体，只有在多元文化竞争中胜出，才能成为一个国家的“软实力”，成为一种有利于巩固执政资源的正向度力量。这启示我们只有夯实意识形态的经济基础，才能有效捍卫国家文化安全。在文化竞争的全球博弈中，有学者指出，“在电视领域，为谋取音像、电视连续剧和脱口秀节目‘形式’的支配地位而战；在文化领域，为占领电影、音乐和图书的新市场而战；最终，这还是一场通过互联网而展开的全球内容贸易的战争”。[①] 在这场为“软实力”发动的战争中，各国的力量是极度不均衡的。既有各主导国家之间地位的争夺，也有主导国家与新兴国家之间的竞争，以确保对那些文化产品与文化服务产量极低甚至没有的国家民众实施影像与梦想的控制；同时，文化竞争也是通过文化与信息的传播来赢取新地区的影响力而展开的战争。在没有硝烟的战争中，被用来博弈的文化产品悄然裹挟着某种意识形态和价值观，并借助文化产业的竞争实施文化

① ［法］弗雷德里克．马特尔．主流——谁将打赢全球文化战争．刘成富等译．北京：商务印书馆，2012：366.

渗透，使大众在文化消费中而不自知，原本有着强烈政治倾向性的意识形态话题转化为市场竞争力的经济问题，使文化话语权和文化影响力越来越取决于市场份额。正是洞察到文化竞争背后的力量，约瑟夫·奈认为美国的文化产品已成为美国外交的一种“低代价、高收益”的软资源，他称之为“一种无需投入过多，相当有价值的软力量资源”。①

文化产业通过文化产品和服务传播文化价值，经由价值观的内化影响了消费者的文化认同。就此而言，文化产业不仅能创造经济利益，还会影响一个民族、一个国家的文化身份和文化安全，甚至关乎一个民族的文化原创力。纵观世界文化产业，美国迪士尼公司出品的《米老鼠和唐老鸭》《狮子王》《风中奇缘》《玩具总动员》等动漫，不仅创造了电影史上的诸多票房奇迹，更是把美国社会主流的道德感、美丽的梦幻、自我认同嵌入到儿童脑海中，使美国的价值观在其人生成长中留下烙印，从而影响其对社会现象的是非价值判断，由此使之成为自己行为举止的某种依循。可见，文化产业在攫取经济价值的同时，还输出了价值观和生活梦想。因此，中国文化产业发展要有效融入社会主义核心价值观中，以之为发展理念不断丰富其内涵并引领航向。在此，党的十八届五中全会提出的新发展理念为其提供了坚实的思想指南，不惟纠偏文化产业发展中的某些误区，还有利于深化对文化产业的理解和认知，创新、开放、包容本身就是文化繁荣发展的根本。文化产业的发展，说到底是文化的发展，其重心一定要落到文化价值的传播上，也就是说，文化产业发展要尊重文化规律，谨遵价值观是文化产品的灵魂的理念。以此鉴照中国的文化产业，其最大弊端就是价值诉求的不清晰和价值观的摇摆与混乱。发展文化产业既要以社会主流价值观为航向，又要充分体现中国文化丰富、多样、博大、包容的特点，彰显中华文化的多元化、多层次性特征。因此，要明白文化“走出去”、文化输出的根

① ［美］约瑟夫·奈．美国定能领导世界吗？．何小东等译．北京：军事译文出版社，1992：160.

本在于内容——价值的认可与消费，文化价值共享是基础。必须追问在跨文化传播上其价值诉求是否符合社会主流？人物演绎是否脚踩大地接地气、出神入化有仙气，养身养眼俘获人心？在跨文化传播中，只有通过生活方式与价值理念的共享，以各美其美不断消除摩擦、提高共识、建构相互信任关系，才能以民心相通为“人类命运共同体”建构可通约的文化空间，这是中国文化产业发展的主导方向，其竞争力的提升有利于增强民族的文化自信。

一个国家文化产业的发达程度，直接关乎社会主流文化价值观的建构与传播，关乎民族精神风貌和精神追求。现实中，“制约中国文化产业发展的因素有多种，但最根本的深层次制约因素是价值观的摇摆、游移和价值诉求的模糊，即社会主义价值观与文化产业竞争力有着深层次的内在关联，这一点往往为人们所习焉不察，或缺乏足够重视，以为文化产业竞争力是技术上的提升和产业运行上的转型升级。没能充分领会中央对发展文化产业要社会效益优先、双效统一，以及加强对文化创作引导的着力强调的深刻用心。尽管文化价值的融入是虚灵的，却事关整体，文化价值的融入和提升并非单兵突进和局部突破所能解决的，它往往在现实中因很难找到有效抓手，而手足无措”。[①] 事实上，美国文化产业的强势背后是其清晰的价值诉求，是其主导性的价值观影响着文化产品的消费。可见，文化价值观与竞争力之间是一种正向性关系。惟此，美国历届政府都不遗余力地为美国文化企业保驾护航，美国各大文化公司也有着不言自明的文化自觉。文化自信需要文化产业创新，其中最根本的是文化制度创新，只有思想解放和文化自主表达才能使文化创意创新人才竞相涌现，文化发展高地是文化生产与文化消费高地——其核心标志是文化创意阶层的形成。文化自信的增强，既需要繁荣的文化事业，更离不开发达的文化产业。没有发达的文化产业，文化自信会大打折扣，难以有现实保障。甚至文化事业的繁荣也离不

---

① 范玉刚. 以社会主义核心价值观的有效融入提升文化产业竞争力. 中国党政干部论坛，2011（12）：12.

开文化产业的支撑和反哺，更离不开市场维度和社会力量的参与。文化产业的强大表现为源源不断地生产文化精品，参与国际市场竞争、融入国际分工体系的产业链中高端，在文化思潮相互激荡中占据有利地位，发达的文化产业与国际文化市场份额是正向关系，它决定着文化影响力的强弱。

国际经验表明，随着居民消费结构的升级，越来越多的精神文化消费不仅是已迈入小康社会大众的自觉追求，其消费的质量和层次还关乎一个国家和民族的精神文明发展程度，这是比“硬实力”更持久的深层次动力和价值，这种力量在根本上维护着一个国家的稳定和长治久安，甚至决定着一个国家和民族的未来。习近平总书记在 2014 年“两会”期间参加贵州代表团审议时说：“体现一个国家综合实力最核心的、最高层的，还是文化软实力，这事关一个民族精气神的凝聚。我们要坚持道路自信、理论自信、制度自信，最根本的还有一个文化自信。”[1]尽管文化价值可以共享，文化交流互动有利于扩大世界各国人民的文明互鉴，有利于增强世界各国人民的互信和建构“人类命运共同体”，文化在本质上不是竞争和博弈的工具，但在全球化语境下，没有硝烟的文化战争早已拉开帷幕，文化热战日趋激烈。当下国际社会间的竞争已不仅是经济实力的竞争，虽不乏局部军事竞争，甚至有些地区有热点升级的危险，但更多地体现为没有硝烟的文化竞争。任何国家要想在国际竞争中赢得舆论和道德优势，就必须使民族文化发展为高势能文化，占领文化与价值的制高点。因此，现代西方社会的文化扩张与渗透，绝不是一种简单的文化偏好和创意产品营销，其背后往往有着经济政治霸权的图谋，是一种披着文化外衣的“别有用心”。之所以文化在全球博弈中走到前台，是因为斑斓的文化裹挟了隐蔽的意识形态指向和鲜明的价值倾向。人们越发意识到，文化价值的润物无声，一旦大众从心理上接受，就会悄然入心，以一种无形却强有力的力量，把人的现实行为嵌入文化价值设定的制度规范的轨道。这种力量之持久有力源自其不是外在的，而是发

① 《习近平参加贵州代表团审议》，新华网 2014 年 3 月 7 日。

自人的内心，是人的一种自觉选择，甚至是一种无意识。

互联网语境下文化的边界日趋模糊，数字化技术引领下的文化产业创新，愈加强化了文化的泛在性存在和文化价值的碎片化传播。在互联网思维引导下，以移动互联网为代表的数字产业已成为经济发展的新引擎和增长点，新的传媒格局呈现出去中心的移动化、社交化、视听化的扁平化趋势，这种结构特征对原有的信息生产、传播和消费模式产生巨大影响，并开始重塑文化传媒生态链，新旧媒介融合进入以移动互联为核心的媒体发展新阶段。习近平总书记指出："现在，媒体格局、舆论生态、受众对象、传播技术都在发生深刻变化，特别是互联网正在媒体领域催发一场前所未有的变革。读者在哪里，受众在哪里，宣传报道的触角就要伸向哪里，宣传思想工作的着力点和落脚点就要放在哪里。"[①] 显然，移动互联网是当下发挥舆论引导的主阵地，也是文化产业发展的方向和趋势，这种跨越式发展使文化产业日益呈现出从"规模经济"转向"势力经济"，文化产业的文化价值影响愈凸显。这对已步入提速期的中国文化产业来讲，就既要"强筋"，又要"健骨"。"在强筋方面，需要着力突出文化产品和服务的思想文化内涵，不断挖掘潜在的有效文化消费，以内容生产和创意为核心，提升文化资源的开发利用效率，促进文化要素与各种生产要素融合，生产优质文化产品，塑造知名文化品牌；在健骨方面，利用科技后发优势实施'弯道超车'占据产业技术链竞争的制高点，通过文化航母的集合之力在国家发展战略主导下，以重大技术突破、重大发展需求为基础，提高原始创新、集成创新和引进消化吸收再创新能力，培植具有自主知识产权的技术、产品和服务，推动企业实现战略转型和发展模式创新，形成新兴文化产业的核心竞争力。"[②] 透过纷繁的现象可以洞察到，新旧媒体融合正在促使媒体迈入产业化阶段，大量的传媒公司日益转型为有社会影响力的产业集团，并不断迈向价值链高端的

---

① 据新华社北京 2015 年 12 月 26 日电。

② 范玉刚. 文化消费对健全文化产业发展体系的促进作用. 艺术百家. 2016（5）: 18.

资本集团（商业银行、版权银行等），在社会舆论中发挥着强势的影响力和引导力（充分体现了“资本为王”和“资本会说话”的格局变化）。对社会舆论的引导力是文化产业发达强大的标志，是国家主流媒体发展的诉求目标。当前，文化产业竞争进入新阶段：由平台竞争发展到产业竞争，并呈现产业集团化趋势，特别是电视传媒，远不能仅停留在平台、渠道的竞争，要有产业升级完善和拓展产业链的战略意识，才能建设一个强大的有着广泛社会影响力的主流媒体产业。相对于传统广播电视媒体形态，新兴的网络、手机等移动视听新媒体拥有明显的点播、互动、回看和海量存储等优势，新趋势带来网络文化产业新业态，只有从受众需求和体验出发，充分运用以移动互联网为代表的信息技术，充分领会“媒体融合”战略，不断创新新闻资讯产品的形态、表达、叙事，才能使网络文化产业成为传播社会主流文化价值观的有效载体和渠道。

随着数字化技术的广泛应用、传媒发展格局的变化，话语权、市场份额的争夺愈加激烈。面对移动互联网的强势发展，传统媒体应调整心态，以互联网思维布局谋势，在新旧媒体共在的融合中，树立“大视听传媒产业”的发展理念，推进台网融合的深度、力度和广度，减少体制性障碍，才能实现市场扩张中的交互渗透和利益双赢。借助数字化技术和互联网思维，在文化创意引领下，使中国传统文化资源的精髓与时尚文化、流行文化相结合，创造出一系列富有时代特征和当代价值诉求的新的文化业态、文化产品和文化消费方式，才能由衷地激发出全社会甚至全世界对中国文化的认同感和自豪感。

发展文化产业是有效维护国家主流意识形态安全的重要载体和路径。在激烈的国际竞争中，市场份额决定意识形态话语权的强弱。对世界上大多数国家而言，“软实力”的提升不是一蹴而就的，甚至面临着比发展“硬实力”更艰难的困境。据联合国教科文组织统计的数据显示[①]，全球文化创意产业发展极不平衡。首先，支配文化产品与服务出口的仍是发达国家。2013 年共计 2128 亿美

---

① 以下数据转引自意娜．“联合国 2030 可持续发展议程”下的国际文化创意产业发展趋势．广东社会科学，2016（7）：73.

元的文化产品出口中，大约有46.7%来自发展中国家，其中大部分来自中国、印度这两个比较发达的发展中国家。除这两个国家外，发展中国家自2004年以来的文化产品出口额的年均增长幅度不到5%。其次，文化产品与服务贸易之间的不平衡，发展中国家文化服务出口数字惨不忍睹。在2012年全球1285亿美元的文化服务出口额中，发展中国家只占了1.6%，这个数字可用“微不足道”来形容，这意味着其全球文化影响力可以忽略不计。可以说，短期内包括新兴经济体中的中国和印度等金砖国家在内，在文化内容产业发展上都没有和西方发达国家竞争的可能性。这种境况表明，作为国际话语权建构的载体，大力发展文化产业越发迫切！市场条件下，所谓文化影响力是文化产品在市场上被实实在在消费实现的，是以文化贸易数字来说话的。最后，据伦敦政治经济学院的研究报告，在全球文化产业发展中，原创部分我国只占2.5%左右，而西方国家总体占70%以上，可见在文化创造、创新方面，中国文化产业与国际发达国家尚有较大差距。不论是传统产业门类的升级，还是新兴产业门类的文化品牌塑造，我们都有很长的路要走。从全球文化影响力比较来看，中国当代文化的影响力尚未进入全球文化强国第一方阵，从文化贸易及其市场份额来看尚处于第二方阵，这表明国家经济形态的高端化与世界舆论优势的流动性呈正向关系。亟需提升中华文化尤其是中国当代文化的世界影响力，不断厚植意识形态有效传播的土壤，在不断健全文化产业发展体系中，提升文化产业发展实力。须知，文化思潮的激荡以文化市场为基础，文化竞争越来越以产业的形态显现，但无论是传统的文化冷战，还是非传统国家文化安全的热战，意识形态都始终是国家的核心利益，我们要发展出维护主流意识形态价值的能力，就必须要有强大发达的文化产业实力。因此，“发展文化产业看起来是一个产业问题，一个市场问题，其实是一个思想问题，一个价值观问题，一个意识形态创新问题，说到底是一个政治问题”。① 对此，要在不断增强民族文化自信中，从一种深刻性上来理解。

---

① 范玉刚. 核心价值观传播需要文化产业的有力支撑. 人民论坛，2016（9月上）：109.

三、增强文化自信的“软力量”与“软实力”

人们越来越意识到，文化自觉应成为人类文明交往的一条现实原则，以文化对话代替文化冲突，倡导文化价值共享。这样的共识符合全世界人民的愿望，符合人类文明健康发展的要求，更符合习近平主席倡导的“人类命运共同体”意识。“古往今来，中华民族之所以在世界有地位、有影响，不是靠穷兵黩武，不是靠对外扩张，而是靠中华文化的强大感召力和吸引力。我们先人早就意识到‘远人不服，则修文德以来之’的道理。阐释中华民族禀赋、中华民族特点、中华民族精神，以德服人、以文化人是其中很重要的一个方面。”在文化自信上，中国倡导具有文化普遍主义的世界情怀，追求人类共同价值观，建构“人类命运共同体”，必须警惕以所谓中国文化的特殊性来贬低或者阉割中华文化的“天下体系观”，在倡导世界共同价值中积极阐述中国文化的世界共同价值诉求，以及对世界大同的理想追求，以一种相互平视的态度与其他文化共存共享。

在现实境遇下，以文化人离不开对民族文化的充分自信。无论是发掘优秀传统文化的“软力量”资源，还是依托国家文化“软实力”来增强文化自信，都离不开文化产业的强有力支撑。那些令我们自豪的中华文化的独一无二的理念、智慧、气度、神韵，需要在现实中跨越时空、超越国度地传播开来，需要让那些富有永恒魅力，有当代价值的社会主义先进文化、革命文化在大众的日常生活中可触、可感、可闻、可视，唯有转化为高品质的文化产品和服务，才能展示出中华文化的独特魅力；事实上，只有成为大众日常文化消费的对象，甚至成为世界人民追捧的时尚产品，才能由衷地激发出国人的文化自信。习近平主席指出，“从诗经、楚辞、汉赋，到唐诗、宋词、元曲、明清小说等，共同铸就了灿烂的中国文艺历史星河。中华民族文艺创造力是如此强大、创造的成就是如此辉煌，中华民族素有文化自信的气度，我们应该为此感到无比自豪，也应该为此感到无比自信”。正是文化自信使我们在新一轮的全球化运动中更加从容，更有底气地向外界展示自己的优秀文化。中华儿女在几千年历史中创造和传承的优秀传统文化，是中华民族的根和魂，对此当代文化既要赓续文脉，又要弘扬文化传统。放眼全球，世界愈加开放，中国不断提高文化开放水平，中外文化交流以前所未有的广度和深度展开。只有敞开胸襟、视野开阔，广泛借鉴吸收各国各民族思想文化中的有益成分，使其长处和精华为我所用，才能为中华优秀传统文化创新发展注入新的活力，为文化产业发展注入新动能。在世界文化交流和博弈过程中，重振文化自信，不能自言自语、自娱自乐，在推进文化自强过程中，应着力将中国文化置于中外文明的互鉴中，将中国人对强势文化的目光从仰视引向平视，将自身发展成为全球文化高地之一，以文化价值共享获得各种文明的认可、认同，才能让国人心中生成文化自尊、自豪，真实地展示出一个中国人的底气和骨气。增强文化自信，既要守护文化“软力量”，发掘优秀传统文化资源，繁荣文化事业；更要积极创新当代文化，以发达的文化产业为支撑，提升国家文化软实力。

就现实性而言，对“软权力（软力量）”与“软实力”这两个概念要有所区分和侧重。在现实语境中，人们往往把二者混为一谈，当作同一概念使用。其实，就词源学和语义而言，二者的语义内涵有所分别，而且价值指向殊异。“软权力”主要偏重于自身的文化魅力，价值内敛、反求诸己，与文化吸引力、价值感召力相关联，类似于中国文化传统中的“内圣”思想；“软实力”多指文化力量的外显与展示，更多地与文化的现实力量相关联，在现实语境中多用于外交领域，在博弈中更多借助于文化产业发展，强调通过“软实力”提升国际话语权，被世界所认可。就历史资源而言，“软权力”秉承中国“内圣外王”的“内圣”传统；就现实力量而言，当前国际交往多借重的是“软实力”，主要传承了中国文化的“王道”传统，及其现代的“文化霸权”思想。即使在国际语境中，最早提出“软实力”的约瑟夫·奈，也洞察了“软权力（软力量）”与

“软实力”之别。对此有学者评述道[①]，在奈看来，“软权力”由一个国家的文化、政治理想、制度、政策等产生，旨在是通过“吸引力”而非强制力（军事的）或付酬劳（经济的）等实现目标的能力，它依赖于塑造他人偏好的能力。奈一再强调“软权力”的吸引力特征，称其为“有吸引力的权力”（attractive power），它不是强力，也不是金钱，也不仅仅等同于“影响力”。在奈看来，“软权力”的发挥，与一个国家的整体形象、社会语境相关联，政治、制度、政策等各方面力量都会对“软权力”的综合指数产生正面或负面影响，通常文化工程或效应无法单独发挥作用。其实，任何一个时代的文化都会与国家的政治盘根错节，文化很多时候和政治互做背书。“软实力”表示一种客观存在，强调单一主体的实际能力，该种能力可通过和他者对比显示出来，并不依赖对他者的吸引力而产生或存在。而能力的基础必定是硬件条件，故而与发展文化产业相关联，因此文化产业也常常被视为文化“软实力”中的硬实力。

文化自信源自文化的力量和底蕴。在当代文化发展中，我们要学会两种资源和手段并用。首先，要发掘中国文化传统中的“软权力”资源，与现实结合中形成一种“巧实力”；其次，要积极发展现实中的“软实力”能力，提升文化产业和文化贸易在国家战略中的地位。在创造性转换和创新性发展的当代文化生产中，关注文化事业与文化产业的内在关联，使其相互促进、相互支撑，形成强大的文化发展能力。既能有效展示中华传统文化的独特魅力，又能体现当代中国人在现代化实践中的伟大创造，在全球化舞台上重构有亲和力、充满希望和活力的社会主义大国形象。尤其是对于由中国所倡导的“人类命运共同体”等概念，需要以文化消费基础上的文化价值共享来支撑，而文化价值共享的基础是“怀柔远人”“仁义之道”、内圣思想，以赢得域外民心为旨归，即赢得域外民众对中国形象的好感。实践中，“软力量”是发展“软实力”的基础，“软实力”借助现代科技转化为现实生产力，发展文化产业是提升“软实力”的重

---

① 戴清. 软权力与文化软实力——以美剧在中国的传播为例. 中国电视，2012（9）：82.

要手段，但“软实力”并非就是文化产业。究其根本，“软实力”的充分发挥并非物理性的零和博弈，根据不同的语境应用，它既可以帮助政府获得国家利益，又能以其超越性收获国际利益，可以说其价值指向是多元的。为了应对国家间新兴文化表达力和创造力竞争，发达国家不断调整政策，加大公共财政投入，保护文化遗产，强化文化认同，改善文化多样性状况，抢占文化发展制高点。当前，“我们最大的软肋是守着丰厚的文化资源却暴露出产品的无文化、伪文化，从中折射出中国文化产业发展与发达国家相比根本不在一个形态上，我们对文化产业发展规律的理解和把握上还有一定的距离”。[①]“文化强国”须建立在强大的文化感召力基础上，形成独特形式的内容普适性的文化品格和文化价值，有了文化价值引导和文化品格融入的“软实力”的提升，中国才能成为社会主义现代化强国。从理论上讲，全球文化交流应是双向、对等的。但事实上，双向的往往变成单方面的文化输出。一方面，发达国家依托强势经济、科技力量和信息优势，把自己的文化打造成强势文化在全球倾销，在西方文化的全球渗透中，发展中国家的思想意识、价值体系、文化信仰和文化形态甚至文化生产的标准都会遭遇挑战、动摇和影响；另一方面，发达国家借助自由市场经济有意识地提高自身的文化市场门槛，阻止有悖于它的价值观念的异质文化的输入，甚至借助传播信息优势对发展中国家的优秀文化进行贬低、丑化。结果，所谓的文化交流在当下就成了单向度的文化出口关系，广大发展中国家充其量是文化资源输出国，而西方发达国家在全球化语境下以产业形态对发展中国家的产品倾销，与某种强行“市场准入”，因交流不对等带来的非传统国家文化安全威胁，极大地影响了维系民族文化的纽带及其文化认同。只有积极发展文化产业，才能抵御强势文化大举入侵的风险，从而化解非传统国家的文化安全威胁。

事实上，巨大的国内市场及其文化产品的充分竞争是提升文化产业国际竞争力的基础，广泛的深度的文化交流和文化贸易是提高文化产业发展水平的基

① 范玉刚．找准深化文化体制改革的着力点．天津社会科学，2012（1）：45.

础，这两个基础是中国文化高质量地“走出去”的前提。当下，民族文化创新力较为薄弱，文化贸易中鲜有“创新”并引起世界关注的现象级文化产品和文化品牌，就是文化理论研究也没有表现出一个文化大国所应有的理论思维高度。现在的理论学术界大多操持的是西方理论话语，其研究成果多是对西方理论话语的借鉴和复述。这当然有价值，但更要有自己的文化特点和学术生长点，应有自己学术思考的原创性。失去民族文化特点和学术原创，我们拿什么走向世界？如何参与全球文化竞争？唯有自己的文化话语，自己的思想创造，自己的文化精品和品牌，才能赢得民族文化创新的自信！文化自信说到底要体现在建构富有独创性的理论话语体系上。习近平总书记指出，构建中国特色哲学社会科学，要体现继承性、民族性。要善于融通马克思主义的资源、中华优秀传统文化的资源、国外哲学社会科学的资源，“要坚持不忘本来、吸收外来、面向未来，既向内看、深入研究关系国计民生的重大课题；既向前看，准确判断中国特色社会主义发展趋势；又向后看，善于继承和弘扬中华优秀传统文化精华”。[①]坚定中国特色社会主义道路自信、理论自信、制度自信，说到底是要坚定文化自信。

四、文化产业的伦理维度

随着国家政策的激励和政府的强势推动，文化产业虚热、无序的乱象越来越引起有识之士的担忧，文化产业发展的伦理维度，即文化产业发展的限度意识开始进入人们的视野。

所谓伦理维度首先是指文化资源的开发、转化不是无限的，特别是非物质文化遗产的商业开发要有限度，要受时间、空间和文化资源禀赋的约束，发展

① 习近平．在哲学社会科学工作座谈会上的讲话．北京：人民出版社，2016：16.

文化产业不能过度开发，过度市场化，过度娱乐化而商业至上。一些地方，原本文化与旅游的结合是发展文化产业的一条有效路径，但因观念、规划和保护意识不到位，游客激增，管理滞后，商业气息过浓，导致只见利益追逐，不见了文化，导致环境的恶化、秩序的混乱以及物欲的膨胀。

在发展文化产业的旗号下，某些为增加基础设施和旅游景区升级改造的开发大多沦为变相的"圈地运动"，本应作为旅游景点配套设施的地产项目喧宾夺主，导致旅游开发反沦为地产项目的配套建设。某些景区的演出更是同质化竞争，如中南某著名景区内就有七家演艺公司，为了拉客相互压价、恶性竞争，不仅破坏资源、扰乱市场秩序，还影响了文化产业发展的生态。甚至因为《印象刘三姐》大获成功，在大江南北遍地开花后，北方某城市并不具备实景演出的条件和环境，却全然不顾文化产业发展的伦理维度，背离文化产业发展的时机强行模仿。实景演出本是一个极佳的展示地方文化特性、叙述地方风俗人情、使地域风韵产品化的载体，却因缺失发展文化产业的伦理意识，无视项目前期论证不足、商业模式不清晰、环境承载力弱的实情，全然不顾内容单薄与空洞化、同质化甚至低俗化，使实景演出滥俗而遭人诟病。这种没有限度的运动式发展文化产业既不符合艺术发展规律，也没遵循产业规律。

文化产业发展的限度意识还表现在金融资本与文化产业不匹配的对接上。因经营理念、程序设计和操作上的不规范，在准备不足的情况下上马若干文化（艺术）产权交易所，以金融资本之强大和逐利之本能，对应文化产业之弱小。在文化产业发展中，不是金融资本涌入越多越好而应是适度。文化企业融资难一直是文化产业发展的瓶颈，如何实现金融业与文化产业的无缝对接，通过金融支持文化产业发展是政府和业界普遍关注的问题。但文化企业多是中小微企业，因此，金融业支持文化产业需要理性"设计"。多数文化企业的启动扶持基金不需要太多，几十万元、几百万元就会发挥很大作用，关键是如何把扶持资金落到文化上，而不是借文化之名行金融之实。尤其在起步阶段，金融资本的力量因市场惯性可能会使文化产业发展的航向走偏，资本的逐利本性使之在文化产业培育中有可能扭曲文化本性，特别是大量金融资本涌入，往往会造成遮蔽文化凸显产业的结果。

近年来，针对文化产业发展的某些金融创新，如有些艺术产权交易所，由于缺失规范或人为操作，导致在实际运行中只见资本张牙舞爪，全然不见了艺术和文化，而成为资本猎获的目标，或者成为助推艺术品泡沫的黑手。因缺乏文化情怀和艺术情怀，所谓的创新成了一些诱人的消费名目、用来唬人的噱头和某些专家的自撰，这种所谓“创新”瞄准的是在市场大潮中暴富而并无多少艺术修养和艺术眼光的新富阶层，是过剩资本的暗潮涌动，根本不是文化产业发展基础的培植。

因此，警惕资本以强势破坏文化产业发展的生态，不使文化作无根的飞升，不以铜臭堆砌奇观吸引滚滚钱流，就要在推动文化产业大发展中彰显伦理维度。强调伦理维度旨在发挥文化对金融资本的引导，使文化经济的意义生成与金融经济的资本增值相平衡。

尤其重要的是，对文化产业发展的限度要有辩证的理解，限度主要指物质性因素，而对非物质性因素则主张其无限性。以文化为资源配置驱动的新经济的发展，不仅带来一种价值观念和生活方式的变革，还会带来精神的满足和愉悦，通过把对文化艺术的消费融入日常生活体验，来提升大众的精神追求。作为一种智慧经济，文化产业稀缺的是如何形成产品的智慧——怡神养性、温润心灵、提升思想境界的精神价值，这是无限的。在这无限的追求中同样蕴含着伦理意识，那就是对“至善”的价值祈向。

当下文化产业行走在粗放式的数量扩张之路上，人们往往忽略文化产业发展的伦理维度，而追求一种数量的无限度。文化产业作为推动社会经济发展的重要力量之一，其力量的源泉是由文化属性决定的，这是文化产业的特殊性，也就是说文化属性决定文化产业的力量。因此，不能简单地用经济数据的标准去要求和评判文化产业多重的溢出效应，文化产业发展不能唯 GDP 论，不能背离其以人为本的属性和精神吁求。文化产业发展要向人文价值聚焦，以文化价值观提升影响力和内在感召力。要改变文化产业发展散、小、滥的现状，实现从数量扩张到集约化、品牌化转变，积极引导产业集聚，形成产业集群，创新管理体制与运营机制，但不能以资源的商业开发至上，以数量追逐至上。不能缺失伦理维度，不以数量论英雄，应注重内生性增长和内涵式发展，应以附加值的提升和包容性发展为目标。

当下，文化产业一哄而上的乱象不时涌现。在很多地方，发展文化产业成了豪华的“一把手工程”。它作为新的经济增长点被纳入经济发展的视野，经济至上的思维方式主导一切，文化搭台、经济唱戏，无限度地开发文化资源，对文化产业的认知和理解极为狭隘，渲染文化产业的商业功能而萎缩其营造城市空间的想象功能和审美功能。现实中，打着发展文化产业的旗号，使多少独具特色的历史文化名城被“圈地运动”搞得支离破碎？多少老建筑、老胡同、古镇、古村和非物质文化遗产被粗放式开发而变得面目全非，甚至遭到毁灭性的破坏？

在文化产业热中不但要有冷思考，更要认清文化产业发展的限度，提升对文化产业的认知，领悟文化的属人本性和文化的“无用之用”。提出文化产业发展的伦理维度，就是通过比拟性的借用，旨在摒弃发展中经济至上的思维方式和工具理性的认知态度，树立大文化观以抵御文化的碎片化和鄙俗的文化气息，明晰文化产业发展的价值取向。对文化产业的认知，一定要提升到现代人文价值高度，凸显文化产业的人文属性，在国家政策引导和市场基础上推动文化产业又好又快发展，警惕其驶入单向度的消费主义的快车道。

（作者：范玉刚）

第四章

社会转型之下文化创意产业的伦理冲突

中国文化创意产业的蓬勃发展与当今的社会转型是基本同步的，全方位的、深刻的、快速度的社会转型是文化创意产业伦理冲突、伦理困局产生的现实背景。神圣性与世俗性的冲突是文化创意产业的基本伦理冲突，这一基本冲突在文化产品的生产和服务领域表现为公共性与个体性的冲突、公义与私利的冲突，在文化产品的消费领域表现为理性与欲望的冲突、节制欲望与享乐主义的冲突。

伦理冲突是人们对不同道德价值的选择上所表现出的对立情形，如道义与利益的冲突、理想与现实的冲突、个人与社会的冲突、理性与欲望的冲突、道德与法律的冲突等。改革开放40多年的历程是中国社会实现社会转型的过程，这场急速的、全面的、深刻的社会转型给中国社会带来了诸种冲突与“不适”。在种种“不适”之中，基于伦理冲突的道德困局表现得最为明显。中国的文化创意产业与对外开放、市场经济、科技发展、全球化进程等联系非常密切，加之其特有的人文性、精神性、艺术性、体验性等，文化产品的生产者、服务者、消费者在社会转型之中所感受到的伦理冲突就更为深切。

一、社会转型：文化创意产业伦理冲突的现实背景

改革开放，尤其是实行社会主义市场经济体制以来，作为一个新兴产业门类，文化创意产业由自发、分散、弱小而到自觉、集中、壮大，发展迅猛，方兴未艾，成为财富创造、文化发展的重要力量，对整个社会产生越来越深刻的影响，人民群众多样化、多层次、多方面的文化需求日益得到满足。与此同时，文化创意产业身陷种种伦理困局之中，其发展一直伴随着诸种深刻的伦理冲突，意识形态属性与市场属性如何协调，社会效益与经济效益如何兼顾，产业道德规范如何跟得上产业的实践步伐，市场主体违反道德良知的行为如何遏制，消费者的消费理性如何培育等，都需要作深刻的思考。

社会存在决定社会意识，这是唯物史观最基本的观点，也是分析改革开放以来社会转型与文化创意产业伦理冲突的根本理论视角。“每一历史时代主要

的经济生产方式和交换方式以及必然由此产生的社会结构，是该时代政治的和精神的历史赖以确立的基础，并且只有从这一基础出发，这一历史才能得到说明。”[①]“人们的观念、观点和概念，一句话，人们的意识，随着人们的生活条件、人们的社会关系、人们的社会存在的改变而改变。”[②]“人们自觉地或不自觉地，归根到底总是从他们阶级地位所依据的实际关系中——从他们进行生产和交换的经济关系中，获得自己的伦理观念。”[③]

社会转型是中国最宏观、最基本的现实，只有从中国社会转型的历史和现实出发，文化创意产业的伦理冲突、伦理困局才可能得到相对合理的解释。社会转型涉及社会结构、社会运行机制、社会价值观念体系等方方面面的领域，与社会结构变革相适应，社会运行机制、国家治理方式需要作适应性调整；物质层面、制度层面的转型发生之后，必然导致社会心理与价值观念的转型。改革开放以来中国的经济体制、政治体制、文化体制、社会体制以及其他各方面体制改革不断深化，实现了从相对封闭到全面开放、从计划经济到市场经济的社会转型，政治体制改革稳步推进，社会主义文化建设探索不断走向深入。中国社会转型的过程是现代性逐渐生长、生成、扩展、确立的过程，工业化、市场化、民主化、城市化、科学化不断提升，实现了从传统社会、不完全的现代社会向相对完全的现代社会的转型。中国社会一方面充满生机和希望，经济社会迅速发展，社会结构不断优化；另一方面充满矛盾和阵痛，呈现出失范、紊乱、不稳定、不平衡等现象，社会整合度不高，社会运行处于一种亚稳定状态。

文化创意产业的发展背景是改革开放以来中国的社会转型，这一事实环境决定了中国文化创意产业的诸多方面的特征：既有“文以载道”的神圣性的一面，又有“以文牟利”的世俗性的一面；文化产品在种类和数量方面非常丰富，

---

① 《马克思恩格斯选集》（第一卷）. 北京：人民出版社，1995：257.

② 《马克思恩格斯选集》（第一卷）. 北京：人民出版社，1995：291.

③ 《马克思恩格斯选集》（第一卷）. 北京：人民出版社，1995：434.

但质量和内涵却没有跟上；发展速度迅猛，伦理规范、法律规范落后于产业实践；非理性的文化消费行为，呼吁消费理性的培育；吸收了大量来自西方的文化产品，而自身的传统文化资源重视不足；等等。文化创意产业中的根本性的伦理冲突是神圣与世俗的冲突，具体表现为以文化产品提供者为视角的公义与私利的冲突、以文化产品消费者为视角的理性与欲望的冲突。

二、神圣与世俗：文化创意产业的基本伦理冲突

文化创意产业既有神圣的一面，又有世俗的一面，神圣性与世俗性的冲突是文化创意产业的基本伦理冲突。所谓“基本”，是指在所有的伦理冲突之中，它是根本、根源、源头，其他伦理冲突是由它派生出来的，是其表现形态。

文化创意产业的神圣性可以从以下三个方面作出说明：第一，其使命的崇高性。文化创意产业应把真善美作为崇高价值，为社会创造饱含文化和艺术正能量的产品，为满足民众的精神文化需要服务，承担“观乎人文、化成天下”的崇高使命；中国现阶段的文化创意产业，其神圣性表现在以马克思主义为指导，创造和传播体现社会主义核心价值观的文化产品，为繁荣和发展中国特色社会主义文化服务，为建设社会主义文化强国服务。第二，其地位的重要性。文化的地位越高，作为文化重要组成部分的文化创意产业的地位就会“水涨船高”。文化在国家建设总布局中的重要地位日益提升，文化越来越成为民族凝聚力和创造力的重要源泉，越来越成为经济社会发展的重要支撑，文化软实力在综合国力竞争中的基础性、战略性作用越来越突出。党的十八大报告指出：“文化是民族的血脉，是人民的精神家园。全面建成小康社会，实现中华民族伟大复兴，必须推动社会主义文化大发展大繁荣，兴起社会主义文化建设新高潮，提高国家文化软实力，发挥文化引领风尚、教育人民、服务社会、推动发展的作用。”第三，其性质的特殊性。中国是社会主义国家，这就决定了文化创意产

业要坚持社会主义文化发展方向，走中国特色社会主义文化发展道路，遵循为人民服务、为社会主义服务的原则，弘扬社会主义先进文化，以社会主义文化统领中国传统文化与西方外来文化。

文化创意产业是社会主义市场经济的组成部分，文化企业等市场主体难以“免俗”。文化创意产业的世俗性表现在如下方面：文化企业遵循市场经济追逐利润的基本原则，把经济效益视为首要目标，以“利润至上”为原则，否则的话就会有被市场淘汰的危险；文化创意产业的从业者缺乏文化内涵和艺术追求，格调不高，缺乏创意；文化产品低俗、庸俗、媚俗，甚至制造刺激消费者感官欲望的文化产品。一段时间以来，一些文化产业领域低俗、庸俗、媚俗之风盛行，如山东两县为发展文化旅游而争抢“西门庆故里”的称号；江苏卫视《非诚勿扰》节目中出现的“宝马女”事件；有的网站为了提升节目点击率，挖空心思地制造、传播一些不堪入目、耸人听闻的事件，如某明星“走光”“出轨”等，不断地挑战人们的价值底线，亵渎着文化的神圣价值。

“谋道”与“逐利”在文化创意产业的运行之中是可以协调的，理想的状态是义利兼顾、见利思义、寓利于义。然而，这种理想状态的实现是艰难的，其难度在于，文化创意产业身处“祛魅化的时代”“世俗化的社会”，必然面对神圣价值与世俗价值的对立。

在传统的“神魅化的社会”，人不能脱离“意义”而存在，追求价值合理性、实质合理性，思考生命存在的终极价值，以此超越人的肉体性、物质性、世俗性的存在。雅斯贝尔斯认为，在人类文化的轴心期，希腊、中国、印度等地的人们“全都开始意识到整体的存在、自我和自身的限度。人类体验到世界的恐怖和自身的软弱。他探寻根本性的问题。面对空无，他力求解放和拯救。通过在意识上认识自己的限度，他为自己树立了最高的目标。他在自我的深奥和超然存在的光辉中感受绝对”。[①]人们看重人的超越性存在的价值，领悟超越

① 雅斯贝尔斯. 历史的起源与目标. 魏楚雄等译. 北京：华夏出版社，1989：8–9.

性存在对人的生命价值的规定，希求一种永恒的、全能的、无限广大的存在和力量来拯救人间的苦难、安顿焦躁的灵魂、弥补生命的残缺，追求“与上帝同在”“与天地合其德”，希望能够超越个体而达于整体，超越有限而达于无限，超越暂时而达于永恒，超越此岸而达于彼岸，超越感性而达于神性，超越肉体而达于灵魂，超越功利而达于道义，超越世俗而达于神圣。

近代以来，传统社会向现代社会的转型是一个功利取代道义的祛魅化、世俗化的过程，工商精神气质取代超越性精神气质，人们不再有求道、传道的热情，更缺乏“舍生取义”式的殉道勇气，贪婪和享乐代替了理想主义、禁欲主义，人们注重的是工具合理性而非价值合理性。舍勒对现代性的一个描述是：“世界不再是爱和冥想的对象，而是计算和工作的对象。”[①] 现代性导致的主要问题是价值虚无化、人生的无意义感：“那些终极的、高贵的价值，已从公共生活中销声匿迹了。”[②]“在现代性背景下，个人的无意义感，即那种觉得生活没有提供任何有价值的东西的感受，成为根本性的心理问题。”[③] 马斯洛惊呼：“我们时代的根本疾患是价值的沦丧；这种危险比历史上任何时候都严重：如颓废、道德沉沦、抑郁、失落、空虚、绝望、缺乏值得信仰和值得为之奉献的东西，等等，我们还处在一个旧的价值体系已陷困境，而新的价值体系尚未产生的断裂时期，或许我们要以很大的耐心来承受这一空白时期。”[④]

从20世纪初开始，中国发生的根本性价值观念的变革有三次，第一次是新文化运动时期的新文化、新道德对于旧文化、旧道德的批判，第二次是新中国成立之后以毛泽东思想为核心的共产主义信仰体系代替传统社会的信仰体系，

---

① 舍勒：《死与永生》，转引自刘小枫《现代性社会理论绪论——现代性与现代中国》，上海：上海三联书店1998版，第20页.

② 韦伯．学术与政治．冯克利译．北京：生活·读书·新知三联书店，1998：48.

③ 吉登斯．现代性与自我认同．赵旭东等译．北京：生活·读书·新知三联书店，1998：9.

④ 马斯洛主编．人类价值新论．胡万福等译．石家庄：河北人民出版社，1988：1-2.

第三次是改革开放以来与经济全球化、市场经济相适应的新价值观念对原有价值观念的冲击。一些人把崇高的信仰视为虚无缥缈的东西，不再追求理想的崇高、道德的高尚和生活的低标准，其信仰处于虚空状态，拜金主义、享乐主义等世俗化的追求会非常轻易地乘虚而入。中国文化创意产业的发展与国民价值观念的第三次变革是同时进行的，其发展历程非常自然地被置于神圣与世俗的价值冲突之中。

三、公义与私利：文化产品生产领域的伦理冲突

道义和利益都属于理性范畴，道义理性重在体现、维护、弘扬道义的价值，重在考虑整体的、未来的、他人的利益，为此而不惜牺牲个人的利益；功利理性考虑行为的实际后果，即考虑投入的成本与产出的利益的对比，此处利益往往指的是个体利益。义利关系实际上是群己关系在利益问题上的体现，义利关系、群己关系、公私关系实质上是同一种关系的不同表达方式。“义利云者，公与私之异也。”[①]“义与利，只是个公与私也。”[②]“义，天下之公利。”[③]

在文化产品的生产和服务领域，文化创意产业中神圣与世俗的冲突具体表现为“谋道”与“谋食”的冲突，“文以载道”与“借文牟利”的冲突，社会效益与经济效益的冲突，社会公义与个体私利的冲突。需要说明的是，这里的“个体”，指的是文化创意产业的市场主体，既可以指从业者个人，也可以指企业或其他相关组织。

一方面，文化创意产品有突出的公共属性。事物、现象、产品或人物的公共性越强，影响的人群范围越大，涉及的社会关系越广泛，那么，对其道德要

① 《河南程氏粹言》卷一。

② 《河南程氏遗书》卷十七。

③ 张载：《正蒙·大易》。

求就会越高。文化产品有其不同于其他一般商品的特质在于其公共性，文化产品的提供与影剧院、体育馆、音乐厅、展览馆、博物馆等社会公共文化设施联系在一起；更重要的是，文化产品的公共性远高于一般商品的公共性，文化产品具有“溢出效应”，被消费得越多，其价值越大，而一般商品则正好相反。正因如此，社会对文化产品的道德寄托较高的期望，要求文化产品的生产者从道义、公义出发，通过文化产品为社会提供道德上的正能量，以社会效益作为获取经济效益的前提。

另一方面，文化创意产业有着鲜明的个体属性。个体属性包括两重含义：一是个性、独立性；二是个体利益。与此相适应，文化创意产业中公义与私利冲突表现为两种情形：一是个体性与整体性的冲突；二是个体利益与公共利益的冲突。

个体性与整体性的冲突是蕴含在文化创意产业中公义与私利冲突之中的。从现代性的背景看，现代社会中的人是一种“个体性”存在，强调个人的权利、个体的主体性、独立性，人与人之间是平等关系。文化创意产业属于现代市场经济的产业形态，强调企业及其成员的个性、独立性。文化创意产业的核心资源和生命力在于个体的智慧、创意、创造力、创造天赋、独特技能等因素，文化企业必须充分尊重和倡导个性化、差异化、创造性、创新性。不同于一般工业流水线上的雇佣工人，文化产品的生产者在关心工资收入的同时，还高度关注自己作品的独特性、原创性、艺术性，能够从对自己创意作品的欣赏之中获得巨大的满足和快慰。这种个体主义价值观正是传统社会、计划经济社会所排斥的。传统社会中的人是一种“整体性”存在，人们对血缘、地缘等传统共同体有天然的依赖，强大的集体意识淹没了人的个性、自由、独立性，社会强调的是人的义务而不是权利。计划经济时期，经济组织形式的单一化，意识形态的高度统一，政治管理的高度集中，这种状况和特征类似于中国传统社会。其基本格局仍然是“整体”利益至上、“整体”高于“个体”，个人依附于组织，下级依附于上级，服从、听话成为美德，绝对化的集体主义成为最基本的道德原则。个人主义价值观的扩张是改革开放以来道德生活的客观现实，我国走向社会主义市场经济的过程就是主体的个体化、独立性存在不断凸显的过程，个体与集体的关系向对等化方向发展。

个体利益与公共利益的冲突是文化创意产业中公义与私利冲突的另一种情形。传统社会表现出重道义和整体利益、轻个人私利的道德倾向，即“君子喻于义，小人喻于利”[①]，“正其谊不谋其利，明其道不计其功”[②]。而在现代市场经济的环境中，每个人都是一个独立的利益主体，“每个人都追求自己的私人利益”[③]，“在市民社会中，每个人都以自身为目的，其他一切人在他看来都是虚无。”[④] 分工、交换的发展使得个人逐渐成为独立的生产主体、交换主体、利益主体，有了属于自己支配的利益范围。文化创意产业的发展是与现代市场经济紧密结合在一起的，文化创意产业的发展过程中必然呈现出“道德人”与“经济人”的对立。如果将文化企业或个人将自身利益摆在不适当的位置，并以不适当的方式来获取，就会导致道义与利益的严重对立。以盗版现象为例，它被称为文化创意产业身上的“毒瘤”，在出版、网络等领域长期地、普遍地存在着，与通过诚实劳动而获得财富的正当方式相反，盗版者以“盗窃”方式获取个人或企业的非法利益，侵害著作权人的合法利益，干扰文化市场的管理秩序，毒化了文化市场环境。虚假广告也是如此，商品制作和销售商、广告代理商、广告发布媒体、代言艺人为了获取各自的私利，违背诚信道德，公然做欺骗消费者的宣传。

---

① 《论语·里仁》。

② 《汉书·董仲舒传》。

③ 马克思恩格斯全集（第46卷）（上）. 北京：人民出版社，1979：102.

④ 黑格尔. 法哲学原理. 范扬、张企泰译. 北京：商务印书馆，1996：197.

四、理性与欲望：文化产品消费领域的伦理冲突

从文化产品的消费领域看，神圣与世俗冲突文化创意产业中的表现就是理性与欲望的冲突，是节制欲望与享乐主义的冲突。文化产品的理性消费，要求消费者选择好适合自己的内容，协调好知识性消费与娱乐性消费的关系，处理好文化消费与个人工作、生活的关系。一个人如果任由趣味、好玩等心理摆布，一味地“跟着感觉走”，陷入网游、色情、暴力等有强烈刺激性、诱惑性的文化产品之中不可自拔，就是没有做到“以理节欲”。

一方面，告别短缺经济、物质文化产品的日益丰富使非理性文化消费成为可能。在传统社会中，生活资料和文化产品都处于短缺甚至匮乏状态，有产阶级中的少数人才有穷奢极欲、恣意挥霍、纵情享乐的物质条件，对于社会大多数成员而言，与短缺经济相适应的伦理观念就是节俭、节用，表现出一定程度的禁欲倾向。在现代社会中，市场经济、民主政治、科学技术等因素的有机结合使得社会生产力获得空前的解放，马克思、恩格斯在《共产党宣言》中这样描述：“资产阶级在它的不到一百年的阶级统治中所创造的生产力，比过去一切世代创造的全部生产力还要多，还要大。”[①] 改革开放以来，中国社会完全告别了计划经济时代物资匮乏的局面，文化发展有了强劲的动力和广阔的空间，大量的图书、报刊、音像和电子出版物、电影、电视节目、文艺作品等让消费者目不暇接，广播、电视、电脑、手机、网络等技术手段为文化产品的消费提供了日益便捷的、多元化的渠道，丰富的文化产品为满足民众不断提升的精神文化需要提供了越来越充分的条件。

另一方面，变幻无常的现代“漂浮感”使人们借文化消费及时享乐成为一

---

① 马克思恩格斯文集（第 2 卷）. 北京：人民出版社，2009：36.

种生活选择。传统社会与计划经济的一个重要相似之处是，人们处于相对封闭的环境里，社会变动不大，保持相对稳定的静态。传统社会中人们“日出而作，日落而息”，春天播种，秋天收获，生活非常有规律；计划经济时期，人们有固定的单位、固定的工作、固定的收入、固定的保障，生活在相对静态的环境中。而现代社会是一个变动不居的社会，“一切固定的僵化的关系以及与之相适应的素被尊崇的观念和见解都被消除了，一切新形成的关系等不到固定下来就陈旧了。一切等级的和固定的东西都烟消云散了，一切神圣的东西都被亵渎了”。[①] 一切都变化无常，社会给人们的感觉是眼花缭乱、转瞬即逝、难以捉摸，这是“一种面对正在飞逝的时刻的晕眩的感觉”[②]，整个现代文化都漂浮在感觉之中。既然没有什么是永恒不变的，没有什么是高贵神圣的，人能够把握的、享受的只有“现在”，“活在当下”，追求个人的感官的、及时的快乐，成为一部分人的生活选择。

文化产业创造的是大众文化消费，它面向世俗生活，不追求永恒和经典，重时尚、当下、流行，迎合大众文化趣味，让消费者沉溺于感觉之中，追求“好看”“好听”“好玩”“搞笑”“舒服”“刺激”“麻辣”“够味”，吸引大众的眼球、耳朵、味蕾等生理感官，真实性、政治性、崇高性、理想性、道德性、审美性、历史感等被消解，甚至有“娱乐至死”的“宣言”，感性愉悦和满足感性被等同于生命的意义。有的人网络游戏成瘾，有的人痴迷于色情网站的低俗画面，这都是过度追求感官享受而导致行为变态的体现。

对于感官享乐的过度追逐背离了中庸、中道的伦理原则，会使个人难以协调工作、学习、生活的关系，还会导致人生的虚空感。奉行感觉至上的结果是，“倘若不能依靠比人更高的力量努力去追求某个崇高的目标，并在向目标前进时做到比在感觉经验条件下更充分地实现他自己的话，生活必将丧失一切意义与

---

① 马克思恩格斯文集（第 2 卷）. 北京：人民出版社，2009：34–35.

② 福柯 . 什么是启蒙 . 载于汪晖主编《文化与公共性》. 北京：生活 · 读书 · 新知三联书店，1998：430.

价值”。[①]“如果感觉愉快和不愉快可以作为衡量正义、善良、真实的标准，可以作为衡量什么应当是人生的目的的标准，那么，真正说来，道德学就被取消，或者说，道德的原则事实上也就成了一个不道德的原则了……”[②]

（作者：郑小九）

① 鲁道夫·奥伊肯．生活的意义与价值．万以译．上海：上海译文出版社，1997：41.

② 黑格尔．哲学史讲演录（第3卷）．贺麟、王太庆等译．北京：商务印书馆，1959：73.

第五章

“伦理危机”下互联网新媒体的历史性变革

互联网新媒体的发展面临伦理问题的挑战，平台危机、业务危机、产品危机、数据危机、创新危机等，出现在媒体变革的历史时刻。同时，在这一历史变革下，移动互联网新技术开创文化创造和传播新形态，塑造了一个个意见领袖和网红群体，他们在提出社会议题和参与社会治理、引领消费时尚与活跃市场经济等层面，发挥着一定作用，但也存在着不可忽视的问题。

一、文化产业发展中的伦理危机

（一）平台危机：平台虚假信息形成产业链，遭受用户质疑

“小红书”App被曝光存在虚假笔记问题。“小红书”创立于2013年，最初的市场定位是海淘化妆品平台，后来逐渐转变为吃穿玩乐买的生活方式分享社区，主要由用户互相分享服饰搭配、美妆教程、旅游攻略、美食测评等方面的内容。2019年5月，“小红书”对外公布用户量超过2.5亿，月活动用户量突破8500万，每日社区笔记曝光超30亿次。在QQ等平台上有大量第三方机构或个人能够提供笔记代写服务，一些团队提供包括关键词置顶、笔记代写代发、刷评论点赞、上热搜在内的“一条龙服务”。这种笔记代写、刷单成风、数据造假、谣言泛滥等遭到用户大规模质疑，影响了小红书的品牌美誉度。

（二）业务危机：业务造假造成商业危机

1. 瑞幸咖啡业绩造假导致退市危机

瑞幸咖啡创立于2017年，此后仅用时18个月就登陆纳斯达克，创造了中国企业赴美上市最快纪录，但2020年5月19日收到纳斯达克强制退市警示。浑水发布做空报告指出瑞幸夸大门店商品的销售数量，将2019年三四季度每店商品日销量至少夸大了69%和88%。瑞幸内部调查显示从2019年第二季度到2019年第四季度与虚假交易相关的总销售金额约为22亿元。财务作假事实导

致瑞幸咖啡股价从最高的51.38美元跌至4.39美元，市值蒸发90%，仅剩11亿美元。除此以外，更造成了国际投资者对中概股的信任危机。

2.《叶问3》票房造假被广电总局明令处罚

2018年3月4日《叶问3》电影在中国大陆正式上映。上映4天拿下5亿票房的《叶问3》，遭受了大量“虚假排场”“票房注水”的质疑。投资方快鹿集团在发行中与大量影院签订了“包场”协议，经过广电总局查证后正式受罚。其投资主体以《叶问3》为标的，影视投资公司为融资方，私募基金公司、信托、资产交易等理财平台为中介，投资管理公司为债权方，再吸引进大量的散户投资者组成的融资游戏。这种融资方式利用网络P2P、基金、理财圈钱，甚至拉动股价。由于广电总局介入调查、收益达不到预期，引发商业资金链断裂、崩盘，创始人逃至国外躲避追债。信任危机还一度影响到社会对制作精良的电影本身产生了负面评价。

（三）产品危机：文化产品盗版抄袭引发信任危机

1. 网络文学产品抄袭引发争议

网络文学被誉为新时代中国新四大发明，在国内备受追捧的同时也出口海外。根据CNNIC 2019年公布数据，2019年6月，我国网络文学用户规模达4.55亿，占网民整体的53.2%。据2019年第三届中国“网络文学+”大会发布的报告显示，国内网络文学创作者达1755万，“90后”作者已占50.6%。而这样利好的数据背后是抄袭行为的水涨船高。《甄嬛传》《花千骨》《三生三世十里桃花》等网络文学作品被爆涉嫌抄袭，市场上盛行的写作软件可以整合不同书籍、进行文章人名、情节、细节等内容修改，以《锦绣未央》为例，涉嫌抄袭书目竟然多达219部。这一方面造成了文学作者相关创作的法律纠纷，影响了文学作品的美誉度，另一方面伤害了相关IP改编影视剧的品牌，造成了商业争议。更重要的是抄袭背离了文学创作的本质和初心，破坏了社会效益。

2. 潮流玩具设计盗版引发争议

设计创意是潮玩品牌最核心声誉——“原创性”。泡泡玛特新发的整个系列均与“BJD 娃圈”里知名“娃社”DollChateau（中文简称：娃娃城堡）2017 年发布的数款娃娃在服饰、造型与配色元素上高度重合，且买家实际拿到的成品 AYLA 也与展会版本在做工与细节上颇有差距，品质下滑。截至 2020 年 2 月 19 日，微博上关于“泡泡玛特艾拉兔抄袭”话题阅读量已达 858 万。尽管泡泡玛特官方致歉，但设计抄袭问题和水军评论等衍生问题造成了消费者权利侵害和产品信任危机，更是带来了商业品牌美誉度损害。

（四）数据危机：点击量作假影响娱乐行业环境

知名歌手蔡徐坤的新浪微博点击量短时间内破 1 亿引发点击量造假争议。2018 年 8 月，男星蔡徐坤发了一条宣传歌曲 MV 的微博，它在发布后的 10 天左右时间里转发量超过一亿次。以微博总用户数 3.37 亿人的比例来看，相当于每三名微博用户当中，就有一人转发了这条内容，此事件引发舆论哗然。北京警方很快查封技术软件名为“星援”的 App，其主犯因涉嫌破坏计算机信息系统被检方批捕。

利用 App 刷流量，这在粉丝圈内被称为“轮博”，是一种饭圈文化。粉丝通过大量转发爱豆的微博，增加其曝光率，进而使其进入热搜榜，吸引更多关注。热衷选秀节目和狂热追星的粉丝，通过“水军”刷榜让数据造假日常化，这影响了明星和娱乐行业的美誉度，也推动更多的粉丝形成了错误的追星价值观。

（五）创新危机：以《庆余年》网剧为代表的超前点播模式引发争议

2019 年 11 月 26 日知名网文 IP《庆余年》改编的网络剧在腾讯视频、爱奇艺两个互联网视频平台播出。该剧在播出后引发市场追捧，两大视频平台一致采用超前点播服务，即 VIP 用户再付费 50 元可超前解锁 6 集网剧。这一行为造成大量用户转向使用盗版，后期该剧全集泄露，正版VIP用户、视频平台和剧集创作公司均遭受巨大利益损失。

这一“庆余年效应”可以称为“劣币驱逐良币”的经典案例。尽管这一超前点播创新饱受争议，但是视频平台没有停止尝试。2020年年初，爱奇艺独播剧《爱情公寓5》和腾讯视频独播剧《将夜2》都沿用了VIP超前点播付费方式。超前点播或将成为视频网站新盈利常态。这种“超前点播”已在《爱奇艺VIP用户协议》中写明，在《腾讯VIP会员特权》（2020）中已经明确新增“超前点播特权”。

以上略举数例，已见当前社会伦理的诸多失范之例。危机已经如此严峻，需要全社会倾力合作，深化改革，去除沉疴，创新议程。

2017年，文化部公布了第二十五批违法违规互联网文化活动查处名单，19家网络直播平台被查处。据悉，文化部拟出台加强网络表演管理的政策，对网络表演关键环节进行规范。此外，还将建立违规网络直播平台和违规主播警示名单及黑名单制度。

2018年，文化和旅游部发布《全国文化市场黑名单管理办法》，文件规定将严重违法失信的文化市场主体及人员列入全国文化市场黑名单，并向社会公布，实施信用约束、联合惩戒等措施。

文化和旅游部加强网络文化市场监管，严查网络游戏、网络表演、网络音乐市场禁止内容，指导各地文化市场综合执法机构查处了一批网络文化市场典型案件。专项行动开展以来，各地文化市场综合执法机构出动执法人员1.2万余人次，检查网络文化经营单位7858家次，受理举报1636件，立案236件，办结案件214件，净化了网络文化市场环境。

2019年，为加快建立以信用监管为核心的监管制度，推进文化市场信用体系建设，建立健全文化市场领域失信联合惩戒机制，发展改革委、人民银行、文化和旅游部、中央宣传部、市场监管总局等17家单位联合签署了《关于对文化市场领域严重违法失信市场主体及有关人员开展联合惩戒的合作备忘录》（以下简称《备忘录》)。《备忘录》的出台，与2018年6月文化和旅游部修订实施的《全国文化市场黑名单管理办法》(文旅市发〔2018〕30号)实现了有效衔接。《备忘录》明确了联合惩戒对象为根据《全国文化市场黑名单管理办法》因严重违法失信被列入全国文化市场黑名单的市场主体及有关人员，包括从事营业性演出、娱乐场所、艺术品、互联网上网服务、网络文化等经营活动的企业和个体工商户及其法定代表人或主要负责人。

但是，在必要且有力的惩戒之后，我们还必须深入细致地进行研究，看到现象背后伦理失范的社会原因，市场主导下无序的环境氛围，改革变化中媒介眼花缭乱的升降腾挪。

二、媒体革命的历史性变革

当前中国处于近代以来最好的发展时期，世界处于百年未有之大变局，我国社会发生传播媒介的巨大变革。主流媒体的接力棒已转移到新媒体手上。新媒体成为影响社会和人群最重要的媒体形式。虽然传统媒体的影响力还在，但影响社会人群认知的主阵地已逐渐转移到社交媒体为代表的新媒体上。

主流媒体的优势为何丧失？个中原因非常复杂。主要来说，主流媒体在描述报道这个社会时，喜好宏大叙事，即用所谓比较理性的精英逻辑来构建整个社会的反应和理解，通常表现为理性逻辑的单向传播。

相较之下，互联网是一个全媒体、全通道的传播环境。受众在判断和认知时，不再像过去那样通过理性逻辑，而更多把非逻辑、非理性的信息作为关系判断的依据。不仅如此，受众接受信息的渠道是全方位的，信息的社会性传播更具人际传播的特性，更珍惜信息传播过程中的互动体验。

关键问题是非理性、非逻辑的信息传播。非理性、非逻辑的信息传播核心要素是情感和情绪，而这是过去精英媒体很难顾及，甚至基本上忽略的。我们必须看到：

数字技术在原创领域开创了新思路新通道；数字技术推动了内容产业的大发展和微文化产品；数字技术开创了传播方式的新革命、新手段；数字技术展开了文化消费与接受方式的新变革；数字技术打开了中国文化走出去的新通道。

这一系列文化新形态、新业态是5G技术背景下现代数字技术和移动互联网为核心支撑的文化形式。与传统的文化业态不同，文化新业态所具有的技术密集、知识密集、附加值高等特性，体现出数字技术对传统文化行业与形式的升级与创造。

最为重要的新兴媒体是自媒体，是由手机成为第一媒介而形成的传播新格局，由智能手机带来了中国全球最大的手机阅读群和阅读量，但也形成了浅阅读闲阅读独霸的局面。

网站、门户网站之后勃兴的博客、微博、微信、微信朋友圈，代表了三个不同的阶段。

自媒体是互联网时代最伟大的交互式传播的革命，具有改变或颠覆传统媒体的强大动能。它是万众喧哗时代的网络民主形式，极大提高了中国公民的文化参与度、交流度、信息流通度，以及浅知识和文明素养的提升。

自媒体也是创意经济、粉丝经济、眼球经济与注意力经济、体验经济、娱乐经济、分享经济的新形态。

1. 新兴媒体，如网络直播，改变了新闻现场感。网络直播可以打造网民与新闻现场即视感与零距离的用户体验。例如，2020年4月发生的如家酒店女子遇袭事件，新浪在网站搭建图文直播平台，对整个事件进行多维度跟进，并派出人员对酒店进行现场探访，在发布会现场发起了全程视频直播。结合前方视频、图片，后方原创评论，多方联动，让事件发展变得具象又立体。网民不仅可以围观，还可以及时互动，近距离体验以往“遥不可及”的新闻现场。

2. 网络直播已经成为移动网络舆论的重要载体。随着互联网以及移动设备的广泛覆盖，一部手机就可以让每个人都成为视频的发布者和舆论议题的发起者，完成一个出镜、采访、剪辑、发布等复杂的新闻采集任务。目前，主流新闻网站及各门户网站，都开设有视频直播，并将其作为热门进行推介。比如，2016 年 1 月“快播案”网络直播，超百万名网民围观和跟进发表评论，在相关网络舆论场中表现活跃。

3. 新兴媒体是融媒体，具有跨界融合的特征。网络直播在移动端具有巨大的网络传播能力。由文字、声音、图片、影像等多元素组成的网络视频是传统媒体无法比拟的，视觉、声觉的全方位体验能使观赏者更全面、更形象地了解传播内容，在各种元素的冲击下容易引起海量的观看。尤其一些网站利用明星效应，更增加了网民观看与参与的热情。

4. 网络视频通过移动端具有随时分享（共享）能力。随着互联网融合不断发展，网络直播所具有的强传播性和分享便利的特点进一步强化。网民不断将直播分享出去，数量的骤增、膨胀会迅速产生话题转向和发散性效果。比如，任何网友都可以在微信朋友圈观看网络直播的页面，并分享给微信“朋友圈”好友。

5. 新媒体的双向互动形态。网络直播具有双向互动能力，创造新网络舆论议题。网络直播在分享和传播过程中，还具有信息互动功能。网民可以通过转发、分享、回复视频、滚屏“弹幕”等方式发表自己看法，与直播发布者进行互动，将个体收看变成群体式行为。这不但改变了传统媒体单向的信息传播模式，同时与其他网民在互动中就可能产生新的议题。

目前，境内各大网站纷纷开设网络直播平台，游戏（斗鱼、熊猫）、弹幕（bilibili）、视频（乐视、优酷网、爱奇艺）、秀场（9158、六间房）、移动（映客、花椒）、社交（微博、微信）等各类网络直播迅速涌现。

一个全民网络直播的时代已经到来，每一个手机都是制造网络新闻和产出网络舆论的平台，每一个网民都可能成为信息的来源和传播的媒介。由此带来的新变化和挑战，值得重视和研究。

三、移动互联网新技术开创文化创造和传播新形态

网络直播在移动端兴起的主要表现：一是网络主播，即网民通过网络直播平台担当主持工作，并且实时与线上网民交流互动。如前些时候网络热议的“papi 酱”等“网红”，最近的李佳琦、李子柒、薇娅等。二是一些门户网站对热点事件、体育娱乐等的视频、图文直播。如商业网站新浪视频直播联合国公开面试下任秘书长候选人等。

以网络主播为例，随着网络直播这一传播形式流行开来，越来越多的网络主播通过粉丝买单、商家投放广告获得收益，促进“网红经济”的形成。

1. 文字—图片—视频—VR/AR，移动直播正在成为新世代的互联网社交平台和超级入口。图片：当网络带宽上到一个新的台阶，猫扑、视觉中国等争相出现，杂糅图片、文字和表情，引领第二代的网络潮流；QQ 空间、贴吧随后出现，彻底改变了个人展示和群体交流的方式，而互联网广告变现方式得以进一步稳固；再到移动互联网时代，以 in/nice 为代表的新一代图片社交 App 出现，进一步增强了社交属性。视频：从长视频到短视频，内容生产门槛逐步降低；从录播到直播，实时、互动带来全新体验；从 PC 端到移动端，便捷性进一步提升。

视频从产生到发展至今，一直存在四大门槛：（1）采集，即内容的制作问题；（2）上传，即内容传输的问题；（3）存储，即内容的保存问题；（4）分享，即内容的传播性和互动性问题。整个视频的发展历程正是鉴证这四大门槛如何一步步降低的过程。

长视频：UGC 模式下引发全民参与热潮，PGC 带来内容升级，对传统电视台带来极大冲击；弹幕模式下互动性得以加强，A 站、B 站等新型视频网站崛起。

随着用户对更丰富形态和内容的需求和互联网基础条件的升级，视频网站应运而生，2005—2006 年土豆、56、PPTV、优酷等第一批视频网站相继上线，为用户带来新型的内容和视频内容观看体验，UGC 的“播客”模式再次引发全民参与的热潮，逐渐对传统电视台系统造成冲击，也引来各大巨头争相布局，历经五六年的断杀才形成较为稳定的格局。到如今，视频网站的新一轮竞争正在进行，同时 A 站、B 站等新型的弹幕视频网站崛起也给行业带来了新的血液和机会。

短视频：制作门槛进一步降低，带动新一代的人人参与的热潮。

进入移动互联网时代，美拍、秒拍、小咖秀等短视频 App 的出现，进一步降低了视频制作门槛，视频短到只有几十秒，带动互联网娱乐迅速发展。

全民移动直播时代随着移动互联网的高速发展和 5G 网络的普及，参与感与代入感很强的网络直播正在重新定义社交和媒体。2016 年，境外社交媒体 Facebook 以及境内社交媒体“陌陌”在主页增加了“直播”入口，发力网络直播，每一位网民都可通过 Facebook 进行直播。境内除网络主播平台方兴未艾外，一些网站也借 VR 全景视频、航拍直播等新技术应用，直播热点新闻。一个全民网络直播的时代已经到来，每一个手机都是制造网络新闻和产出网络舆论的平台，由此带来的新变化和挑战，值得重视和研究。

2. 以网络主播为主的“网红”群体 2017 年突变。研究证明，网络红人几乎是伴随互联网的发展历程而演进的，尤其是与社交媒体的出现发展紧密相关。1997 年以网络写手为代表的“网红”开始产生；2003 年博客的普及则推动了“网红”2.0 时代的到来；2009 年到 2011 年微博和微信的产生与普及迎来了“网红”3.0 时代，两个阶段之间的间隔时间均为六七年。如果按照 7 年的发展阶段周期估算，2017 年以后，以网络主播为主的“网红”4.0 群体进入新的发展阶段。

3. 当今是一个强调个性和观点的时代，人云亦云将无法脱颖而出，只有另辟蹊径才可能受到广泛的关注。目前知名的网络主播，个人特色突出，具有标签化和脸谱化的特征，而未来的网络主播，也将朝着更加细分的市场领域发展，更多关注垂直领域或垂直类型。

4. 网络直播领域的“星工厂”已经出现，类似于创造 101 网络主播与演艺明星相似，本质上都是依靠“粉丝经济”进行变现，但与演艺明星不同的是，网络主播的内容生产形式和变现渠道更加多元。孵化器的产生，意味着网络直播领域也出现了“星工厂”。网络主播从最初的单打独斗，到“个人 + 推手”的模式，目前已经走进了团队运营的时代。孵化器使“网红经济”发展出完整的产业链，使产业分工日益明晰。

5. 网络直播平台有可能成为网络社群进行互动传播、交流对话、组织动员的重要渠道。随着网络直播平台影响力的不断扩大，网络直播作为一种新的媒介，不断渗透到网民的生活中。网络直播平台可能成为继微博、微信之后，重大舆情事件的首发媒体和舆论集散地，也可能成为网络群体事件的组织平台和信息传播平台，使得一些敏感信息在监测和管控措施到位之前，就已经发生了大面积传播。值得注意的是，网络社群的线上活动有可能和线下活动相结合，对社会秩序和稳定带来挑战。

6. 网络直播平台成为意见领袖新生渠道，影响网络舆论走向。借助于网络直播平台，无数默默无闻的“草根”成长为知名的网络主播，传播力得以凸显，吸引着本就拥有一定人气的社会名人。2015 年直播平台的兴起，明星也加入其中，既实现粉丝导流，也为平台进行推广，达到双方的共赢。比如，周杰伦与王思聪在游戏平台上直播《英雄联盟》对战，吸引了约 1000 万人在线观看。

四、新生意见领袖可能会在社会议题方面发言

一些明星和“大 V”的粉丝，会跟随自己的偶像自然迁移到网络直播平台

上，而一些新晋“网红”，则会凭借其数量庞大的粉丝团和在特定领域的影响力，成为新的意见领袖。

目前，网络直播平台上的意见领袖虽然以娱乐为主，但需要警惕的是，新生的意见领袖可能会在社会议题方面发言，从而在一些舆情事件中影响舆论走向。

1. 网络直播存在加剧社会不稳定的风险。网络直播相比传统媒体传播速度更快，更具有包容性和更宽广的参与度。如果每一个网民都成为信息的来源和传播的媒介，还成为各种政府行动、社会事务的监督者甚至参与者，这使各种社会问题的暴露变得更为容易，其所引发的舆论效应也更加巨大。将来存在社会不稳定的风险，也或将为普通民众参与政治活动提供可能。

2. 网络直播影响网络舆论空间，给监管带来挑战。作为产业链条的顶层，“孵化网红”的直播平台，其市场影响力和经济效益非常显著，从而成为投资机构和传统公司争相追捧的对象，也成为网络推手团队频繁活动的舞台。部分推手团队通过策划新闻事件、炮制假消息来推高网络主播的关注度，扰乱社会秩序和网络环境。

3. 有的网络直播传播涉黄涉暴信息，有违伦理、公序良俗和法律法规。由于网络直播平台的激烈竞争，网络主播为了积攒人气各显神通。其中一些不断挑战法律底线，将一些涉黄、涉赌、涉暴、涉恐或涉封建迷信的内容搬上了直播平台，违反法律法规损害了公序良俗。2017 年 1 月 10 日，网络主播直播飙车酿车祸风波未平，一则网络主播在线直播“造人”的淫秽视频，再次成为网络热议话题。当晚，武汉网警表态，已收到涉及斗鱼 TV 相关举报，正在开展调查。还有些自以为聪明的网络主播，在直播涉黄视频时掩饰自己主观上的“明知”，装作是“忘记关摄像头了”等意外。这种精心设计游走在合法与非法的边缘地带，同时又给执法人员的取证制造了不少困难。有媒体评论称，要提醒一些网络主播，别在法律边缘打“擦边球”。

4. 有的网络直播传播不当价值观，助长不良社会风气。在“粉丝经济”的巨大红利下，很多网络主播升级为“网红”，快速赚取了第一桶金，其过程简单粗暴，经济利益很是诱人。这让渴望迅速成功、成名的年轻人看到了“曙光”。部分人迷失了自己，他们羡慕着、追求着“网红”，渴望成为“网红”，甚至盲目为“红”而疯狂，为“红”而“丑”。“网红”在某种程度上助长了社会的浮躁风气，容易影响年轻人的价值观。

5. 利用直播带货带动社会公益慈善活动，如“小朱配琦”。央视新闻与李佳琦连麦，直播播出了新花样，走出了新高度。2020 年 4 月 6 日，央视新闻“谢谢你为湖北拼单”公益行动首场开播，央视新闻主播朱广权隔空连麦带货达人李佳琦，组成“小朱配琦”组合，吸引了 1091 万人围观。朱广权一边吟诗一边带货，尽显文化段子手的底蕴。这场由“小朱配琦”搭档的公益直播累计观看次数达 1.22 亿，直播间收获 1.6 亿点赞，两个小时为湖北带货 4014 万元。这一实践，使得直播带货也有了更高的伦理价值，而李佳琦则在这一公益活动中提升了形象，影响了一众粉丝。这成为一个经典的案例。

6. 网络直播利用视频展示中国传统文化，成为文化走出去的大使，如网红李子柒。李子柒，一个四川女孩，因传播美食与传统文化被大家熟悉。她于 2015 年开始拍摄短视频，而前期视频从编导、摄像、出演、剪辑几乎都由她自己完成。她的作品题材来源于中国人古朴的传统生活，以中华民族引以为傲的美食文化为主线，围绕衣食住行四个方面展开，逐渐走红。由于展示了安逸的大山里的生活，被国内粉丝捧红。在国内大火之后，她又收割了国外粉丝。她在 Youtube 上的粉丝突破 1000 万，成为首个在该平台粉丝破千万的中文创作者。全球累计粉丝破亿。她把中国传统文化演绎得清新隽美，受到世界各国粉丝的喜爱。中国传统文化的元素在她的展示中悄然走进粉丝们的心田。李子柒也因此被成都市授予了“成都非遗大使”的称号。作为一个网红，她又肩负了更多的责任，她参加国际非遗节，真正成为中国文化的传承人。

总之，在不断出现的新媒体发展中我们必须进入其中了解它，品味它，摸清它的套路，深入它的内核。我们的策略是鼓励发展，因势利导。

五、"网红"到底能红多久?

网红经济是在互联网背景下的粉丝经济和体验经济的新形态。从草根网络红人，到淘宝网红，到"papi 酱"等，再到薇娅等，"网红"的发展模式不断发展变化，已经形成一种"科技 + 社交 + 商业"的不小的潮流。

网红经济是"互联网 +"的融合模态。"网红"一般是在某些细分领域具有一定专业行动力的"素人"，他们通过互联网的方式传播自己的产品知识和生活方式，在特定领域成为具有一定影响力的关键意见（商贸）领袖，形成"互联网 +"时代下一种新兴的商业模式。

网红经济是"互联网 + 传统商品"的创新实践。它利用互联网平台和社交媒体，寻找新的营销路径。对于创意产业来说，利用网红经济的特点和优势进行传统品牌的推广和传播就是一种新的创意探索。

网红经济是一种粉丝经济。《连线》杂志的创始人凯文·凯利有一个著名的1000 名铁杆粉丝理论：在互联网时代，有 1000 名铁杆粉丝，就能够在商业上达成目标。无粉丝，不品牌。因为，粉丝可以直接产生价值，粉丝可以引导消费，粉丝可以营造氛围，粉丝还可以创造大量间接价值。与对电影明星、体育明星等的喜爱有所不同，"网红"和粉丝之间的互动性更强，因此也更具有黏合性。粉丝对明星更多的是崇拜，但对于"网红"而言，更多的则是能够得到一种像与"邻家女孩"相互交流的亲切感，这就是"网红"之所以"红"的原因之一。比如淘宝"网红"会通过推出多款产品样式，提供给喜欢他 / 她、关注他 / 她的消费者来选择，并与这部分消费者对话，实现承诺、服务、引导等。

网红经济还是一种体验经济。它的秘诀就在于购买者的体验式消费。消费者可以借助"互联网"如微信等方式实现对话式营销，实现与粉丝的互动，强化情感联系。并可以表达意见，参与服装等各种产品的优化设计，产品会更符合消费者的需要。关注“网红”的粉丝往往是对特定领域有了解、需求或感兴趣的受众，当“网红”推介产品时，这些受众天然地成为产品的潜在客户。而且因为“网红”与粉丝在长期大量的互动过程中建立的信任关系，使得粉丝对“网红”推介的产品更敏感也更容易接受。传统的品牌商在定位和寻找销售对象时，经常受困于如何在海量的用户数据库中寻找到自己的他 / 她，并将产品信息精准地传递，因而不得不用一种“漫灌”的方式，将信息以撒网的形式传递给所有受众。而网红经济往往能够更精准地将产品导向粉丝需求，实现“精准”营销，极大地提高消费转化率。“网红”和粉丝之间，通过口碑传播、互动、评论分享等形式逐渐确立一种信任和亲密的关系。“网红”以自身做背书，将自己的个性融入产品中，使产品更具人格化，也更容易被粉丝接受。

因此，网红经济比较贴近年轻人的生活。比如“papi 酱”，她的节目迎合年轻人的心理，一个人在镜头前，刻画女孩们在社会生活中的失衡心理。这种唠嗑、倾诉、谈心、逼真的真人秀直播视频，能够把忙碌的人们丢失的情绪串联起来。使人们带着娱乐化心态享受着自己的“二手”生活，就像在吸食二手烟一样。这种节目比大成本制作的电视电影更贴近生活中的真实、真相，具备一定的情绪宣泄功能，但这种娱乐也具有侵蚀性。

同时，今天的网红经济还通过金融和资本的介入，变成了一些风险投资家特别关注的新的领域，从“papi 酱”融资 1200 万被估值为 3 亿，然后迅速地出售卖 2200 万贴片广告，很快获得投资回报，更引发了投资和营销“网红”的小热潮。网红经济正在或已经形成网红产业链：网红选择—网红培训（网红商学院）—网红孵化器—网红经纪人—网红合作商—网红营销团队——网红运营。

总之，网红经济是互联网时代的经济新形态，它打破了传统的营销模式，开辟了互联网（移动网）+ 文化的融合创新的新路径。 作为一种潜在的商业形态，未来会吸引较多的人进入该领域，因此更要以审慎的态度来规范和约束其未来的发展，毕竟产业链上不只有“网红”这一个节点。

“网红”到底能红多久？除了自身的粉丝效应、加强文化底蕴之外，还需要不断创新，用文化创意的真“实力”来说话。有人说，“网红”们“会说话”，他们选择的内容都是潮头上的时尚话题，往往能击中粉丝们的软肋。其实这些话题都是经过精心策划而不是随口而来的无意识表露。

从当前的发展情况看，“网红”可能会成为一时的“风口”，但从长远来看，按照网络时代浪潮式的运行方式，“网红”也会呈现出波浪式的发展态势——一拨“网红”会慢慢淡出，新的一拨“网红”又会出现。

“网红”到底能走多远，这取决于其在整个社会精神文化领域的角色定位。大众文化无休止地占据大量时间供奉给娱乐，使得精英文化越来越空心化、无厘头化。人们对“网红”的青睐，是文化逆淘汰的加速。所以说，不加强文化底蕴，“网红”不可能走得很远。

我们还必须指出目前一些网络红人存在不少问题，有些脏话连篇、粗口频爆，整体基调不高。有些则涉黄涉骗，走在法律边缘。快播案的宣判，就给所有从业者敲响了警钟：人文伦理的关怀是包括网红经济在内的文创产业的命脉，而法律的底线是我们不可逾越的边界。

“网红”一旦成为社会公众人物，就要以公众人物的标准去衡量，接受社会的严格评判，承担社会责任，在价值观、态度、情绪等方面起到更好、更健康的引领作用。因为“网红”向其受众传播的不仅仅是产品，更有自己个性化的生活方式、价值理念、消费习惯，粉丝在购买产品的时候，购买的是他们所信赖的“网红”所创立的生活样本和人格模式。

作为一个正在快速崛起的新生事物，网红经济发展势头凶猛，未来会有越来越多的具有内容制作能力的优质“网红”受到资本和市场的青睐，也会有更多缺乏踏实内容创作的“网红”如昙花一现，消逝在新经济的浪潮中。在这个过程中，传统的品牌商转变观念，主动迎接和把握网红经济带来的机会，拥抱这种新兴的带有电商和社交基因的商业模式，或许会为自己在新形势下的转型和突破带来新的契机。

粉丝经济到底会红多久，急速旋转的世界给我们提出了一系列难题，同时也给了我们变革的机遇。机遇是需要我们敏锐的感知、理性的认识、迅捷的捕捉、实操的力度来化危为机。

（作者：金元浦）

第六章

互联网自媒体传播的产业伦理困境与突破

互联网传播时代，自媒体在助力文化产业发展的同时，亦导致了文化产业的伦理危机。这主要表现在营销的功利化、产业秩序的失衡、受众选择权的弱化、产品评价的极端化与产品的过度消费等诸多层面，这些现象的背后是自媒体介入文化产业后，文化、传播与产业等三个伦理层面所产生的复杂冲突。自媒体文化产业伦理的构建，既需要坚持情境分析原则，又需要设立相应的协调机制与监督机制。

自媒体已经成为当代人不可或缺的信息传达方式，并广泛地参与到日常的生活、生产活动中。如果说，传统媒体在文化生产中仅仅是作为一种产业门类和营销媒介，那么自媒体则广泛地渗入到了文化生产的各个环节，成为驱动文化产业发展不可或缺的一环。在这一表象的内部伴随的是媒介生产和文化生产之间的去区隔与跨界活动。但就文化生产而言，自媒体的参与伴随着的不单纯是一个文化扩张运动，因其自身的随意性、主动性等特性所产生的虚假暴力信息以及极端网络行为所造成的道德危机对文化产业而言亦是一种文化的缺失，从而还涉及更广层面的伦理问题。本文主要立足于这个背景去讨论自媒体参与进文化产业发展后所涉及的伦理问题，区别于传统自媒体（传播）伦理研究的是，本文的出发点是产业伦理，而不单纯地局限于自媒体传播伦理。

一、作为文化生产者的自媒体及其伦理凸显

媒介历来与文化生产之间存有互动关系。进入自媒体传播时代，媒介与文化生产者之间的互动范式开始发生改变。技术性和融合性是由数字技术驱动的互联网媒介传播活动的主要特点，但它所造成的文化生产效果并不仅仅在于去促使新的文化生产形态的产生，还在于促进文化生产内部的变革。自主性是自媒体的最大特征，这意味着人人都可以成为信息的生产者、发布者、传播者，传播活动开始具有了极大的自由性，从而不再过多受到外部因素的控制。这种极端个人化传播方式的最直接后果就是为个人生活方式和理念的传达提供了最有效的媒介。但反过来，如果强调个人化的生活方式成为一种普遍的社会现象，

那么它就在很大程度上作为一种文化形式存在。雷蒙德·威廉斯对文化所作的经典定义“文化是对某种特定生活方式的描述”，其强调的就是文化的社会性的一面。具体来看这个社会性又包含着一个人类学的视角，即认定文化是对某种特定生活方式的描述，文化表达了特定的意义和价值，而搞清楚这些意义和价值就是文化分析的工作。① 从强调社会性的一面而言，威廉斯受到泰勒的人类学模式的影响，不管他是否去强调一种规范性的等级区分，但文化在其中无疑与“感知结构”相关联起来了，它指的就是为某一特定群体、阶级或者社会所共享的价值观，是某种不确定的结构，是文化的集体无意识和意识形态的混合物。②

一旦找到文化与感知结构的关联就为我们从文化层面定义媒介传播活动提供了理论基础。按照麦克卢汉的经典定义，媒介即是人的感知系统（器官）的延伸，因此媒介是最能体现人的感知结构的。也就是说，媒介与文化是紧密关联在一起的，它承载着文化，是文化结构的重要部分，同时，媒介也推动文化的发展。但自媒体的独特性在于，它从一开始就是主体主动去操作媒介，按自己的意志和感知结构去传播信息的，当其传播信息有了普遍性也就意味着一种社群性或者圈子性文化的形成具备了根基。可见，自媒体不但天生具有文化生产性，而且它所参与的文化生产还呈现出随时性、随意性、平民性与互动性等新特点。在移动互联网时代，不但人人都可能成为信息的生产者和传播者，而且依托着自媒体的媒介属性，意见领袖的运作更加趋于平民化与普泛化，人人都有成为舆论引导者（网红、大V）的可能性。这就是说，自媒体将以一种更加有效的方式去引导乃至直接从事文化生产，其联动效应将超越传统媒体。相比传统的印刷和电子媒介传播中受众的被动性接受，自媒体的自主性与互动性使得

---

① ［英］约翰·斯道雷. 文化理论与大众文化导论. 常江译. 北京：北京大学出版社，2010：54.

② ［英］约翰·斯道雷. 文化理论与大众文化导论. 常江译. 北京：北京大学出版社，2010：55.

受众或者说个体成为传播活动的主导，这以更加有效的方式获得了他们的认同。

在具体的产业运行中，通过议程设置、舆论互动以及意见领袖的参与，自媒体实际上已经成为文化产品营销的重要手段。以电影《失恋 33 天》为例，抛弃传统媒体进而转向灵活度和受众接受度更广的自媒体，是其票房成功的关键。自媒体发动群众所进行交互式传播对文化产品的营销有着重大的意义，它意味着营销不再是传统上由生产者所主导的方式，而是转变为生产者与消费者之间的直接互动。在全民参与的情况下，自媒体营销很容易形成一个公众事件。然而，正是能够引发公众性事件的效应决定了自媒体一旦被不良的价值观念所引导将会产生极大的道德失范现象。因此，自媒体在带来文化增值和扩张的同时所伴随着的伦理（按照一般的说法，伦理指的就是秩序规范，其讨论的就是道德责任义务）危机也是十分明显的。当然，就其媒介属性而言，自媒体具有自己的传播伦理特性，但就其对文化生产的互动而言，自媒体又带有显著的产业伦理特征。事实上，传媒产业的快速发展已经使得自媒体伦理远远超出了传播伦理属性，从而转换为一个产业伦理问题。所谓产业伦理指的就是产业经济在发展过程中所涉及的道德关系，是对社会公认的价值理念和道德体准则的遵循，是传统伦理在经济领域的深化。它关注的就是大多数人认为正确的或者错误的行为，还包括对这些行为进行调整与控制的规则，以及这些行为中体现并包含的价值理念的总和①，但作为在产业经营活动中所提出的道德要求，产业伦理对于其他领域的人类或社会行为也同样适用。因此，无论就伦理研究的何种分支而言，道德准则都是其中的核心内容。具体到文化产业伦理，它首先指的就是文化资源的开发、转化并不是无限的，要同时受到时间、空间和文化资源禀赋的制约，也就是说，发展文化产业不能过度开发，过度市场化、娱乐化、商业化，从而丧失了人文关怀与自然和谐的维度。文化产业伦理与相应的产业政策、从业者、生产与传播技术、产品内容、消费主体、市场环境等多个方面相关，

① ［美］理查德 · T. 德 · 乔治. 经济伦理学. 李布译. 北京：北京大学出版社，2002：27.

涉及欺诈、侵权、垄断、诚信、隐私、攻击、暴力等行为，是涵括多种产业经营活动要素的概念范畴。具体到自媒体所涉及的文化产业伦理问题，则主要存在如下几个方面。

1. 资本意志过度干预导致营销的功利化

互联网文化产业的发展使得越来越多的文化企业认识到自媒体在产品营销中的重要影响，而自媒体的特性也决定了这种营销并不仅仅存在于产品的销售环节，而是一开始就直接参与到产品的生产环节中。然而，一旦资本成为传播行为的主要推动者，那么自媒体这种全产业链参与性将使其可能完全被资本的意志所载控。在文化产业营销活动中，传统媒体尽管同样受到资本利益的驱动，但在道德素养、行业准则特别是审查机制的约束下，传播行为受到相应的约束，并不是完全功利化的。自媒体的情况则恰恰相反，从业者的多元化使得统一的道德约束和审查机制的建立变得异常困难，再加上获取和传播信息的随意性、随时性与主动性，这使得信息传播基本上可以绕过“把关人”，从而在只需要符合自身诉求的前提下进行传播活动，而不必去迎合主流的价值观。问题在于，如果传播主体受到资本的载控，那么自媒体就有可能完全沦为传播他者信息的渠道，进而丧失了真正的自主性。另外，资本介入文化生产的目的就是最大限度地攫取商业价值，然而，如果文化产业完全沦为商业性的附庸，从而丧失了人文关怀，那么就会从根本上削弱文化产业以优质内容为依托的持续性，从而影响产业的健康发展。

2. 不良信息的随意传播影响产业秩序

信息“把关者”权力的弱化以及信息传播门槛的降低使得自媒体本来就容易成为虚假、媚俗、低俗，乃至暴力信息的温床。在实际的产业运行中，如果信息的发布者缺乏相应的文化素养或者对信息效果的预估，那么很可能起到相反的传播效果，从而影响文化产品的最终销售。而且这个问题不仅仅存在于舆论引导者那里，对一般的自媒体发布者来说，道德和文化素养的缺失对产品效益的影响也是无形的。因为在自媒体时代，受众传播信息的随意性同时也意味着获取信息的随意性，即便这种传播诉求不被资本意志所主导，而是单纯地从属于个人意志，也不能抵消传播效果的未定性。在这种情况下，仍有可能传播不良信息，扰乱产业秩序，从而阻碍产业的健康发展。另外，行业内部的竞争关系也使得自媒体极易沦为企业之间相互攻击的武器，互联网水军的盛行也正说明了这一点。从产业经济学的角度说，如何最大限度地满足消费者的需求是从业者们首先必须考虑的问题，而自媒体传播的乱象丛生影响的恰恰就是受众的认知。按照传播学中的“信息茧房”理论[①]，如果受众只去注意到自己所感兴趣的信息，那么久而久之则会将自身桎梏于蚕茧般的“茧房”中，进而加速片面化认知，甚至走向极端化。当受众转化为消费者，特别是这种“偏信则暗”的传播态势受到某些竞争者的恶意利用时，将直接影响到产品的销售和产业秩序的稳定。

3. 意见领袖过度引导舆论影响受众选择

得益于互联网的驱动，在自媒体时代意见领袖的舆论引导力要远远大于传统的印刷和电子媒介，不仅如此，在名人效应和粉丝经济的驱动下，自媒体甚至已经成为互联网时代传播信息的主要途径。相较于传统的媒介，自媒体的门槛更低，与受众之间的亲和度更高，这就导致了意见领袖在传播活动中的主导地位。事实上，恰恰是互联网文化产业的迅速发展才使得意见领袖以前所未有的态势迅速增长，其范围遍布影视娱乐乃至商业领域，各路明星和网络红人在自媒体的助力下疯狂圈粉，而文化产业在很大程度上已经成为粉丝经济的重要组成部分。以产品的营销来看，这最有利于引导消费者的趣味从而促进产品的销售，但是，如果意见领袖频繁和过度地参与到受众的选择中，那么受众的自主选择权势必会受到削弱。受众选择权的降低将极大地削弱传播效果的反馈效果，换言之，在一种仅仅按照传播者意志的前提下所进行的传播行为恰恰是与反馈机制相背离的，它将使反馈效果走向单一化，而单一化的结果就是使生产

① 梁锋．信息茧房．新闻前哨，2013 年第 1 期。

者得不到良好的反馈，这对产业的长远发展显然是不利的。而一旦意见领袖陷入道德和文化素养缺失的境地甚至故意去传播错误信息，无疑将会加速这种不利倾向，令产业环境不断恶化。

4. 社群聚合性导致产品评价的极端化

美国学者凯斯·桑斯坦在《网络共和国：网络社会中的民主问题》将“群体极化”的概念解释为“团体成员一开始即有某些偏向，在商议后，人们朝偏向的方向继续移动，最后形成极端的观点。在网络和新的传播技术的领域，志同道合的团体会彼此进行沟通讨论，到最后他们的想法和原先一样，只是形式上变得更极端了”。[①] 在这一方面，自媒体显然更容易形成社群聚合性。在微博、微信等自媒体中，众多具有不同文化背景和宗教信仰的人聚合在一起，共同就某一议题发表自己的看法，在形式上就具有明显的社群聚合性特点。但受制于自媒体本身的特性，这种社群聚合具有明显的无组织性和临时性特点，这就为其行为的制约建立了困难。因此，自媒体的集群化存在着迈向两种极端化的可能，这取决于它受到哪种意识形态的导引。就其负面倾向而言，自媒体传播中存在着大量的攻击性和非理性网络行为（黑客攻击、语言暴力、隐私侵犯）。对文化产业而言，如果自媒体沦为极端化言论的阵地，那么将极大地影响产业的自主性。以电影产业为例，自媒体所造成的舆论影响往往直接影响到影片的票房乃至具体的制作、发行。对产品的发行者来说，利用自媒体进行宣传目的是最大程度地开拓消费市场，但它的不可控性又为具体使用带来了风险。当其传播的信息违背主流价值观时，就极其容易受到某些恶意网民的攻击（其实不管自媒体传播何种价值观，都有潜在的风险，因为受众不可能全部遵循同一价值观，而且他们也可以随意传递自己的声音），从而演变成一种极端化的群体性事件，这无疑就为影片的最后营收带来了不确定性。

---

① ［美］凯斯·桑斯坦. 网络共和国：网络社会中的民主问题. 黄维明译. 上海：上海人民出版社，2003：47.

5. 互动性传播导致文化产品的过度消费

自媒体的互动性为受众之间分享信息提供了有效途径，但问题在于，在实际的传播活动中往往存在着过度分享行为。按照传播学观点，人们接触和使用媒介的主要目的是满足自身在心理和社会层面的需求，自媒体为人们获取信息提供了极大的便利性，同时也满足了人们随时随地分享信息，关注他人和被他人关注的欲望。如果去对照马斯洛的需求层次理论，自媒体显然对人的情感需求、尊重需求和自我实现的需求提供了重要帮助。在产业运行中，自媒体的互动式传播一方面为产品的推广起到了积极作用，另一方面也有可能将产品沦为自我欲望宣泄的工具。互联网中颇为盛行的恶搞文化恰恰就是文化产品过度消费的典型，在缺乏有效监督和著作权授予的情况下，多数恶搞作品存在着对原著的随意篡改行为，甚至包含对导演、演员的讽刺以及恶意辱骂行为。“一个馒头引发的血案”对电影《无极》的恣意篡改是自媒体在发展早期引发伦理问题的标志性事件，尽管这部经过重新剪辑、配音的“作品”以其幽默诙谐的方式表达了观众对原著作品的不满，其中还暗含着一种不同阶层之间话语权的博弈，但就原著电影本身而言其消极作用是显而易见的，它助长了山寨与盗版的风气，侵犯了知识产权。产品的过度消费仅仅只是一个方面，对文化资源（非物质文化遗产、传统文化与历史）的过度消费同样也不可忽视，大量对文化资源的虚假与歪曲信息被随意发布，本来严肃的历史文化事件被恶意消费，这种文化的“负能量”不仅影响受众的认知，而且拉低了文化产业的社会效益，从而为文化消费造成潜在的障碍。

二、建构自媒体文化产业伦理的困境与束缚

综上可见，自媒体传播的后果不仅仅是“文化扩张”，所造成的“文化缺失”也是不容忽视的，且“文化缺失”的后果是道德的失范以及伦理维度的凸

显。从产业伦理建构的角度来看，其背后有着更深一层的自媒体参与进文化产业环节（我们暂且以自媒体文化产业指代这种现象）之后所引发的冲突与矛盾，这主要体现在文化、传播、产业三个场域。

1. 文化伦理：技术还是人文？

在大众传播时代，每一个新媒介的产生都与新技术存在着不可分割的关联，自媒体的兴起当然也不例外。近年来移动互联网以及大数据技术的飞速发展，使得自媒体传播的地位相较于刚刚兴起的21世纪初发生了重大改变，智能移动设备的迅速普及已经使得自媒体真正进入了“民治民享”时代，传播者开始真正能够随时随地自主进行消息的发布和分享，自媒体与每个人的生活整合在一起。但正是自媒体在当代人类生活中的重要地位，将技术伦理重新推向了前台。当然，技术作为一种提高生产力的工具其本身并没有善恶之分，关键在于技术在参与进人类价值观念的生产之后就不可避免地被挂上伦理道德责任。

据此，技术主义者们提出了“技术中立”原则试图去撇开技术的伦理责任，将技术仅仅视作一种脱离整体的、独立的存在。也就是说，尽管技术存在合法和非法用途，但技术本身不需要负道德和法律责任，唯一需负责的就是技术的应用者。问题在于，技术在提供新的传播介质的同时恰恰以新的方式为伦理道德问题的产生提供了契机。当我们去回顾自媒体所引发的新的道德失范形式问题时将更加明朗，因为很多道德失范现象在自媒体尚未产生的时代是不存在的。因此，我们应当正视技术本身所带来的伦理问题，而不是要去采取“工具—独立”的视角，进而忽视信息科技的社会使用是社会秩序的一个组成部分[①]。重要的是，文化产业作为社会经济发展的重要组成部分与科技正逐步整合在一起，文化的科技化和科技的文化化趋势使得技术亦成为文化产业爆发伦理问题的重要诱因。

---

① ［荷］西斯·J. 哈姆林克. 赛博空间伦理学. 李世新译. 北京：首都师范大学出版社，2010：24.

如果仅从文化层面去审视文化产业的伦理问题，那么人文关怀的缺失正是当今文化产业所面临的重要问题。技术的进步固然会驱动文化产业的发展，但由技术所造就的伦理危机使得文化产业的人文性正在丧失。我们知道，文化产业既有经济属性又有其文化属性，而文化属性正是文化产业区别于一般的产业门类的重要特征，也是其核心竞争力所在。但技术在不断推动产业的演化与发展的过程中却无形中消磨了文化属性，技术的进步为虚假、暴力与恶意信息的传播提供了便利，它们不仅削减了文化产品的人文特性，使产品沦为戏谑、嘲弄等恶意行为的工具，而且也影响到产业的健康发展。

事实上，技术与人文之间的矛盾从一开始就暗含在文化产业的发展与演变过程中。文化产业所带来的文化商品化趋势在一开始就受到了一些精英知识分子的批判（如法兰克福学派的霍克海姆与阿多诺），在他们看来文化是神圣的，具有审美价值与人文关怀，如果文化沦为产品的附庸，仅仅去追求快感体验（视觉消费），那么文化将丧失其应有属性。文化产业不仅带来了精英文化与大众文化之间的激烈斗争，而且与技术之间的不可分割式的关联还使它自身陷入必须去面对伦理问题的境地。特别是当自媒体以其随意性、自主性与互动性去参与乃至引导文化生产时，便无形中加剧了伦理危机产生的可能性。因此，这个矛盾文化产业既不能避免，也不能避而不谈，对技术的批判必须放在具体语境下去衡量，看其是否有利于产业的健康发展，是否有利于良好社会秩序的建立。

2. 传播伦理：公欲还是私欲？

无论自媒体是否参与进文化产业运作中，媒介始终是其本质属性。因此，作为一种媒介，自媒体的基本目的就在于个体可以自主性地传播信息。然而问题在于，当自媒体参与进文化的产业化生产之后，出于最大限度地攫取商业价值的诉求，自媒体的自主性正被不断消解。当然这并不意味着，自媒体不再是个人可以自主控制的信息传播工具，而是说自媒体的自主性开始受到资本的控制，成为获得商业利益的工具。在此之下，自媒体传播开始无限制地追求传播的公共效应（事实上，作为私人观念表达的工具，自媒体在特定情况下也同样追求传播的公共效果），而不再是单纯的个人情感工具。

应该说，自媒体在追求自由的同时又时刻充满着限制性，这种自由性使得自媒体陷入话语传播资源的争斗场域之中，沦为传播价值观念的工具，而在产业运作体系之中，它将不再是个人观念的表达，相反其背后代表的是群体的利益。于是，如何从私人领域向公共领域开放就成为自媒体在产业运作中的主要任务，而为了促进文化消费，自媒体也首先需要将私人性的传播信息欲望转化为公众性的消费欲望。事实上，这其中恰恰存在一种无意识的效果，因为在实际的传播进程中自媒体信息并没有明确的守门人，受众对信息的选择则依赖于自己的兴趣和对意见领袖的偏向，这就决定了信息的接受过程是无意识的。

然而，正是无意识的转换为伦理冲突的发生提供了可能。在互联网时代，文化产品不仅仅具有商业消费价值，互联网传播的巨大效应和文化产品自身的教化功能还使得它有了公共服务价值。但自媒体对信息接收的无意识强化却明显使这种公共服务价值陷入一种悖论，即一方面，自媒体的特性使文化产品能最有利于发挥其公共效应，它既可以作为一种舆论和意识形态控制的工具，又可以以其人文内涵去提升公众的文化素养；另一方面，传播者的私欲则为暴力、欺诈、恶意攻击等不良信息的传播提供了契机，因为在自媒体传播中守门人功能的弱化使得道德失范现象比以往任何的传播形式都更为普遍，这就为公共服务价值的实现埋下了隐患。因此，只要文化产品去借助自媒体它就不得不面临谋利和谋义这个悖论，这甚至是整个互联网文化产业都难以处理的问题。

3. 产业伦理：资本还是公益？

如果说公欲与私欲的矛盾是自媒体在传播领域引发伦理危机的根源，那么从产业领域来说，这个矛盾则进一步体现为资本与公益之间的斗争。当然，文化产业自身既有公益性又有商业性这一点是不可否认的，但不同的是，在自媒体的驱动之下文化产业更多的是强调其商业价值，而非公益价值。在商业资本的控制下，自媒体正在丧失其自主性并逐步沦为资本的传声筒，不仅如此，最大限度地获取文化资本亦是其重要目标。这里的文化资本并非一种有形的存在，而是一种无形的智力资本，表现为“某个群体所共享的思想、习惯、信仰和价值观等”①。在产业流程中，与其说自媒体传播的是单纯的关于文化产品的信息，不如说其传播的是一种与产品相关的价值观念和思想形式。

也就是说，传播者要依靠它去获得文化资本，从而为当前乃至以后的文化消费与产业扩展服务。作为一种资本存量，文化资本本身就拥有文化价值和经济价值，它所引起的资本服务流可以直接进入最终消费领域，或者与其他投入性产品相结合以进一步生产具有经济价值和文化价值的商品和服务。②这是一个循环往复的过程，它依赖的是文化价值对经济价值的驱动。可见无论是文化资本还是商业资本，文化产业本身就是要依托文化价值去生产经济价值，而自媒体恰恰起着一种驱动作用。

问题在于，文化产业本身在实践环节中很难去保证资本与公益两种属性的平衡，而且自媒体的私欲性——这种私欲是由资本所控制的——又在很大程度上消解了文化产业的公共服务价值。因此在自媒体时代，文化产业领域就始终充满着资本性对公益性的压制，而且这种压制性态势既难以避免又难以扭转。悖论的是，文化产业的发起者与从业者们在寻求资本价值之外还要去寻求产业本身的公益价值（这实际上是一种变相的象征资本），而公益价值的提升意味着产业有着更多的人文与教育内涵，可以在一定程度上扩展文化消费的潜力。不仅如此，政府也要利用文化产业去引导、教育大众，利用产业的规模化效应去发挥文化的治理能力，从而助力社会制度与经济结构的转型。

可见，公益性恰恰是文化产业的奠基与潜在的推动因素，能够保证资本（文化资本和商业资本）的长期收益，二者的关系直接影响到产业的健康发展。事实上，由于缺乏对资本与公益二者关系的清晰认识，自媒体传播往往会无限

① ［澳］戴维·思罗斯比．经济学与文化．王志标、张峥嵘译．北京：中国人民大学出版社，2011：50.

② 同上。

放大某一个方面，从而破坏二者关系的平衡，而且受众对自媒体的依赖性亦会无形中加剧这一倾向。因此对产业领域的伦理冲突来说，自媒体传播的自由性和自主性以及由此产生的私欲泛滥是其中的最关键因素，无论这个私欲是要实践公益价值还是去寻求资本价值。

三、自媒体文化产业伦理的建构原则与策略

区别于一般媒介的是，自媒体构筑了一个福柯式的全景监狱式网络，正如马克·波斯特所言："这一网络以其权力效应维系着一个整体并完全覆盖该整体，其权力效应来自监督者与被监督者之间，即监督者永远被监督。每一个自媒体用户都被置于其他用户的监督之下，一旦一个用户的自媒体传播行为触及道德底线，总会有其他用户发现并发表批评意见。众多用户的道德评价会形成网络舆论或者媒介事件，引发更大社会范围的道德关注。"[①] 应该说，最大限度地引发舆论效应从而引导受众的选择是自媒体在文化产业运作中发挥的最主要作用。如果引发舆论效应的目的在于对道德层面的关注，也就意味着伦理问题是自媒体传播的首要维度，而自媒体与当代文化生产之间的紧密关联也使得文化生产本身也必须关注伦理维度。总体上看，自媒体传播之于文化产业的伦理维度涉及对传播的事件、主体、行为过程和效果等层面的道德分析，但无论从哪个层面这种道德分析都要诉诸实践，从而又涉及伦理原则问题。按照伦理学的思路，伦理原则是对社会行为的合理性进行分析的重要概念，它既是历史的又是社会的，不同时期、不同社会制度与社会群体以及不同民族的伦理原则都不尽相同。尽管对伦理问题的分析有着不同的标准（如相对主义、神命论、康德的"绝对命令"、罗尔斯的"无知之幕"、功利主义、利己主义、社会契约论

---

① ［美］马克·波斯特．第二媒介时代．范静哗译．南京：南京大学出版社，2001：84.

等），但它们的思路都是先确立一种阐释标准，再进行是非判断。可见，对于一种行为是否引发了伦理问题必须要首先明确其阐释标准与具体的产生语境。

伦理学中的情境主义为我们提供了很好的思路。[①] 情境主义主张的就是要在问题发生的具体现实条件下去判断其是否符合伦理准则，而不是以绝对化和单一的视角对问题进行评判。

在信息技术时代，文化的生产者和传播者已经摆脱了单一性和单向性，进而转换为多极化和交互式，这就为主体行为的伦理界定带来了困难，而自媒体的自主化、随时化、随意化特性无疑又增加了问题考察的难度。甚至可以说，自媒体所组构的监督与被监督的道德网络亦同时将互联网时代的文化产业伦理置于一种实践性的关系网络之中，而情境主义原则恰恰是要对这种关系网络进行拆解和分析，其逻辑类似于布尔迪厄文化社会学的场域分析模式，强调在一种动态化的、开放性的关系网中去界定不同位置之间的对抗和竞争关系，在此之中每一位置代表着各个不同的资本或利益，它们均受到其他位置的界定和影响。因此，搞清楚其中的权力关系与作用机制，进而根据情态和语境进行判断就是情境分析的任务。在此之下，情境分析反对的是先入之见，而是强调具体性、历史性以及阐释上的视域融合。这也决定了它不去寻求普适性的伦理准则，相反，伦理准则的选取依赖的是判断者和具体问题的需求。[②]“情境主义方法拒斥解决道德问题的演绎模型，而偏向道德论证的归纳模型。这并不意味着把道德理论或道德原则全盘‘倒掉’，但它确实赋予理论和原则在推理过程中占据不同的地位。”[③]

情境分析仅仅是考察自媒体文化产业伦理的（或者互联网文化产业伦理）

---

① 王林生．互联网文化产业发展中的道德失范与伦理构建．同济大学学报，2017（第1期）．

② 同上。

③［荷］西斯·J. 哈姆林克．赛博空间伦理学．李世新译．北京：首都师范大学出版社，2010：4.

一个首要原则，至于具体的伦理构建和案例分析还需要注意到文化、传播、产业三个层面之间的交互影响。但自媒体参入文化产业之后所带来的伦理问题本质上还是一个产业伦理问题，因此无论从哪个层面进行构建，产业层面应是最核心的出发点。也就是说文化产业的从业者（政府、企业和个人）不仅应当充分认识到自媒体的文化生产效应，还应当明晰伦理道德维度既是自媒体发挥自身效应促进文化生产的途径，又是阻碍文化产业健康发展的重要方面。自媒体既有它的优势（即确保自由、公平与权力），又必须受到监督（即必须确保他律性、正义性与义务）。具体来看应做到以下几点。

其一，政府应当尽快建立与健全自媒体监管体系，做好与文化产业的对接工作。作为文化产业的主要推动者，政府既要加强对自媒体的监管，又不能妨碍其对文化产业的促进作用。目前看来，与自媒体相关的法律法规已经伴随着互联网治理的逐步推进得到不断完善和强化，但与文化产业相关的条例似乎还涉及不多。这种情况一是由于二者分别由不同的职能部门管理，二是还在于分属不同的行业门类。应该充分意识到，文化经济时代以文化去驱动跨产业与跨部门的合作已经成为一种常态，这也是“互联网 +”与“文化 +”的最主要特征。因此，协调机制的建立就至关重要。对此，政府要尽快成立相关的职能沟通部门与监管政策，一方面要引导与推动自媒体的“自净”运动，另一方面要建立相应的问责机制，从而为文化产业营造良好的运营秩序。

其二，文化产业自身要加强行业自律。“守门人”的缺失为自媒体的自主性和随意性开启了通路，也为文化产品的宣传和营销提供了便利。依托广泛的受众群，自媒体可以随时随地以更加灵活的方式传播产品相关的信息。但这种传播模式必须维持一个良好的自律才能杜绝不良信息的传播以及非理性行为的产生。这不仅需要行业从业者自身的“自净”（网络素养与从业素养的提升），也需要行业协会的监督与引导。

其三，政府、产业从业者或者网络意见领袖应当引导公众积极参与道德建设。公众既是文化产品的直接消费者，也是自媒体的直接使用者。依托自媒体的舆论效应，公众可以有效地利用自媒体进行道德监督，从而监督产业的动向并及时遏制危害产业健康发展的道德失范行为。

对文化产业而言自媒体是一把“双刃剑”，我们既要肯定它的价值，又要正视它的负面影响。当然自媒体仅仅是造成文化产业伦理危机的一个重要方面，对文化产业自身而言，其伦理问题的产生根本原因还是在于从业者们并没有去遵守行业规范和道德准则，自媒体只不过是凭借其特殊的媒介和技术属性为这些行为提供了便利，并将效果迅速地放大。值得注意的是，自媒体和文化产业二者都带有重要的信息“扩张性”，二者之间的有效结合对于提升文化理念的传播而言必定有效的，然而一旦这种效应被受制于不良的道德行为，那么其伦理问题就不仅仅是对产业自身而言的，它将引发更广的社会问题，从而成为一个社会治理问题。反过来，自媒体文化产业也应当成为社会治理的重要维度。

（作者：柴冬冬）

第七章

“一带一路”的伦理意蕴及其对文化产业“走出去”的启示

“一带一路”倡议有着人道、共享、平等、正义、和合等多个层面的伦理意蕴，践行这些意蕴对中国文化产业“走出去”具有重要的驱动作用。但“一带一路”沿线复杂的政治、经济、文化形势以及中国文化产业自身固有的伦理情结则给文化产业“走出去”带来了挑战。面对挑战，中国文化产业应当通过积极构建以“和合”观为主导的跨文化传播准则，重塑产业伦理从而带动文化产业海外形象的提升，推动新时代中国特色社会主义文化的海外精品化实践，在对话、互渗、融合中构建文化间的“共通性”等途径为“走出去”以及“一带一路”理念的海外传播提供服务。

持续推动文化产业“走出去”对创新我国文化产业发展体系，实现文化产业高质量发展具有重要作用。长期以来，由于我国文化产业走的是一条内循环的发展道路，“走出去”在文化产业发展中的占比并不高，其对产业带动的效能也未得到有效发挥。近年来，在“一带一路”倡议的带动下，我国文化产业“走出去”进入了一个新的范式调整期，在市场培育、产业结构、运营模式等层面都取得了新的突破。作为一种以外向合作为主导的倡议，“一带一路”无疑能给文化产业“走出去”带来全新的机遇，但如何持续、有效地将这种机遇转化为现实增量则值得进一步思考。从路径上看，这种“转化”的实现不仅需要一系列形而下的政策、资金、平台、人才等方面的支撑，还需要对形而上的意识形态、道德、价值等层面进行精准把握。如果没有这些层面的支撑，“一带一路”的理念便不能在国际社会得到有效阐释和理解，文化产业“走出去”也不能获得新的发展理念。本文尝试从形而上的伦理层面考察“一带一路”的话语内涵及其背景下的跨域文化产业运营，以厘清文化产业“走出去”如何借助“一带一路”话语的伦理意蕴实现新的超越。

一、“一带一路”的伦理意蕴

自“一带一路”倡议提出以来，围绕它的阐释多集中于政府政策、产业经济、人文交往等维度，或者从政治、经济、文化等层面考察其基本内涵，或者将其作为一种政策背景考察对国家、区域、政府、企业等发展的意义，而伦理维度的研究总的来看是忽视的。从目前的研究来看，直接讨论“一带一路”伦理问题的研究主要集中在两个方面：其一，政治伦理，认为“一带一路”的提出顺应了当代全球政治伦理变革的要求，对解决当前全球的政治伦理困境具有积极的建设意义；其二，生态伦理，认为生态伦理是“一带一路”未来发展的主要走向之一，积极构建新的生态伦理观对解决其发展过程中凸显的经济与生态矛盾具有积极意义。这两个方面的研究固然考虑到了“一带一路”所蕴含的伦理问题，但却没有从总体上阐明其产生的渊源、结构等问题，也没有将相关成果运用在对某类产业实践的分析。那么“一带一路”为何会拥有伦理意蕴？这些伦理意蕴具体体现在哪些层面呢？它们与文化产业“走出去”又是如何产生关联的呢？要回答这些问题，必须回到“一带一路”倡议的起源、目标等基本问题上。

2013 年 9 月和 10 月中国国家主席习近平分别提出建设“新丝绸之路经济带”和“21 世纪海上丝绸之路”的合作倡议，二者合称“一带一路”。从起源来看，它是中国面对自身的经济发展需求，并结合当今世界经济发展所遇到的问题所提出来的，推动各国在经济上的互利与发展是其基本出发点。从基本目标来看，“一带一路”主要包含了两个层次：其一，“一带一路”是在秉持共商、共建、共享原则的基础上，推动各国之间的政策沟通、设施联通、贸易畅通、资金融通、民心相通，进而实现各国的共同繁荣进步。[①] 换言之，它要打造的是一种基于发展的共同体。其二，“一带一路”倡议要在世界范围内进一步赢得尊重，就必须以“和平合作、开放包容、互学互鉴、互利共赢的丝绸之路精神为指引，以打造命运共同体和利益共同体为合作目标”[②]。因此，从“一带一路”的发生和目的来看，它虽由中国提出和推动，但却不是要营造某种政治、经济霸权，而是要聚焦构建互利合作网络，携手打造“绿色丝绸之路”“健康丝绸之路”“智力丝绸之路”“和平丝绸之路”，以造福沿线国家和人民。[③] 对此，习近

① 习近平．习近平谈“一带一路”．北京：中央文献出版社，2018：313–314.
② 习近平．习近平谈“一带一路”．北京：中央文献出版社，2018：155.
③ 习近平．习近平谈“一带一路”．北京：中央文献出版社，2018：161.

平主席曾多次强调，“发展”是“一带一路”的最大公约数[①]。不仅如此，这种“发展”还是不带偏见和不谋私利的共赢发展，是向好的方向的发展，它要给沿线各国人民带来实在的好处。

由此可见，“向好”“向善”或者说“正义”其实在“一带一路”倡议中具有首要性。这也就是说，“一带一路”应当具备一个基本的伦理维度，或者说它的提出本身就应该是一个“伦理事件”的生成。因为伦理作为处理人与人、人与社会、人与自然关系所应遵循的行为规范，其根本上涉及的就是善的问题，而这种善正是人的诸种技艺与研究、实践与选择的目的。[②]那么伦理又具体体现在哪些层面呢？上文指出，经济维度是“一带一路”提出的主要动机，是最基础的，而随着实践的不断深入，“一带一路”已从经贸合作衍生出政治、生态、文化等多个层次的合作共赢，成了一种具有综合性治理效果的国际公共产品。因此，从其内涵来看，作为伦理事件的“一带一路”不仅包含了“发展”这一人类持续进行自我否定，进而实现自由的过程中最为普遍性的伦理诉求，也包含了提出主体在动机、目标和实施过程等层面针对不同领域的发展所蕴含的伦理诉求。于是，“一带一路”的伦理意蕴就在发展伦理的统摄下呈现出了经济伦理、政治伦理、生态伦理、文化伦理等多个维度共生的态势。

那么这些维度之间的相互关系又是怎样的呢？上述可知，经济是勾连不同领域的起点和抓手。但要注意的是，即便经济领域是基础的，但并不意味着它就是高点。那么在这些领域中哪个相对较高呢？当然是文化（或者说文明）。这不仅是因为文化的内涵高于政治、生态等，也在于“一带一路”本质上是跨文化的，在不同的道德和行为评判体系中应该有一个文化的“公约数”。如果没有文化的理解、沟通和交流，经贸合作、政治交流也将丧失基础，“一带一路”甚至有可能在国际社会遭受误读和误解。习近平主席在多个场合讲，“一带一路”

① 习近平．习近平谈“一带一路”．北京：中央文献出版社，2018：163.

② 亚里士多德．尼各马可伦理学．廖申白译．北京：商务印书馆，2003：3-4.

建设要有人文基础，而这个基础就是民心相通。[①] 那么民心相通的基础又是什么呢？文化之间的交流、理解与接受当然是最基本的。可以说，文化是最核心、最本质的互联互通，是“一带一路”的高点。[②] 事实上，作为一种依托于古丝绸之路文化精神所创新、衍生与演化的当代话语形态，文化作为“一带一路”的高点是有着深厚的历史基础的。两千多年前的古丝绸之路无疑奠定了不同文化之间兼容并包、相互尊重、求同存异、互学互鉴的伦理基础。作为跨文化伦理的早期探索，它促进了东西方物质文化和精神文化的交流和发展，对人类文明发展演进有着重要的推动意义，这一点已被当今的世界史学、文化学界所证明。“一带一路”虽由中国面对新的时代发展语境提出，但它植根于丝绸之路就决定了其实践必然离不开丝绸之路所奠定的文化伦理精神，其最终点也应回到人类文明维度上。舍此，“一带一路”将丧失成功的根基。因此，“一带一路”所蕴含的伦理意蕴在内部结构上就呈现出了如下特征：

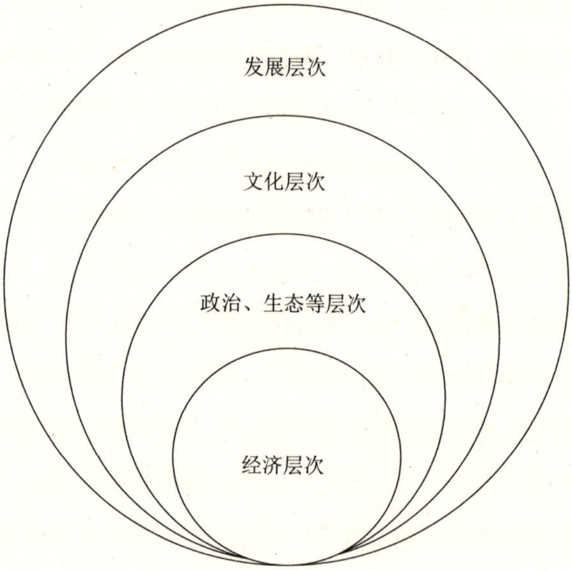

① 习近平．习近平谈“一带一路”．北京：中央文献出版社，2018：146.
② 赵磊．文化经济学的“一带一路”．大连：大连理工大学出版社，2016：31.

具体包括如下几个层面的基本内涵。

第一，就经贸合作作为基本动机而言，“一带一路”体现的是中国为世界经济谋动力的道德责任感。中国的经济发展既得益于自身的改革开放，也得益于与世界经济的互动，是世界经济成就了中国经济。但自2008年金融危机以来，世界经济遭受严重破坏，呈现出了一种普遍性的动力不足。经济持续低迷的背后是贸易保护主义、民粹主义的抬头，既有的国际贸易格局和贸易政策不断受到挑战，经济全球化遭受侵蚀，世界经济秩序逐渐失范；同时，南北发展不平衡持续加剧，贫富差距也日渐拉大；贫困、饥饿、疾病、社会冲突、恐怖主义、地区动荡等问题也随之而来。如何重振经济，并以经济发展促和平、促稳定、促繁荣是各国的迫切要求。“一带一路”植根于繁荣的丝路经贸交流历史，正是为了解决当前世界遇到的发展瓶颈而提出的，是中国立足自身发展反哺世界，履行大国责任，推进国际经贸发展的全新模式。“一带一路”为世界发展助力，就是为世界人民谋福利。从这个角度看，它有着鲜明的人道关怀。

第二，就“共商、共建、共享”作为基本原则而言，“一带一路”体现的是对自由、平等、公正、尊重、合作、共赢等国际政治伦理内涵的重塑。就人类历史进程而言，经济全球化在促成市场经济机制超越地域和民族国家限制在全球蔓延的同时，还造成了各国政治文化在全球范围内的互动，由此具有世界性的共识性价值原则和道德规范也随之兴起。就目前的态势看，西方国家凭借其经济优势到处输出其政治伦理逻辑和价值准则。但由于这种体系对经济逻辑亦即资本增值的高度依赖性，一旦资本增值受阻则往往会走向极端，造成民粹主义、极端个人主义、保守主义、本国利益至上主义抬头，进而影响到公平、公正、平等的国际政治秩序[①]。如美国近年来致力推动的反全球化与贸易战策略就是如此。在此背景下，中国将“共商、共建、共享”作为“一带一路”的行为

① 王超．摆脱全球政治伦理困境的中国方案．载《伦理学研究》，2019（第2期）：95-96.

准则，就是从“己所不欲，勿施于人”“和而不同”“有容乃大”“天下为公”等传统伦理观念出发的，跳出地缘政治博弈和霸权主义的怪圈，以维护多边主义、尊重各国独立自主、协商合作等方式，重建国际政治互信，实现对不平等、不公正、不平衡的国际分工体系的消解。

第三，就绿色丝路、可持续发展作为基本理念而言，“一带一路”体现的是对“天人合一”的和谐生态伦理观的构建。2017 年在“共同构建人类命运共同体”会议上，习近平主席强调，工业化虽创造了前所未有的物质财富，但也产生了难以弥补的生态创伤。我们不能用破坏性方式搞发展，应遵循天人合一、道法自然的理念，寻求永续发展之路。[①]人源于自然，并依靠自然生存和发展，这是马克思关于人与自然关系的基本看法。“一带一路”作为新的发展之路，不能再走破坏自然求发展的老路，而是要实现“天人合一”，推动人与自然的和谐关系的构建。为了实现“一带一路”的绿色发展，中国先后颁布《关于推进绿色“一带一路”建设的指导意见》《“一带一路”生态环境合作保护规划》等重要文件，并着力推动了与生态相关的 25 个项目，凸显了维护“一带一路”生态伦理的决心。

第四，就文化作为最核心、最本质的互通而言，“一带一路”体现的是以“和合”为特征的跨文化伦理的构建。伦理是文化互动的基础，它既推动了一个文化体系内成员的文化实践，也保障了文化互动中对规则的遵守。反过来，文化互动其实又是伦理的具体实践。不同的民族、人群有着不同的文化个性，在跨文化互动中如果处理不当势必会酿成冲突和对抗，引发伦理危机。为了避免这一问题，“一带一路”格外重视不同文化间的和合共生。“万物并育而不相害，道并行而不相悖”(《礼记・中庸》)。任何想用强制手段来解决文明差异的做法都不会成功，和而不同才是文明交往的主流。“只有在多样中相互尊重、彼此借

① 习近平．习近平谈“一带一路”．北京：中央文献出版社，2018：242.

鉴、和谐共存，这个世界才能丰富多彩、欣欣向荣。”[①]中国要将“一带一路”建设成为和平之路、繁荣之路、开放之路、创新之路、文明之路，要在共商、共建、共享的原则下，推动沿线各国的共同发展，体现的正是一种以和合为基础的跨文化伦理构建态度。它在话语层面反对的恰恰是国际社会长期存在的“中心—边缘”秩序：以某个民族、国家的文化价值观为核心，以“典型欧洲范式”的主权国家框架去规范世界不同国家的政体，进而在经济层面实现中心与边缘的区隔，以便于中心控制和侵蚀边缘。[②]

第五，就“命运共同体”作为建构目标而言，“一带一路”体现的是一种对基于发展的普世伦理的探索。“一带一路”沿线涉及众多国家，而每个国家的文化风俗迥异，民族构成复杂，政治形态各异，经济形势不一，如何在这诸多不同中寻找共性就成为其能否成功的关键。因此，以任何一个国家或民族的价值观、经济模式去取代这种多元化态势都是不可行的。这样既背离“一带一路”的初衷，也背离各国实际。于是，以一种具有普遍性的，能够为沿线各国所接受的价值准则就成为必要。回顾“一带一路”提出的背景就可以看到，解决经济与社会发展中的“痛点”，提高人民生活水平与国家综合竞争力，是沿线各国的共同诉求。这就意味着在“解决问题与推进发展”这个主题上，沿线各国之间是有着共识的，可以构成一个甘苦与共、命运相连的发展共同体。因此，寻求一种既能够体现平等、和谐、公正，也能够共商、共享的“发展”就构成了“一带一路”倡议的普遍性伦理。当然“发展”在这里是可持续的，而非自在、自为性的，它能实现人民的自由和国家秩序的归正。

---

① 习近平．携手构建合作共赢新伙伴 同心打造人类命运共同体——在第七十届联合国大会一般性辩论时的讲话．载《人民日报》，2015-09-29.

② 赵磊．文化经济学的“一带一路”．大连：大连理工大学出版社，2016：30.

二、文化产业是实践“一带一路”伦理意蕴的有效载体

作为带有全球治理属性的公共性产品，“一带一路”从经济维度出发，要对世界文明的发展进步产生积极意义，它所涉及领域是十分庞杂的，而每个领域都会涉及伦理问题，上述只是勾勒出其最主要的轮廓。然而我们仍然可以根据上述伦理结构得出一个基本的判断：尽管文化作为“一带一路”所仰望的“高点”，但其运作依然离不开经济层面的支撑。这不仅由于经济层面是“一带一路”实践的基础，还由于当今世界的文化生产、文化传播、文化消费已离不开经济手段，呈现出了一种文化经济的态势。而文化经济其实指的就是文化产业。换句话说，文化产业应当是串联“一带一路”基础和高点的主要领域。因此与之紧密相关的文化伦理——甚至作为整体的“一带一路”的伦理——意蕴的实践自然也内含其中，即文化产业是实践“一带一路”伦理意蕴的主要载体。

事实上，文化产业的这种特殊作用有着深厚的历史根基。“一带一路”所植根的古丝绸之路其实不仅是一条商贸之路，更是一条文化之路、思想之路。伴随着商贸往来，沿线各国之间产生了大量的文化交流，音乐、舞蹈、戏剧、建筑、绘画、器物、服装、技术等文化形式无不随着丝路的开辟在中西之间交往互通，许多新的文化形式也随之产生。但发生在丝路上的中西文化交流也绝非单纯以满足好奇心为目的，而是伴随着经贸往来产生的。不管是丝绸、瓷器、纸张等中国产品的西传，还是金银品、玻璃、玉石、家具等西域产品的东进，都以文化作为产品的基础，贸易双方都需要在熟悉对方市场的审美品位、文化习惯等因素的基础之上才能进行贩卖活动。对古丝绸之路而言，文化贸易是一种常态。相比较于生产资料、生活资料等产品的贸易，这种文化贸易直面文化差异，在尊重差异的基础上展开商品生产和交换，其本身就暗含着一个跨文化伦理问题。尽管发生在古丝绸之路上的文化贸易活动还不能与工业文明时代的

文化产业相提并论，但文化的产业化在丝绸之路历史上却早已有之，并以其实际行动实践着文化伦理。

而从目前的世界发展趋势来看，文化的力量也越来越显现于文化产业的竞争力之中，文化产业走向了国际竞争力的前台，正引发新一轮的全球产业结构升级。这体现在：其一，文化产业不仅占据着文学艺术等精神性生产的部门，还渗透进手机、电脑、汽车、高铁、家具、家电、服装、食品等物质性生产的部门，从而彻底打通了物质生产和精神生产；其二，文化产业推动了诸多产业形态的融合，驱动了新业态的不断产生，使文化成为社会生产的重要内容，进而成为社会生产领域的新的驱动者与组织者。文化产业的这种独特作用与其自身所具备的文化意识形态属性与经济属性紧密关联。在霍克海默和阿多诺等法兰克福学派的理论家看来，文化产业借助大众娱乐和技术制造新感性对象，并以一种标准化和系列化的生产方式，消解了文化艺术本身的个性，将价值观润物无声地嵌入产品之中，进而使个体屈从于其背后的意识形态。而在斯科特、索罗斯比、赫斯蒙德夫等文化经济学家看来，文化产业则首先是一种具有根本性经济特征的产业，它借助高科技传播方式，营造消遣娱乐氛围，在生产力飞速进步与劳动力持续解放的当代具有重要的经济价值。正是看到了这些层面，发达国家才不遗余力地推动文化产业的发展。

目前，发达国家已经借助先发优势在全球文化产业格局中占据领先地位，并凭借其竞争优势以文化产品悄无声息地传播其价值观，进行文化扩张与渗透，进而建构某种经济或政治霸权。文化产业“看起来是一个产业问题，一个市场问题，其实是一个思想问题，一个价值问题，一个意识形态问题，说到底是一个政治问题”。[①]

总之，“一带一路”建设离不开文化产业的支撑。一方面，“一带一路”在

① 范玉刚. 核心价值观传播需要文化产业的有力支撑. 载《人民论坛》，2016（第25期）：209.

意义阐释、政策推广、理念传播过程中离不开出版、广告、影视、动漫、会展、演艺等部门的支持，文化产业在其中承担着重要的修饰功能，助力打破文化壁垒、消除文化隔阂、增强文化交流，进而凝聚各国人民对“一带一路”的支持和理解；另一方面，通过与海外文化市场的贸易活动，文化产业则以其产业效能与产业伦理助力“一带一路”的跨文化互动，为其伦理价值的实践提供现实动力。在全球文化产业蓬勃发展的背景下，各国已经充分认识到文化产业在新的全球（文化）治理行动中的重要作用。因此，“一带一路”的意义就不仅仅是重新激活了古老的丝绸之路，还将文化确立为话语争夺的中心领域。当前，文化产业正成为各国参与“一带一路”建设、传播自身文化的重要增长点。我国已将文化产业列为优先扶持对象，着力推动“丝绸之路文化产业带”建设，并将文化旅游、演艺娱乐、工艺美术、创意设计、数字文化确立为重点领域①。而哈萨克斯坦、俄罗斯、印度等沿线诸多国家也正立足自身文化特色和优势推动文化产业发展，以文化贸易来助力跨文化对话。一场以文化产业传递伦理关怀的实践正如火如荼地展开。

三、“一带一路”的挑战与文化产业“走出去”的伦理情结

作为“一带一路”倡议的发起国，中国对“一带一路”的理念阐释和伦理意蕴传达当然也必须依赖于文化产业的支撑。但这种支撑关系不是无限的，受到特定条件的制约。其中主要存在两个方面的问题：

其一，“一带一路”本身的外向性所带来的跨文化语境，使文化产业面临复杂的政治、经济、文化情势。这里有三点值得注意：（1）“一带一路”沿线经

① 文化部.《文化部“一带一路”文化发展行动规划（2016—2020）》，中国政府网，http://www.gov.cn/gongbao/content/2017/content_5216447.htm，2016 年 12 月 29 日。

济欠发达国家将影响文化产业的市场开拓。从地域上看，中亚五国、西亚阿拉伯国家、东欧国家是“一带一路”所涉及的主要国家，但这些国家多数为发展中国家，其文化产品的购买和消费能力远不能与西欧、北美、日韩等发达国家相比。以塔吉克斯坦为例，世界银行 2012 年的数据显示，其全国月平均工资水平仅为 110 美元，整体收入偏低，这就严重影响民众消费文化产品。[①]（2）沿线国家的文化差异和不同文化政策将影响文化贸易。由于沿线涉及众多宗教国家，这些国家与宗教文化弱化的中国差异明显，致使产生文化冲突的可能性增加。（3）由于历史遗留、意识形态等问题，沿线各国对“一带一路”的文化认知也存在偏差，甚至对其产生误解。这些问题将影响文化政策的制定，进而影响相应的文化贸易。由于某些沿线国家长期的政治不稳定，或者产业发展的不成熟，造成产业运营秩序极为不规范，盗版、侵犯知识产权、恶意竞争等问题突显。据 WIPO 近年的统计，孟加拉国、亚美尼亚的盗版率高达到 92%，斯里兰卡、阿塞拜疆、摩尔多瓦的盗版率达到了 90%，也门、巴基斯坦的盗版率分别是 89%、86%，印度尼西亚、越南、伊拉克的盗版率是 85%，黑山也达到了 83% 。[②]这种产业伦理失范现象将对市场投资和贸易造成极为不利影响。

其二，中国文化产业对“一带一路”伦理意蕴的传达势必要与文化产业的“走出去”并行，但中国文化产业由于依托本土文化价值观与伦理体系，如果运营不当，将导致在跨文化运营中面临文化折扣，甚至背离“一带一路”理念，引发伦理冲突。值得注意的是，尽管“一带一路”由中国提出并阐释，其伦理意蕴甚至植根于中国传统文化，但这并不意味着在实践过程中产业（产品）会呈现出完全的契合度。一方面，“一带一路”涉及领域庞杂，又涉及跨文化问题，中国传统文化的伦理观未必完全适用；另一方面，实践主体的构成是十分

① 蔡尚伟．“一带一路”上的文化产业挑战及对中国文化产业发展的建议．载《西南民族大学学报》．2016（第 4 期）：159.

② 蔡尚伟．“一带一路”上的文化产业挑战及对中国文化产业发展的建议．载《西南民族大学学报》．2016（第 4 期）：160.

驳杂的，他们自身的责任意识、价值取向、伦理情怀等将直接影响“一带一路”伦理的实践效果。

如果更深层次地看，中国文化产业“走出去”所带有的独特伦理情结也是造成伦理冲突的重要原因。从民族心态来看，改革开放以来经济建设的突飞猛进，综合国力的日渐强大，使民族自尊心和自豪感得以在一百多年的屈辱史上重建，中华民族重新对自己的传统文化和价值观树立了自信心，也认识到在新时代语境下只有不断推动其现代化，才能与世界接轨，并在激烈的国际竞争环境中取得优势。因此，走出国门，进行跨文化对话和交流就成为迫切要求。但这一过程的实现却并不能以“我”为唯一，还要面向“他者”，参照“他者”，在尊重他者、包容他者的基础上反观、展示和塑造自身。全球化时代，只有积极融入“他者”才能为“自我”的重新发展焕发生机，才能积极融入人类未来的共同文化价值体系中。事实上，西方现代性文明在其三百多年的发展中已暴露出了诸多问题，对世界问题的解决日益力不从心，特别是个人主义和自由主义文化所固有的致命痼疾难以为人类共同价值观的获得提供帮助。而中华文化强调整体和谐的整体主义和责任优先的伦理型特质，则无疑与这一目标的达成有着逻辑共通性，这为文化产业“走出去”带来了信心和勇气。而从国家发展来看，尽管中国的经济总量已位居世界第二位，但国际社会对中国的基本国情仍然缺少了解，特别是面对西方意识形态的挤压，充斥着太多的偏见和刻板印象，真实、全面、深刻的中国形象并没有获得基本认知，这使得中国缺乏良好的、稳定的外部发展环境，中国经验、中国智慧、中国方案也难以在世界治理体系中发挥作用。因此，增强文化软实力，推动文化产业“走出去”就肩负着改善中国国际形象，提升文化认同和吸引力，助力民族复兴的伦理使命。这种伦理情结固然可以助力文化产业“走出去”，但如果过于重视向外界展示和宣传自身，而忽视了具体情境，不讲究策略，甚至过于自信，结果可能是适得其反的。

简而言之，中国文化产业的“走出去”就是要以中华民族伟大复兴和全球化的世界格局作为背景和阐释空间，把中华传统的文化价值逻辑，如强调整体和谐、“家—国—天下”意识，与世界意识之间进行有效嫁接。从某种程度上，“一带一路”“人类命运共同体”核心理念的提出也得益于这一动机。但问题在于，在沿线复杂的文化地理空间内，由于并不存在一个共同的文化认知框架，一方面，中国文化产业所传递出的这一“情结”由于带有强烈的本土色彩，使得在异域文化中很难被理解和接受；另一方面，由于企业缺乏优秀的产品、良好的运营手段和宣传策略，中国文化产品不仅不能展示人道、正义、共享、和合等“一带一路”的伦理意蕴，甚至引发了激烈的文化冲突和对抗。应该说，过于沉浸在自我的文化诉求进程中，难以将其与世界文化市场的需求有机融合，是中国文化产业（产品）难以持续在世界范围内产生影响的重要原因。

四、由文化产业“走出去”实现“一带一路”的伦理意蕴

文化产业“走出去”是文化“走出去”的坚实基础，文化的“走出去”要以中华民族的伟大复兴为自身的条件，但中华民族的伟大复兴只有通过回应全球化的文明发展，才能真正实现。不可否认，“一带一路”倡议以其构建“人类命运共同体”，进而为人类文明求发展的伦理意蕴为中国文化产业的“走出去”带来了全新的机遇。而如何将文化产业的伦理情结与“一带一路”所展现出的伦理意蕴相契合，并使其表征或诠释的价值观有助于促进文化理解和文化对话，就成为文化产业能否成功“走出去”的关键。具体来看，可从如下四个层面着力推进。

1. 构建以“和合”观为主导的跨文化传播准则

文化产业“走出去”首先面对的是跨文化传播与接受问题。如何获得他国文化体系成员的认可是其中的关键。但由于跨文化交流、互通活动常常带有功利性，其目的或者是要从差异文化中寻求利于本文化发展的成分，或者是要将

其扩展为产品销售市场，获取经济利益。这导致跨文化交流往往伴有对抗性，接受主体难以在文化消费中获取真正的人文关怀。人的存在其实是具有文化性根基的，文化首先表现为特定的人的文化，群体不同、地域不同都会导致文化的不同，每一个文化体系内的成员都不会希望自己被强行施加其他文化体系的意义编码。归根结底，这是一个文化认同问题。

如果文化认同不畅还会导致身份认同的危机，进而形成既游离于自身原有的文化体系，又不属于此刻寄居文化体系的“陌生人”①。这种陌生人的出现意味着某个文化体系的保护、指向、规定功能受到其他文化体系的质疑和挑战，其最直接的结果就是文化主体性的危机。如果文化主体性的这种平衡状态被破坏，势必会引发激烈的对抗，阻碍跨文化接受。因此，在跨文化传播中不刻意破坏所在地的文化伦理体系，尊重主体的文化选择就十分关键。具体来说，这需要构建一种“和合”的跨文化传播准则，倡导“己所不欲，勿施于人”“有容乃大”“和而不同”。此外，在具体实践中还要坚持情境分析的原则，要因时、因地采取措施，在充分尊重他者文化的基础上，讲述和宣传自身的文化。

2. 以重塑产业伦理带动中国文化产业海外形象的提升

尽管文化产业是“一带一路”伦理意蕴实现的重要途径，但如果产业自身在运营中没有维持一个良好秩序，其结果也是事倍功半。产业伦理简而言之其实指的就是产业经济发展过程中所涉及的道德关系（正确或错误的行为），是传统伦理在经济领域的深化。而具体到文化产业伦理，则又涉及文化产业的属性问题。由于文化产业区别于一般产业部门的特征主要在于它是以审美性为主要特征的生产，其最终目标是使消费者获得精神层面的愉悦，这就导致了文化产业伦理具有双重标准，一方面要符合道德尺度，另一方面还要符合人文尺度。也就是说，它既要以规范的秩序获取经济效益，又要在经济效益之外展现人文

---

① 盖奥尔格·西美尔．社会学：关于社会化形式的研究．林荣远译．北京：华夏出版社，2002：512.

关怀。但在实际的运营过程中，二者却时常爆发冲突。对企业来说，其目的在于获取市场效益，而非做公益为大众提升人文素养。而对产业而言，资本永远是首要驱动者。在多数企业看来，文化仅仅是一种工具，如果企业没有经济效益，那么公益性也根本不会实现。

在过去几十年的对外贸易中，虽然中国文化产业的海外市场逐渐扩大，但由于部分企业在运营中频发山寨、抄袭、盗版等不良行为，甚至为了经济效益不惜牺牲产品质量，忽略审美和人文价值，开发低俗、恶俗产品，使产品不仅没有被海外接受，反而酿成了文化冲突，致使中国文化产业在海外被扣上抄袭、山寨、无创新能力等不良标签。这种后果的酿成是与企业不重视产业伦理秩序、唯自身利益优先的做法密切相关的。因此，在“一带一路”新机遇下，中国文化产业亟需开展一场自净运动，在产业开发、内容设计、市场运营、价值观传达等环节寻求伦理规范，以一个健康、规范的伦理秩序提升中国文化产业在海外的口碑和形象。

3. 推动新时代中国特色社会主义文化的海外精品化实践

在文化全球化和移动互联网相互交织的时代，一个国家如何将自身的文化传播到世界各地，成为世界文化市场的主流，而不被排除在世界文化对话之外，是一个需要思考的时代命题。文化“走出去”要有所依托，这个依托应当建立在对自身文化的正确认知基础上。不仅要评估自身文化与他者文化之间是否存在沟通、对话的基础，还要评估自身文化的优劣，以及哪些要素对世界文化发展与人类命运共同体建设能够产生作用。这就需要在开展跨文化传播和对话的同时，夯实好自身文化。

这里的自身文化，在新的时代背景下，应该聚焦在三个方面：其一，讲仁爱、重民本、守诚信、崇正义、尚和合、求大同的中华传统优秀文化；其二，脱胎于中国改革开放，具有民主、自由、文明、和谐、公正、诚信、友善等特色的新时代文化；其三，诞生于文化工业，具有时尚、新颖、创新、好玩等特色的优秀创意文化。[①] 这三个层面是新时代中国特色社会主义文化的基础，应统一于"一带一路"开辟的文化产业"走出去"实践中。当然，这一实践的展开还需要一个个鲜活的文化产品，特别是文化精品来实现。近年来，尽管中国文化产业在不断走向国际市场的同时，出现了精彩纷呈、亮点不断的局面。但总体上，中国文化产品的国际市场占有率依然是偏低的，产品质量参差不齐、科技含量和附加值低、创意不足、难以引发文化共鸣等问题依然严重，文化精品缺乏是中国文化产业在海外市场最核心的痛点。多数企业推出的产品，既没有把握到新时代中国特色社会主义文化的精髓，也不善于展开跨文化的对话，将中华文化与在地文化进行有效对接，致使自身难以融入世界多元文化的大家庭中。因此，加快推进新时代中国特色社会主义文化的海外精品化实践对扭转目前的不利局面是十分必要的。

4. 通过对话、互渗、融合构建文化间的"共通性"

在文化产业"走出去"的初级阶段，文化产品因忽视文化差异性而过于强化本土文化色彩，致使在海外市场效果不佳。在跨域文化传播中，本土文化固然是根基，但如果不能因时、因地而变，与在地受众的审美趣味进行融合，也不能获得认可。因此，在保持自身文化特色的基础上，寻求不同文化间的沟通、对话、交融，实现文化的共通性就是文化产业"走出去"的持久生命力所在。这就需要打破区域内的空间界限，进行跨地域、跨文化系统的要素创新与整合。

"一带一路"沿线涉及众多国家，汇聚了大量的审美文化资源，是一个庞大的、可供多层次开发的"IP"宝库，文化多样性是其突出特征，而要对其进行有效利用，则势必要进行创新性改造。如美国《功夫熊猫》系列电影的成功便是得益于对中国文化元素的美国化改造。它表明，只要寻找到"共同的喜好"，具有强烈本土文化色彩的产品也能被异质文化体系的受众接受。此外，构建文

① 李辽宁．"一带一路"背景下中国价值观国际传播论纲．载《理论与评论》，2018（第 5 期）：17-19.

化间的“共通性”还要善于打破时间界限，在历史中寻找共同文化资源，使其再生。历史地看，“一带一路”沿线各国与古丝绸之路有着深厚的历史渊源，它们曾在历史上进行了频繁的文化交流和融合，时至今天仍然有不少文化形态有共通性。因此，按照现代消费需求对这些资源重新进行挖掘和整理，予以推陈出新，不仅有助于产业化开发，也有助于构建当代的文化共通性。

总的来看，在文化产业与“一带一路”相互驱动的态势下，推动文化产业“走出去”将推进“一带一路”的文化经济实践和伦理意蕴传达，而“一带一路”的伦理意蕴传达也为重审文化产业“走出去”提供了新的契机。当然，在“一带一路”背景下重构文化产业“走出去”的发展体系是一个系统性问题，除了上述层面外，还需要政策、资金、法规、人才、平台等多方面的支撑。但如何将独立的、差异的，有着不同价值观念的文化系统与市场体系有效联结起来，打造一个共同发展的格局是问题的根本。从上述分析可知，伦理应当是解决这一问题的关键钥匙。当前“一带一路”对文化产业“走出去”的驱动性作用已显现，一种强调以跨文化互通为生产力的新的文化产业发展格局也正在形成。将伦理作为考察“一带一路”文化产业发展的常态维度，不仅能助力文化产业“走出去”的良性发展，还会促进中华文化与世界文化之间展开建设性对话，为真正扩展出一种基于人类命运共同体的价值共识而服务。

（作者：柴冬冬）

下　编

第八章

网络时代的隐私：西方危机与中国战略

网络信息安全与用户隐私是当今世界共同关注的热点问题。本文从探究网络时代隐私的内涵及形式的演变入手，进而剖析了围绕隐私的复杂博弈与西方困境下的深层危机，由此揭示出当前重新定义隐私的技术、经济条件，社会情境与历史逻辑，在预设隐私为“问题”的自由主义主导思路之外探讨了网络时代隐私的潜在可能以及中国的应对战略与举措。

自20世纪90年代以来，互联网的普及商用已经深刻地改变了人们的生活、交际方式以及世界经济发展与社会组织形式。伴随着全球信息化和互联网经济的勃兴，网络用户隐私问题的重要性和复杂性也日益凸显。以棱镜门为代表的一系列关键事件在引发普遍恐慌和义愤之外，更标志了人类社会数字化、信息化的关键节点，说明下一阶段的发展必将取决于互联网开放、共享和联通的本质属性与个人空间和主体性之间矛盾关系的演化。此外，由于互联网的全球性，围绕个人隐私的争议必然与公共领域乃至国际关系的诸多议题相互交织。本文从梳理隐私问题的深层矛盾入手，剖析网络时代隐私的特性进而解析多方博弈的国际局势并揭示西方的困境与危机，探讨中国应采取的战略和举措。

一、网络时代的隐私

如果说“传统”隐私问题更多地涉及对私人空间的侵犯，网络时代的隐私问题则已经切入了个体生存和伦理的维度。通过浏览器、电子邮箱、即时信息工具、社交网站、电子商务、电子支付、GPS等服务以及更为隐蔽的跨站追踪、影子账户、云端指令远程控制等手段任意收集和使用用户信息的行为，具有盈利与监控的双重效力，二者是一体两面、不可分割的。信息产业巨头以隐私为名的相互攻讦背后往往是围绕利益与监控权的激烈争夺。以2012年“360隐私泄露门”为例：继3Q大战之后，360安全软件再度深陷安全及隐私泄露的舆论漩涡，媒体上不断曝光的案例和意见领袖的连番质疑使事件持续发酵，直接造成了360浏览器用户的大量流失。

隐私与经济利益的深度纠缠反映出整个社会经济体系从工业资本主义向信息资本主义的转型，而棱镜门事件则揭示了网络用户隐私这一议题在国家信息安全与国际政治层面的内涵。隐私的质变以及相关经济、政治背景的变迁表明“公私二元对立”的传统分析框架正逐步失去其解释效力，当前和未来针对网络时代的隐私的探讨必须充分考虑信息资本的运作方式，且应植根于跨国企业、主权国家及国际组织之间多重博弈的语境之下。

二、博弈困境与深层危机

在后斯诺登时代，互联网领域国家间的激烈交锋早已不再神秘。中国的互联网发展起步较晚，应当密切关注国际规则的发展动向。欧盟近期对《1995 年数据保护法规》(*Data Protection Regulation 1995*) 的修订就是一个值得重点关注的关键事件。

(一) 欧盟《1995 年数据保护法规》修订

欧盟现行的《1995 年数据保护法规》制定于前互联网时代。此次修订旨在以确定、一致和明晰的法规体系构建一个统一的欧洲市场和利商环境，从而刺激欧洲信息产业并带动整个欧洲经济的复苏和发展。修订中大量针对美国互联网企业的条款提示了此次修订明确的指向性。欧盟与美国两大国际力量就互联网全球规则的制定、裁量权的争夺具有深刻的信息地缘政治的意义，换言之，欧盟借修订所宣示的是与美国之间就全球治理权的争夺。而结合欧盟提出的统一欧洲市场刺激信息经济的目标来看，在法理与国际政治之外，欧美间的争端根底上仍是一个经济之争，即未来由谁主导全球信息经济的战略问题。

由于欧盟内部多方的复杂博弈，此次修订极可能陷入僵局。欧盟面临的博弈困境很大程度上源于其作为一个政治、经济联盟的特殊性，但立法和操作上具有普遍意义的问题则应当成为我国法律界思考的重点，此次法规修订的未来走向无疑也将对我国建立、完善互联网隐私和信息安全法律体系产生重要的借鉴意义。

（二）西方深层危机

1. 主权国家的艰难处境

欧美的激烈争夺说明从国际政治和国际关系的宏观视角审视网络时代的隐私的必要性。一方面，了解表面争议之下的大国角力，有助于推测国际规则的发展趋向；另一方面，当前多方博弈的困境也折射出互联网经济和全面信息化时代主权国家所面临的危机，对于在大国交锋中处于关键战略位置的小国而言则尤为如此。处于欧美夹缝之间的爱尔兰就是一个典型的例证。在“凯尔特之虎”时期悄然崛起的爱尔兰如今已经成为世界第二大计算机和信息技术服务出口国。① 近年来，德、法等国多次严厉指责爱尔兰当局对该国境内大量美国互联网企业的“宽松监管体系”（light touch regulatory system）使欧盟公民的海量个人信息通过 Facebook 等公司被美国情报当局轻易获取，威胁到整个欧盟的信息安全。

爱尔兰在全球信息经济版图中的重要战略地位和被动国际监管者的特殊处境使之可以作为我国分析网络隐私与信息安全国际局势的一个典型个案。该国在应对信息产业集聚上的一些决策失误以及在法规和行政管理上的滞后也是目前我国在大力发展互联网经济的过程中必须引以为鉴的问题。更为重要的是，这一个案所反映的全球化进程中跨国公司和超国家治理机构对主权国家的双重

---

① 世界顶尖的 30 家软件、信息技术和数据服务公司中有 29 家在爱尔兰设立了分公司，其中包括了 Google, Facebook, Apple, LinkedIn, Amazon, Twitter, eBay 和 PayPal 等业界巨头的欧洲总部，以及 IBM, Microsoft, Google, Yahoo, MSN 及 Adobe 等知名企业的欧洲的数据中心。同样值得一提的是游戏产业巨头如 Big Fish, EA, Havok, DemonWare, PopCap, Zynga, Riot Games 和 Jolt 也都是以爱尔兰为基地向全球用户提供数据支持与服务的。

挤压也是我国必须高度警醒和深思的议题。

2. 固执个体的囚徒困境

欧美所共同奉行的个人隐私权不可侵犯原则显然是西方个人主义与自由主义理念在信息时代的具体体现。然而这一本质主义的隐私观已经遭遇了划定个体隐私边界的技术和伦理难题。而更根本的问题是，自由主义框架下的“隐私”话语无法解释互联网基础设施和各种数据、信息的公共产品属性，也无视了“自由软件基金会”（Free Software Foundation）、“知识共享”（Creative Commons）等组织所代表的用户对信息开放、共享的需求与信息资本垄断逐利目的之间的矛盾。

国际博弈困境与西方深层危机表明，我国在探讨网络隐私和信息安全的法律和伦理内涵的同时，还必须重视这一问题的政治经济与意识形态属性，关注强势的自由主义、个人主义隐私话语有意无意掩盖的诸多重要问题：例如，互联网基础设施建设，技术开发与教育资源的公平再分配，资本高度流动和新型剥削造成的信息产业劳动力的边缘化等。针对个人隐私与国家安全的所谓灰色地带，则更应该清醒地认识到在当前的国际政治形势下，脱离国家信息安全追求个人隐私不亚于痴人说梦，囿于自由主义的“人权”奢谈隐私则意味着在网络阵地的意识形态斗争中缴械投降，使国家信息主权和意识形态安全陷入危局。因此，必须警惕西方意识形态霸权在信息时代的延续，坚持自身道路的独立性并在解决现实问题的过程中捍卫其合法性。

三、中国的战略与举措

（一）战略：重释隐私探索中国道路

福柯的“圆形监狱”是当前讨论中一个经常被引用的概念，然而福柯所指的“规训”与“约束”从来都是社会与个体共同作用下的结果。从上文的分析不难看出，信息时代的“囚徒”被个人主义与自由主义的“隐私”概念禁锢而画地为牢，却全然不知本质化的隐私其实是自己心甘情愿戴上的纸镣铐。

伊利诺伊州立大学传播系副教授苑京燕在考察我国社会历史尤其是近三十年来的社会发展历程的基础上明确指出：

> “隐私在当下中国社会下发展，包括重构个人、公共领域，及两者关系的社会整合的多维过程。换句话说，个人生活、政治活动及市场行为都在重新定义隐私。这也提醒我们隐私和公共性是相互牵连的概念，并由特定的历史和社会环境所决定。所有这些层面一起构成了一个有机的生活世界，其中包含的社会关系逻辑及实践无法完全放置到西方个人主义框架及规范中理解规训…… 在中国语境下对隐私的探讨，应当包括对隐私保护作为基本社会原则的正当性及适用性的讨论，而非全盘接受其作为抽象概念的固有价值。”[①]

苑教授的论述说明，必须立足中国发展的历史脉络和现实情境理解个体与国家间的关系以及个体与其社会关系和各层次社会组织的互动，包括个体在这些复杂和交织的关系、互动中的多重角色及角色表达的情境性。因此，要探索符合中国国情且适应普通国人现实利益的隐私战略，首先，要将隐私视为社会实践，而非本质主义的抽象概念，尤其要避免公私两极对立和意识形态解读这两种危险。其次，与其纠缠于概念之争，不如有针对性地讨论一些具体的问题。特别是西方困境中暴露出的与自由资本和个体选择相伴而生的市场破碎，经济行为混乱、效能低下，政府资源再分配与公共治理无能，社会贫困和不公加剧等种种现实弊病。西方危机的深处正是我国立足国情，发挥制度特色从而探索

① 参见《网络时代，我们如何定义“隐私”》http://www.thepaper.cn/newsDetail_forward_1319880 2015-10-25 17：35 获取。

整体、协调和动态的解决思路的优势所在。因此，制定网络时代隐私的应对战略的要务之一就是要打破自由主义意识形态的禁锢，坚信其他解题思路的必要性与合理性，自信地探索中国道路。

（二）措施：应对问题的主要路径

概念之争之外要讨论的具体问题主要涉及法律、行政监管、信息技术与经济和相关理论研究几个方面。

1. 建立完善法律规范和优化行政管理

在全球信息经济与治理权的激烈角逐中，美国和欧盟已经处于领先位置。尽快提出针对互联网用户隐私和信息安全的明确法规与解释，不仅是加快发展我国信息产业及互联网经济的必然要求，更将成为国际谈判与争议协调中的依据和筹码，具有维护国民利益与国家安全的重要战略意义。

立法和司法部门必须引入软件、通信等专业人员的智力和技术支持，学术、技术、法律和产业界要密切交流，寻求综合性的解决方案。在这一过程中，政府应当转变监管的定位，促成和协调跨界合作。在这一方面，欧盟进行中的法规修订具有重要的参考价值。当然，从国际政治的战略角度来看，立法之后更关键也更困难的一步是从亚洲区域内开始寻求对我国提出的法规和操作方式的广泛认可，如此才能在互联网经济和规则制定的场域内真正与欧盟和美国力量抗衡。

在建设“服务型政府”方面，还应加大对本土小微企业和自主创业者以及非营利机构的扶持。前者的积极活动有利于信息产品和平台等服务的多样化，尽管在体量上难以制衡跨国企业，但至少可以通过提供多种选择来降低后者对市场的垄断。非营利机构的重要性则主要体现在两个方面：第一，通过科普教育等手段培育知情用户，即对隐私和信息安全既有知晓度，又有独立理解和分析能力的成熟的互联网用户；第二，丰富互联网知识和技术的教育、信息等资源共享的途径，补政府公共供应之不足，并提升社会效益。

2. 刺激引导产业内部变革

后斯诺登时代隐私和信息安全问题的中心化和复杂化，必将引发整个信息产业结构和生态的变革，顺应这一趋势的先行者方能把握其中蕴含的商机。“从设计入手保护隐私”（Privacy by Design, PbD）这一新兴解决方案就是一个很好的例证。PbD 的两个突出的特点是从产业内部入手和以前瞻预防取代后发监管，其七条基本原则[①]贯穿了用户中心的设计思路，提出了内置手段、默认设置、适当提醒等实现途径。作为一种全新的思维范式，PbD 在刺激产业内部变革和丰富应对策略方面的意义是毋庸置疑的。我国政府应当对此类技术创新保持敏锐的意识，在充分调研、分析和试点的基础上，发挥调控的优势克服单纯市场自发调节的滞后性和分散性，刺激、引导产业内部的变革，在被动的约束和监管之外探索更为积极的解决方法。

3. 强化加深理论研究

面对日益凸显的隐私与信息安全问题，有效的解决途径除了上述实践中的探索外，关键还取决于软件、信息技术等科研领域的突破亦即人文社科研究上的进展。除上文已经涉及的法理学问题外，其他人文社科领域也应当加强有针对性的研究。经济学者应当突破新自由主义框架的限制，立足我国国情重新阐释信息和互联网经济的政治经济学意义，以创新的观点在国际学术界发声并产生影响。人文社科学者应特别关注强势个人主义隐私话语所掩盖的种种社会、心理问题以及互联网时代人们日常生活的情感、认知及审美层面的变化，深入分析全球化当下阶段的特点并探究知识社会（knowledge society）[②]的前景，从社

① a. 前瞻和预防，b. 隐私保护作为默认设置，c. 在设计和工程阶段即引入隐私保护，d. 功能和隐私保护的双赢，e. 嵌入系统中的数据全周期保护，f. 可见性和透明度，g. 以用户为中心。参见 https://www.privacybydesign.ca/index.php/about-pbd/7-foundational-principles/，都柏林时间 2015 年 9 月 4 日 11:03 获取。

② 参见联合国教科文组织 2005 年发布报告 Towards Knowledge Societies, 网络版本见 http://unesdoc.unesco.org/images/0014/001418/141843e.pdf，都柏林时间 2015 年 9 月 2 日 22:11 获取。

会正义和人文关怀这一终极原则出发，观照互联网用户隐私和信息安全问题。

网络时代的隐私这一议题的内涵是非常丰富的，不能简化等同于个体用户隐私权的问题。在网络普及和社会信息化的过程中，人类的情感认知、经济活动与交往互动都已经发生了深刻的变化，这提示了网络时代个体生存与社会组织丰富的潜在可能。对此，不妨跳出自由主义所预设的“问题”思路，尝试从“可能性”的角度重新审视互联网时代的隐私与信息安全问题。

隐私可以视为本体论和生存论意义上的个体性和主体性在经济、政治、法理和伦理等层面上的具体体现。因此，互联网时代的隐私问题也终将重写人类对个体性与主体性的认识和实践方式。这正是中国智慧和中国经验可以发挥相对优势之处，而中国应当也必然会在其中扮演关键的角色，在公共性、关联性中反思个体的生存方式，探索人类社会的下一个走向。

（作者：吴维忆）

第九章

网络时代的隐私：后斯诺登时代信息安全与用户隐私的问题与对策

后斯诺登时代，互联网信息安全与用户隐私问题成为全球关注的重要问题。在对待这一问题上，美国与欧盟在信息安全问题上正在进行激烈的角逐，美国将其视为一项消费者权益，且相信公司自治，而欧盟坚持一种新自由主义的隐私观。爱尔兰成为美国和欧盟在信息经济与安全问题方面展开交锋的“正面战场”。爱尔兰数据保护当局作为被动监管者的处境提示了我们必须首先从整体和长远出发，统筹国家经济发展战略以及强调地区之间的竞争与合作关系的重要性。

互联网信息安全与用户隐私问题是当今世界各国关注的重大问题，后斯诺登时代，这一问题空前突显出来。而美国对全球信息的无边界监控，和对我国黑客攻击、盗取经济科技信息的多种无理指控，都要求我们高度关注互联网信息安全与用户隐私问题。

一、美国与欧盟在信息安全问题上正在进行激烈的角逐

信息安全在理论上和观念上的争议主要是隐私问题。美国和欧盟在隐私的界定和保护方面存在着法理上几乎不可通约的差异。[①] 欧盟为维护自身权益，对其《1995 年数据保护法规》进行了重要修订。数据保护法规修订不是无的放矢，大部分条款主要都是针对美国 Google, Facebook 等信息产业巨头。欧盟将信息隐私视为公民的一项基本权利（fundamental right），而美国则视其为一项消费者权益（consumer right），由联邦贸易委员会（the Federal Trade Commission, FTC）而非国会（the Congress）来管理；在执法上，美国相信公司自治，而这在欧洲是不可想象的，这也正是美国模式的“企业自治体系”备受诟病的原因。

修订主要有以下几个值得注意的特点：

（1）新体系在追求一致性的同时也对数据保护更加严格。例如，公司在使用和处理数据之前必须获得明确认可，同时保证仅在必要时采集信息并将

① 美欧之间达成的现实妥协是 2000 年签订的“安全港”架构（Safe Harbour Framework）。另一个例子是为全球反恐而达成的恐怖分子财政追踪项目（Terrorist Financing Tracking Programme）。

使用的信息量控制到最低，儿童信息将受到额外的保护，此外还有针对数据转移（当数据从欧盟成员国转移到欧盟之外时）和数据泄露通知（data breach notification）等问题的严格规定。

（2）欧盟公民获得“被遗忘权”——尽管这仍是法律和技术界都存在巨大争议的问题。

（3）凡业务涉及欧盟公民的公司，包括在欧洲以外运营的公司都将被涵盖在内，这已经引起了美国商务部的抗议。

（4）新体系将由新设立的欧洲数据保护委员会（European Data Protection Board）执行。当某个别公司案件的裁定涉及两个成员国时，各国法庭之间将必须沟通协调。

以上的愿景表明，此次修订必然面临极端复杂的博弈。第一，立法和执行应当坚持怎样的导向——用户、政府还是企业？无论是从三方之间的复杂关系还是从修订刺激信息经济的根本目的来看，这一问题都十分棘手。第二，以被遗忘权为例，用户隐私和网络信息安全维护还面临诸多有待解决的技术难题。第三，原则上，知情决定权是每个人都应当享有的，但在实践中，推行的范围究竟应该、能够达到什么程度，是止于基础设施领域还是涵盖到所有私营企业？第四，如何协调不同成员国的法律、司法解释和执法上的差异，同时保证法律确定性？从欧盟协调其区域和国际事务的各种先例来看，这一问题的解决将成为决定修订是否实现或取得实质性结果的关键。

二、新自由主义理念的失范

美欧争议的关键是理念的不同，从而带来了实践行动上的不同。欧盟坚持一种新自由主义的隐私观。欧盟委员会信息社会和媒体事务委员 Viviane Reding 曾明确阐述：“每一个人都享有对其个人数据的权利。它们属于这个人并且只有在这个人同意将这些数据交给第三方时，第三方才能获取这些数据。如果公民决定从第三方手中拿回数据时，他 / 她就可以拿回，而只要他 / 她希望，就可以删除这些数据。”Reding 所阐述的原则正是倡导并维护个体利益及选择的新自由主义理念在信息时代的具体体现。从微观角度来看，坚持个人数据为私有财产并保证个体自由选择当然无可厚非。然而在实行上，它首先就要遭遇如何划定个人信息边界的技术和伦理难题；而更关键的是，以新自由主义导向的“隐私、安全”话语无法解释互联网基础设施和各种数据、信息本身的公共产品属性，忽视了“自由软件基金会”（Free Software Foundation）“知识共享”（Creative Commons）等非营利组织的形成背景与实际影响及其与跨国企业之间的斗争。由此可见，新自由主义理念与体制很可能造成对网络外部性的负面影响，导致政府不作为或无法作为，从而最终使个体利益受损。

从 2008 年全球金融危机伊始，各国对上述新自由主义观念的批判渐次加强，互联网用户隐私与信息安全问题突显出来。自由资本和个体选择相伴而生的市场破碎，经济行为混乱、效能低下，政府资源再分配与公共治理无能，社会贫困和不公加剧等种种现实已经深刻地揭示了新自由主义的固有缺陷。2015 年 8 月在布拉格召开的欧洲社会学协会会议上，来自不同国家、学科和研究领域的学者们近乎一致地将矛头指向了新自由主义，尖锐地批判这一理念和与之配套的政治经济体制已经走向了自身的反面，造成了对个体的戕害、经济危机的持续及社会不公的激化。

三、爱尔兰是美欧交锋的主战场

爱尔兰是美国和欧盟在信息经济与安全问题方面展开交锋的“正面战场”。爱尔兰目前是世界信息经济版图的中心之一。由于对信息安全的不同政策被欧美推到了风口浪尖上。

欧洲小国爱尔兰在全球信息经济版图中具有重要战略地位，目前已是世界第二大计算机和信息技术服务出口国，是全球多家知名跨国公司欧洲总部的所在地。

1997年，爱尔兰通过立法决定截至2003年时，将本国公司税率（corporate tax rates）从36%降至12.5%，而崛起中的硅谷正在寻求全球市场，作为英语国家的爱尔兰是欧盟成员国，拥有进入欧洲市场的便利，且税收又少，因而爱尔兰自然成了首选。2003年，Google进驻爱尔兰。此后十余年来Google在爱尔兰持续大规模投资：2010—2012年，在都柏林巴罗街（Barrow Street）总部工程投入共计3亿欧元（€300 million），目前在建的都柏林西部新数据中心工程预计还将投入1亿5000万欧元（€150 million），而这是包括租赁设施在内Google在爱尔兰的第三个数据中心。从2003年Google率先进入爱尔兰以来，世界顶尖的30家软件、信息技术和数据服务公司中有29家在爱尔兰设立了重要分部，其中将欧洲总部设置在爱尔兰的知名跨国企业就有Google, Facebook, Apple, LinkedIn, Amazon, Twitter, eBay和PayPal等；此外IBM, Microsoft, Google, Yahoo, MSN及Adobe等企业的欧洲的数据中心也设在爱尔兰。同样值得一提的是，游戏产业巨头如Big Fish, EA, Havok, DemonWare, PopCap, Zynga, Riot Games和Jolt也都是以爱尔兰为基地向全球用户提供数据支持与服务。相应地，软件和信息技术与服务产业自然也成了爱尔兰经济发展的支柱和政府扶持的重点。2014年，这一领域就业人数为105000人，占年出口总额的40%（720亿欧元）[①]。

爱尔兰在政策和监管方面——特别是斯诺登事件以来尤为敏感的隐私与信息安全方面——与德国等欧洲大陆国家相比拥有相对宽松的体系与环境。近年来，欧洲诸国多次指责爱尔兰政府信息保护当局（Data Protection Authority, DPA）对在爱跨国企业的“宽松监管体系”（“light touch” regulatory system）[②]使

① The Global Technology Hub: How Ireland Enables Success for International and Indigenous Technology Companies, 2014. Irish Software Association.

② 参见EDRi2013年1月14日的报告（https://edri.org/council-eudatap/）获取时间为爱尔兰当地时间8月23日21:28。

欧盟公民的海量个人信息通过 Facebook 等公司被美国情报当局轻易获取，威胁到了整个欧盟的信息安全。

四、我国应对信息安全挑战的思考和对策

目前，我国互联网被动监管的困境是法律规范和行政管理能力尚滞后于信息产业高速发展的后果。为此我国必须立足国情，发挥制度特色而探索整体、协调和动态的解决思路。具体而言，爱尔兰数据保护当局作为被动监管者的处境提示了我们必须首先从整体和长远出发，统筹国家经济发展战略以及协调地区之间的竞争与合作关系的重要性；其次，爱尔兰在欧美交锋中的尴尬位置则揭示了全球化进程中跨国公司和超国家治理机构对主权国家的双重挤压，这是我国必须引以为戒的重要战略问题。

1. 中国作为后发国家要积极建立完善信息治理的法律规范和管理

在信息经济领导权和信息时代全球治理权的激烈角逐中，美国和欧盟无疑已经处于领先位置。我国作为互联网后发国家要尽快提出针对互联网用户隐私和信息安全的明确法规与解释。这不仅是加快发展我国信息产业及互联网经济的必然要求，更将成为国际谈判与争议协调中的依据和筹码，具有维护国民利益与国家安全的重要战略意义。

在指导原则上，立法和司法部门必须引入软件、通信等专业人员的智力和技术支持；学术、技术、法律和产业界要密切交流，寻求综合性的解决方案。在这一过程中，政府应当转变监管的定位，协调、促成并组织富有成效的跨界合作。在实践上，欧盟进行的法规修订具有重要的参考价值。我国政府、法律和信息产业界应密切关注接下来的进程和关键的时间节点，特别注意一些重要条款，如针对申诉的一站式（one-stop-shop）处理方案的详细界定和实施办法，甚至可以考虑在适当条件下对类似方案进行试点，为立法作准备。当然，从国

际政治的战略角度来看，立法之后更关键也更困难的一步是通过国际合作至少在亚洲区域内寻求对我国提出的法规和操作方式的广泛认可，如此才能在互联网经济和规则制定的场域内真正与欧盟和美国力量抗衡。

呼应建设“服务型政府”的目标，在信息产业、互联网经济领域要特别加强对本土小微企业和自主创业者以及非营利机构的扶持。前者的积极活动有利于信息产品和平台等服务的多样化，尽管在体量上难以“制衡”跨国企业，但至少可以通过提供多种选择来降低后者对市场的垄断。非营利机构的重要性则主要体现在两个方面：一方面，通过科普教育等手段培育知情用户（informed customers），即对隐私和信息安全既有知晓度，又有独立理解和分析能力的成熟的互联网用户；另一方面，丰富互联网知识和技术的教育、信息等资源共享的途径，补政府公共供应之不足，并提升社会效益。

2.“从设计入手保护隐私”，引导互联网产业内部变革

棱镜门之后的互联网用户经历了恐慌、质疑和防御的心理轨迹。国家和企业如不正视用户对隐私的高度关注，很可能最终在国际和国内遭到质疑，企业则可能在市场中被边缘化。从宏观趋势来看，后斯诺登时代隐私和信息安全问题的中心化和复杂化，必将引发整个信息产业结构和生态的变革，顺应这一趋势的先行者方能把握其中蕴含的商机。“从设计入手保护隐私”（Privacy by Design, PbD）这一解决方案的盛行就是一个很好的例证。

PbD的两个突出的创新特点是从产业内部入手和以前瞻预防取代后发监管，其七条基本原则①：（1）前瞻和预防；（2）隐私保护作为默认设置；（3）在设计和工程阶段即引入隐私保护；（4）功能和隐私保护的双赢；（5）嵌入系统中的数据全周期保护；（6）可见性和透明度；（7）以用户为中心，贯穿了用户中心的设计思路，提出了内置手段、默认设置、适当提醒等实现途径。这种在设计和工程

① https://www.privacybydesign.ca/index.php/about-pbd/7-foundational-principles/ 爱尔兰当地时间2015年9月4日11:03获取。

阶段引入隐私保护的解决途径，无疑对设计师、工程师、企业和其他运营者提出了极高的要求。对 PbD 的批评主要是针对其模糊的定义，可能造成的高额成本和有限的约束力等几个方面，这些有待进一步地讨论。如果仅仅作为一种全新的思维范式，PbD 在刺激产业内部变革和丰富应对策略方面的意义是毋庸置疑的。

PbD 目前在我国的认知度还较低。我国政府应当对此类新兴的解决方案保持敏锐的意识，在充分调研、分析和试点的基础上，发挥调控的优势克服单纯市场自发调节的滞后性和分散性，刺激、引导产业内部的变革，在被动的约束和监管之外探索更为积极的解决方法。

3. 强化和加深理论研究

面对日益凸显的隐私与信息安全问题，有效的解决途径除了上述实践中的探索外，关键还取决于法理学、经济学和社会学等理论和软件、信息技术等研究的进展和突破。

首先在法理学研究中，几个亟待厘清的问题是：(1) 在信息时代，如何定义隐私？应该参照从基本人权着眼的欧盟模式抑或是从消费者权利入手的美国模式？又如何立足中国国情提出创造性的解读？（2）如何确定用户隐私与国家信息主权及信息安全之间的边界，如何处理两者之间交叉的模糊地带以及其中涉及的人权问题？（3）在立法和执行中如何应对公共意见和媒体的影响？三者中的最后一个问题直接关涉普通民众的日常生活，并且具有互联网时代的突出特点。对此，爱尔兰梅努斯大学法律系的学者 Maria Murphy 的观点对我们充分认识这一问题提供了一个典型的西方式的经验。[①] 在 2014 年的一篇文章中，Murphy 将水门事件和棱镜门进行了对比，深入分析了关键历史性事件影响公共舆论并进而促进法律体系调整的“钟摆效应”——立法和执法的取向总是在公

① Murphy, Maria. 2014. The pendulum effect: comparisons between the Snowden revelations and the Church Committee. What are the potential implications for Europe? Information & Communications Technology Law. 23 (3): 192–219.

共舆论导向的影响下来回往复，如“9·11 事件”后英美政府以反恐为名对公民个人隐私的强硬干预以及棱镜门之后公众对政府监控的强势反弹。Murphy 所讨论的“钟摆效应”再次从另一个角度说明：隐私和信息安全的争议绝不单纯是法理或伦理的讨论，而是深受政治力量和各种利益诉求影响的话语之争；尤其在全球化的今天，我们必须在国际政治的复杂语境下理解欧洲各国之间以及欧盟与美国之间的法律冲突。Murphy 强调法规、政策决策和信息的透明度是限制政府对隐私权干预的关键，我国参与隐私和信息安全国际规则制定也应当以增强透明度为重要诉求。

4. 我国必须从战术上高度关注爱尔兰

爱尔兰作为当前互联网深入发展阶段的一个全球中心，它所发挥的作用，它的政策走向，它在美欧争夺中的“中间地位”，以及它对未来互联网的影响，对正在建设世界领先的互联网大国的中国具有重要意义，也对我国互联网企业走向欧洲，特别是将爱尔兰作为我国互联网巨头登陆的理想的“滩头”阵地，应是一个重要的选项。

（作者：吴维忆）

第十章

网络时代的隐私：大数据时代个人隐私数据的泄露与保护

大数据时代的数据管理是信息时代各国治国理政的重要课题。近年来，大量个人隐私数据泄露已成为当前全球关注的一个重大社会问题。它关涉经济运行、商业伦理、文化安全、社会安定，乃至政治清明的众多领域。本文选择中外近年来的重要案例来分析隐私数据泄露的原因。研究发现，目前隐私数据泄露有四种类型。如何从顶层全面降低或进一步杜绝大规模隐私数据泄露，构建我国信息保护和数据管理的新格局，是我们当前面临的一项紧迫任务。

大数据时代的数据管理是信息时代各国治国理政的重要课题。近年来的大量个人隐私数据泄露已成为当前全球关注的一个重大社会问题。它关涉经济运行、商业伦理、文化安全、社会安定，乃至政治清明的众多领域。本研究选择中外三年来的重要案例来分析隐私数据泄露的原因。研究发现，目前隐私数据泄露有四种类型：黑客作为数据泄露的主因之一，通过攻击企业技术漏洞带来严重后果；网络企业观念上的诸多问题和管理上的漏洞，给攻击者造成可乘之机；数据管理松弛，企业内部人员作案，外泄数据非法获益；利益驱使第三方企业非法获取、利用个人隐私数据获利。如何从顶层全面降低或进一步杜绝大规模隐私数据泄露，构建我国信息保护和数据管理的新格局是我们当前的一项紧迫的任务。

一、隐私数据泄露已成为互联网时代全球重大的社会问题

隐私数据泄露已成为互联网时代全球重大的社会问题，严峻现实要求我们必须对此作出回答。近年来，随着大数据运用的日益频繁，技术日益成熟，隐私数据的泄露到了触目惊心、令人恐惧的状态。隐私数据泄露的案例比比皆是，据不完全统计，各类案例多达数百万起。受隐私数据泄露影响的人已达数十亿。隐私数据泄露的总量仅2018年以来就达到数百亿条，且有不断增加的趋势，频次也越来越密集，由2013年以前的偶发，变为密集性常态。

案例：新三板挂牌公司涉嫌窃取30亿条个人信息，非法操控公众账号加粉或关注。2018年8月，澎湃新闻从绍兴市越城区公安分局获悉，该局日前侦破

一起特大流量劫持案，涉案的新三板挂牌公司北京瑞智华胜科技股份有限公司，涉嫌非法窃取用户个人信息 30 亿条，涉及百度、腾讯、阿里巴巴、京东等全国 96 家互联网公司产品。

案例：4200 万中国用户简历疑似泄露。安全研究者 Sanyam Jain 先后 5 次发现 ElasticSearch 服务器不安全。第 1 台发现的服务器存有 3300 万份中国用户简历。他将问题报告给中国国家计算机应急响应小组（CNCERT），4 天后数据库得到修复。第 2 台发现的服务器存有 8480 万份简历，在 CNCERT 的帮助下，问题得以解决。第 3 台发现的服务器存有 9300 万份简历；第 4 台服务器同样存放来自中国企业的 900 万份简历数据。第 5 个泄露点是 ElasticSearch 服务器集群，里面存放逾 1.29 亿份简历。Jain 无法确认所有者，但数据库仍为开放状态。

案例：Exactis 大数据公司失误泄露 2TB 隐私信息 3.4 亿条，涉及 2.3 亿人。据 Wired 报道，2018 年曝光的市场和数据汇总公司 Exactis 服务器信息暴露的事情经调查为实，涉及大约 3.4 亿条记录，容量接近 2TB，据说涵盖 2.3 亿人。这些数据包含的隐私深度超乎想象，包括一个人是否吸烟、宗教信仰、养狗或养猫以及各种兴趣等。Exactis 事后对数据进行了加密防护，以避免信息的进一步泄露。

隐私数据泄露所涉及的范围日益扩大，陷入困境的行业、部门越来越多。互联网信息业、大数据行业、快递业、酒店业、航空业、综合类商业，以及医疗行业、餐饮业等。越是与人们现代生活、商务、出行有密切关系的行业，受到的影响越大。以酒店业为例，近年来，酒店业的信息泄露问题越来越严重。原因就在于巨大的经济利益。截至 2017 年年底，全国住宿业的设施总数为 457834 家，客房总规模 16770394 间。其中酒店类住宿业设施 317476 家，客房总数 15480813 间。每位住客的身份证件、电话号码、房间号等个人信息将同步上传至酒店内部的管理系统。因此，从行业来看，酒店业是黑客获取核心隐私数据最方便最集中的行业之一，而国际连锁酒店因其客源质量很高、信息量巨大，经济效益也十分可观。故其往往成为黑客或犯罪人员的最佳选择。

案例：信息业。瑞士数据管理公司 Veeam 泄露 4.45 亿条用户数据。2018 年 9 月，研究人员在一个配置错误的服务器上发现了存储有超过 200GB 数据的数据库。据悉，该服务器处于完全无防御的状态，且面向公众开放，任何人都能够公开查询和访问其数据。研究人员介绍称，该数据库中存储有来自 Veeam 公司的约 4.45 亿条客户记录，其中包含客户的个人信息，如姓名、电子邮件地址以及居住地、国家等。此外，该服务器上提供的其他详细信息还包括部分营销数据，如客户类型和组织规模、IP 地址、referrerURL 以及用户代理等。

案例：快递业。圆通 10 亿条快递信息泄露。2018 年 6 月，暗网一位 ID“f666666”的用户开始兜售圆通 10 亿条快递数据，该用户表示售卖的数据为 2014 年下旬的数据，数据信息包括寄（收）件人姓名、电话、地址等信息，10 亿条数据已经经过去重处理，数据重复率低于 20%，数据被该用户以 1 比特币打包出售。网友验证了其中一部分数据，发现所购“单号”中，姓名、电话、住址等信息均属实。

案例：酒店业。万豪酒店 5 亿用户开房信息泄露。事件回顾：万豪国际集团 11 月 30 日发布公告称，旗下的喜达屋酒店客房预订数据库遭黑客入侵，最多约 5 亿名客人的信息可能被泄露。万豪酒店在随后的调查中发现，有第三方对喜达屋的网络进行未经授权的访问。目前，未经授权的第三方已复制并加密了某些信息，且采取措施试图将该信息移出。万豪披露，大约 3.27 亿客人的个人姓名、通信地址、电话号码、电子邮箱、护照号码、喜达屋 SPG 俱乐部账户信息、出生日期、性别等信息都已经可能全部泄露。

案例：航空业。2018 年 10 月 24 日晚间，国泰航空发布公告称，公司及子公司港龙航空共有 940 万名乘客信息遭泄露，包括乘客姓名、出生日期、电话号码、护照及身份证号码、过往飞行记录等资料。约 86 万个护照号码及 24.5 万个中国香港身份证号码曾被不当取阅。另有 403 张已逾期信用卡号码，和 27 张无安全码的信用卡号码被不当取阅。

案例：综合商业类（含电子商务）。美国功能性运动品牌 Under Armour

（安德玛）1.5 亿用户信息泄露。安德玛旗下饮食和营养管理 App 及网站 MyFitnessPal 大规模的数据泄露，多达 1.5 亿用户的信息被盗。此次数据泄露事件影响到的用户数据包括用户名、邮箱地址和加密的密码。安德玛表示，该数据泄露事件并没有涉及用户的社会安全号码、驾驶证号和银行卡号等隐私信息。

从以上的案例及梳理我们看到：隐私数据泄露是一个危及全球各国的国际性普遍现象，是一个侵害公民生命财产安全的重大危机，是一个渗透到社会经济的各个领域的普遍性困境，是一个互联网时代网络安全、法律保护、制度建设的新课题，也是尊重人权、隐私权、知识产权等有关新时代网络伦理、商业伦理、文化伦理的理论和实践研究的重大课题。

隐私数据的大规模泄露是在 4G/5G 条件下互联网、大数据、人工智能、云计算、物联网等新科技支撑下发生发展并迅速蔓延的。一方面，随着技术的进步，我们享有了现代社会高科技带来的高速、便捷、共享和智能的服务；另一方面，反向的控制、盗窃等技术也日益精细，我们也因此不得不面对隐私数据泄露带来的巨大危害的新困境。

隐私数据泄露的事件具有普遍性、多发性、爆发性特征。从目前来看，隐私数据泄露已经十分普遍，除了上述大型案件外，中小企业、普通民众都受到骚扰和侵害。在云存储服务平台 MEGA 上，7.73 亿个电子邮件地址和近 2200 万个密码，被黑客公开窃取。这些文件一共超过 1.2 万份，数据超过 87 GB。这类事件具有很高的发生频率，随着技术的更新，案件发生率不断升高。隐私数据泄露往往会引发爆发性事件。事件一旦发生就会产生严重后果；其危害程度很高，往往产生共振效应，引发社会的不满和动荡，影响广泛；在时间上也可能会延续数年，短时间内很难消除影响。

从社会安定和谐来看，我国隐私数据泄露带来了非常多的社会问题，甚至造成严重社会危机事件。国内外信息犯罪团伙涉及养老、养生、医疗、房地产、金融、股市、债市、慈善等的巨量诈骗案件，都是从信息泄露开始的，给众多受害人带来严重侵害，造成财产损失、家庭破裂、身心受损等后果，甚至带来社会动荡，大大破坏了社会的安定团结。

二、大数据时代的数据管理是信息时代各国治国理政的重要课题

大数据时代的数据管理是信息时代各国治国理政的重要课题。习近平主席多次提出推进数字化时代的大数据、数据治理、数据运行、网络安全等一系列关乎治国理政的重大问题。随着世界多极化、经济全球化、社会信息化、文化多样化深入发展，互联网对人类文明进步将发挥更大的促进作用。数字信息流的全球流动，源源不断地引领技术流、资金流、人才流，信息资源日益成为重要的生产要素和社会财富，信息掌握的多寡成为国家软实力和竞争力的重要标志。我国积极倡导发展5G背景下的移动网、大数据、云计算、人工智能、区块链、物联网等当代数字信息科技，大力构建数字中国。习近平主席在各种场合，反复强调信息技术和产业发展程度决定着信息化发展水平，要加强核心技术自主创新和基础设施建设，提升信息采集、处理、传播、利用、安全能力，更好惠及民生。

在2019年4月20日召开的全国网络安全和信息化工作会议上，习近平总书记强调互联网等高新科技代表着新的生产力和新的发展方向，他指出，“要发展数字经济，加快推动数字产业化，依靠信息技术创新驱动，不断催生新产业新业态新模式，用新动能推动新发展。要推动产业数字化，利用互联网新技术新应用对传统产业进行全方位、全角度、全链条的改造，提高全要素生产率，释放数字对经济发展的放大、叠加、倍增作用”。在这里，习近平从顶层设计出发，提出了“五新、四全、三大作用”的总体要求。这是我们未来一段时间数字中国发展的总纲领。

在发展数字科技的同时，我国也大力推动全面实施网络安全、数据保护和信息管理的升级换代。早在2014年2月27日，习近平在主持召开中央网络安

全和信息化领导小组第一次会议时就提出，“没有网络安全就没有国家安全，没有信息化就没有现代化”。他要求我们树立正确的网络安全观，加强信息基础设施网络安全防护，加强网络安全信息统筹机制、手段、平台建设，加强网络安全事件应急指挥能力建设，积极发展网络安全产业，做到关口前移，防患于未然。2016 年 4 月 19 日，习近平总书记在网络安全和信息化工作座谈会上指出：“网络空间是亿万民众共同的精神家园。网络空间天朗气清、生态良好，符合人民利益。网络空间乌烟瘴气、生态恶化，不符合人民利益。谁都不愿生活在一个充斥着虚假、诈骗、攻击、谩骂、恐怖、色情、暴力的空间。互联网不是法外之地。”

他还指出，“利用网络进行欺诈活动，散布色情材料，进行人身攻击，兜售非法物品，等等，这样的言行也要坚决管控，决不能任其大行其道。没有哪个国家会允许这样的行为泛滥开来。我们要本着对社会负责、对人民负责的态度，依法加强网络空间治理，加强网络内容建设，做强网上正面宣传，培育积极健康、向上向善的网络文化，用社会主义核心价值观和人类优秀文明成果滋养人心、滋养社会，做到正能量充沛、主旋律高昂，为广大网民特别是青少年营造一个风清气正的网络空间”。“不能搬弄是非、颠倒黑白、造谣生事、违法犯罪，不能超越了宪法法律界限。”① 面对复杂变化的现实，习近平总书记要求全党要“认清我们面临的形势和任务，充分认识做好工作的重要性和紧迫性，因势而谋，应势而动，顺势而为”。②

如何把握和运用我国目前已经拥有的互联网高位势能，解决发展和安全、开放与法治、数据管理与隐私保护等一系列的现实难题？习近平提出辩证施治、对位发展的总体战略：“网络安全和信息化是一体之两翼、驱动之双轮，必须统一谋划、统一部署、统一推进、统一实施。做好网络安全和信息化工作，要处

① 习近平.《在网络安全和信息化工作座谈会上的讲话》（2016 年 4 月 19 日）. 人民日报，2016-04-26.

② 《习近平主持召开中央网络安全和信息化领导小组第一次会议强调总体布局统筹各方创新发展，努力把我国建设成为网络强国，李克强刘云山出席》. 人民日报，2014-02-28.

理好安全和发展的关系，做到协调一致、齐头并进，以安全保发展、以发展促安全，努力建久安之势、成长治之业。”[①] 习近平高瞻远瞩，从顶层设计把握来看矛盾的双方，将之视为同一事物的两个侧面，实施四个统一，方能建久安之势、成长治之业。

要想保证数字信息发展与网络安全保护的对位性辩证治理，保证网络空间风清气正，习近平提出了时、度、效三个重要策略[②]。所谓时，即时间节点的把握。进入第四次工业革命，时间代表速度、代表机遇、代表竞争的实践策略。互联网、移动网时代，经济变革时时发生，技术创新瞬息万变，社会思潮动荡不已，政治斗争如箭在弦。在这种环境下，时间节点的精准把握就显得尤为重要。度，是指度的界限的把握，审大局，度大势。在不同维度之间，在质量与数量之间，在前进与后撤之间，在国际与国内之间，都存在着度的把握问题。这是一种高超的领导艺术和斗争策略，是所谓“从心所欲不逾矩”，是理论与经验融汇为一，神乎技矣的策略把握。效，是指效果、效应、效能。它包含直指数字信息发展与网络安全保护的对位性辩证治理的目标、可能实现的实效；由效能极值而选择的合理路径；量力而行、适度选择的风险值与难度值；特别是由效果要求而来的溯源探究和效果历史意识。

三、当前隐私数据泄露的四种类型及其防范

本文选择中外近年来的重要案例来分析隐私数据泄露的原因。习近平指出：“要依法严厉打击网络黑客、电信网络诈骗、侵犯公民个人隐私等违法犯罪行为，切断网络犯罪利益链条，持续形成高压态势，维护人民群众合法权

---

① 《习近平主持召开中央网络安全和信息化领导小组第一次会议强调总体布局统筹各方创新发展，努力把我国建设成为网络强国》. 人民日报，2014-02-28.

② 同上。

益。”“网信事业发展必须贯彻以人民为中心的发展思想，把增进人民福祉作为信息化发展的出发点和落脚点，让人民群众在信息化发展中有更多获得感、幸福感、安全感。”①

研究发现，目前隐私数据泄露有四种类型。

（1）黑客攻击是数据泄露的首要原因。黑客入侵企业的技术漏洞是导致个人隐私与企业机密暴露的首要原因。一批或以营利等为目的的职业黑客，专门在未经许可的情况下，侵入对方系统。在信息安全里，“黑客”是指研究智取计算机安全系统的人员。利用公共通信网络，如互联网和电话系统的被称为黑帽黑客（英文：black hat，另称 cracker）；调试和分析计算机安全系统的被称为白帽黑客（英语：white hat）。“黑客”一词最早用来称呼研究盗用电话系统的人士。

案例：雅虎 30 亿账户信息泄露成了全球最大数据泄露事件。2016 年 9 月 22 日，雅虎证实至少 5 亿用户账户信息在 2014 年遭人窃取，内容涉及用户姓名、电子邮箱、电话号码、出生日期和部分登录密码。3 个月后，雅虎再次发布声明，2013 年 8 月，未经授权的第三方盗取了超过 10 亿用户的账户信息。2017 年 10 月 3 日，雅虎公司证实，其所有 30 亿个用户账号应该都受到了黑客攻击的影响，公司已经向更多用户发送提示，请其更改登录密码以及相关登录信息。

案例：黑客侵入万豪酒店系统并创建大型数据文档。在万豪酒店旗下喜达屋酒店预订数据库遭黑客入侵后，万豪国际集团称“作出迅速反应”，事实上，自 2014 年起，喜达屋酒店预订数据库遭到黑客入侵，多达 5 亿客户的个人信息被盗。万豪直到 2018 年 9 月才发现了这一安全漏洞。多年前，喜达屋在被万豪收购后曾披露，2015 年，喜达屋曾报告过一起小范围内的数据泄露事件，当时黑客攻击者在酒店的部分餐厅、礼品店的 POS 系统安装了恶意软件，以收集支

---

①《习近平在全国网络安全和信息化工作会议上强调 敏锐抓住信息化发展历史机遇 自主创新推进网络强国建设》. 人民日报，2018-04-22。

付卡信息。万豪方面证实，2018 年泄露事件中的攻击者在 2014 年已经入侵了喜达屋的网络。黑客在系统中创建了两个大型数据文档，并设法把文件从公司系统中移出。目前仍不确定黑客是否已经把这一信息移出了公司网络。

问题在于万豪方面当时有实力找到黑客，但是为什么没有做?

案例：黑客高科技手段进入英航网络系统。2018 年 9 月 6 日，英国航空公司发布，因遭黑客攻击从而导致其乘客数据被盗，约有 38 万乘客数据在此次数据泄露事件中受到影响，这些被盗数据信息包括个人基本信息和付款记录，但不包括个人护照信息。英航董事长称，黑客作案手法“极其复杂”，为英航在线运营 20 多年来所未见。黑客没有破坏英航加密系统，而是用“另一种非常复杂”的方式侵入英航系统并获取用户信息。他没有说明黑客到底采用哪一种方式窃取信息。根据网络安全专家的调查，此事件很可能与黑客组织 Magecart 有关。此次网络攻击是为英航定制的。目前的技术无法确定攻击者在英航服务器上的覆盖范围，但可以确认黑客的访问权限极大，可以修改站点资源。

根据本次调研结果来看，黑客是当代互联网条件下数据泄露事件中最典型、也最常见的原因。从课题组采集到的相关案例中，国泰航空、Uber、雅虎、优衣库、多个大型酒店集团、领英等知名企业都是受害者。黑客入侵事件，具有巨大的破坏性。

黑客的兴起具有其发生发展的历史。[①] 黑客一般具有较高的技术能力，是“一种热衷于研究系统和计算机（特别是网络）内部运作的人”。但他们无视当代社会的道德和伦理规范，破坏信息安全。为某种经济利益不惜以身犯险，甚

---

① 黑客一词，最初曾指热心于计算机技术、水平高超的电脑专家，尤其是程序设计人员。在互联网时代，这些具有互联网专业技能的“技术控”，由早先对互联网技术的迷恋和探索，分裂演变为白帽、灰帽、黑帽等，其中黑帽即骇客（cracker）。在媒体报道中，黑客一词常指软件骇客（software cracker），而与黑客（黑帽子）相对的则是白帽子（维护计算机和互联网安全），灰帽则居于其间。黑客们精通各种编程语言和各类操作系统，伴随着计算机和网络的发展而产生成长。

至践踏法律，走上犯罪的境地。

雅虎信息泄露事件是有史以来规模最大的单一网站数据泄露事件，当前，重要商业网站的海量用户数据是企业的核心资产，也是民间黑客甚至国家级攻击的重要对象，重点企业数据安全管理面临更高的要求，必须建立严格的安全能力体系，不仅需要确保对用户数据进行加密处理，对数据的访问权限进行精准控制，还需要为网络破坏事件、应急响应建立弹性设计方案，与监管部门建立应急沟通机制。

雅虎数据泄密事件的性质非常严重，海量用户账号失窃，令网民对账户安全产生强烈的不信任感，今后更多互联网用户会设法避免在互联网的系统上存储敏感信息。

口令简单或疏于管理是数据泄密的重要原因。口令是网络系统保密的第一道防线。当前的网络系统都是通过口令来验证用户身份、实施访问控制的。口令攻击是指黑客以口令为攻击目标，破解合法用户的口令，或避开口令验证过程，然后冒充合法用户嵌入目标网络系统，夺取目标系统控制权的过程。然而在现实生活中，人们常会不经意间使用弱口令（即简单易破解口令）去防护自己或企业的资产。全球最大的漏洞响应平台“补天平台”数据显示，52.2% 的事件是由于使用弱口令导致其所在机构被攻击的。虽然人们 / 企业已经有所改进，但弱口令问题依然是黑客能够攻击成功的关键因素。黑客破解或绕过网站设置的口令，进入目标网络系统后，即可随心所欲地窃取、破坏和篡改被侵入方的信息，直至完全控制被侵入方。

更令人警觉的是，黑客通过更新解码技术侵入网络软件公司思杰（Citrix Systems）多个员工账号获得内网权限，窃取了 6TB~10TB 的敏感数据，包括电子邮件、网络共享文件，以及项目管理和采购相关文档等。FBI 表示黑客可能使用了一种名为“密码喷雾”（Password Spraying）的密码破解技术。黑客侵入英航的作案手法“极其复杂”，为英航在线运营 20 多年来所未见。黑客没有破坏英航加密系统，而是用“另一种非常复杂”的方式侵入英航系统并获取用户信息。这些案件也告诉我们，大企业的网络安全技术其实是一场与黑客组织的军备竞赛，尤其是那些配备了支付形式的网站，其敏感的财务数据和信用卡信息必须受到最高级别的网络安全防护。

（2）隐私数据泄露与企业技术操作的失误有密切关系，网络系统亟待技术升级。隐私数据泄露的一个重要原因是一些企业部门出现了特别重大的失误，他们直接将数据包误传到公共网络，甚至让那些没掌握黑客技术的普通网民亦可顺利获取。或者发生误发送邮件、权限设置错误和服务器配置不当等误操作，导致的数据泄露事件正在显著上升，这也反映了内部人员缺乏基本的安全意识或风险评估能力。2018 年全球重大数据泄露事件统计分析显示，11.1% 的事件是由于配置错误或操作不当导致的政企机构数据泄露。

案例：华住酒店网络安防缺位，致 5 亿条用户数据泄露。2018 年 8 月，华住酒店集团旗下酒店用户信息在“暗网”售卖，售卖者称数据已在 8 月 14 日脱库。身份证号、手机号等，一应俱全，共涉及 5 亿条公民信息。涉及酒店范围包括：汉庭、美爵、禧玥、诺富特、美居、CitiGO、桔子、全季、星程、宜必思尚品、宜必思、怡莱、海友。此次泄露的数据数量总计达 5 亿条，全部信息的打包价为 8 比特币，或者 520 门罗币（约合人民币 38 万元）。卖家还称，以上数据信息的截止时间为 2018 年 8 月 14 日。华住集团酒店官方微博回应此事称，“已经报警了。真实性目前无法查证，我们信息安全部门在紧急处理中”。同时官方微博也呼吁，请相关网络用户、网络平台立即删除并停止传播上述信息，保留追究相关侵权人法律责任的权利。

从本报告采集到的多起酒店系统数据泄露事件来看，起因虽为黑客入侵，但大量公开媒体披露及案情分析报告均显示，酒店系统本身的安全漏洞其实由来已久，泄露事件的发生，并非偶然，实属必然。华住公司程序员将数据库连接方式大规模地上传至 Github，而且系统本身没有报警设施。在这样几乎不设防的网络安全措施之下，黑客无需太过高明的技术手段，只要对数据库知识简单了解，就可以轻松截获大量客户隐私数据。

根据保密原则，企业（含政府）数据库为了安全起见应该只限内部 IP 访问，但华住的数据库 IP 是允许外网访问的；最夸张的是，数据库的用户名是“root”密码是“123456”。黑客进入企业内网毫无阻隔，如入无人之境。如果 IT 部门的网络安全工作到位，注意保密技术的升级，堵塞漏洞，黑客的得手概率会大大降低。所以除了道德伦理和精神价值的引导、教育之外，从建设的角度看，政府、企业的互联网防护技术需要不断升级。

（3）企业在信息安全的投入与需要被保护目标的商业价值、社会价值不匹配，不能满足安全运维的需要，也是政企数据泄露的重要因素。安全投入不足与保护目标价值不匹配，一方面反映出企业在技术和管理层面目前仍未达到国家安全标准；另一方面也反映出网络安全保障的意识、认知和能力均落后于信息网络技术及其应用的爆发式增长。

案例：社交网络平台以牺牲用户隐私数据为商业模式背书。2018 年 4 月，Facebook 在官网发布声明，共有 8700 万脸书用户的个人资料被泄露给了剑桥分析公司，这些用户主要集中在美国。事件起源于 Facebook 与剑桥分析公司的合作。剑桥分析公司为了学术研究，在脸书上创建了预测用户性格喜好的 App 用来测试，但它不仅收集了用户的测试结果，还在未经允许的情况下收集了 5000 万用户在 Facebook 上的个人信息。剑桥分析公司获得了 5000 万活跃用户数据后，建立起用户画像，通过计算机对每个用户的兴趣爱好、性格和行为特点进行精确分析，预测他们的政治倾向。然后定向向用户推送新闻，借助 Facebook 的广告投放系统，影响用户的投票行为。于是，Facebook 对美国大选产生了难以推脱的影响。第三方 Facebook 应用程序数据泄露了 5.4 亿条记录。2019 年 4 月，安全研究人员透露，有两个第三方开发的 Facebook 应用程序数据集已暴露于公共互联网中。一个数据库来自墨西哥的媒体公司 Cultura Colectiva，多达 146 GB，其中有 5.4 亿条记录详细记录了评论、喜欢、反应，账户名 Facebook ID 等。研究人员说，另一个第三方应用“ At the Pool”通过 Amazon S3 存储桶公开访问了公共互联网。该数据库备份包含用于用户信息表的列，如用户名

ID、朋友、喜欢、音乐、电影、书籍、照片、事件、组、签到、兴趣、密码等诸多隐私信息。

事件发生之后，Facebook在网络平台上发布暂时关闭剑桥分析公司、战略交流实验室公司、科根和克里斯托夫·怀利的脸书账号，同时宣布，今后6个月终止与多家大数据企业合作，以更好地保护用户隐私。“终止合作”清单上，脸书列出九家知名大数据企业，包括安客诚、益百利、甲骨文云数据和WPP集团。媒体推断，脸书迫于政府和民众的压力终止与大数据企业合作，希望扭转外界“保护用户隐私不力”的印象。

2009年，《华尔街日报》曾有一篇名为“Putting Your Best Faces Forward”（展示你最好的一面）的文章。该文分析了脸书何以能够在当时激烈的社交媒体大战中脱颖而出，其原因就是用户基于信任而“愿意用自己的隐私换取一个基于信任的沟通平台”。与诸多的匿名平台相比，Facebook要求用真实身份信息注册获得了用户的信任。

但是，“真实身份信息注册”是不是意味着无底线地“透支隐私”？对此，需要界定何为隐私，何为个人信息。尽管我们经常在媒体上看到隐私和个人信息的讨论，但是这两者的内涵和外延并不尽一致，甚至存在巨大差别。关于隐私的界定，我们将另撰文进行更详细的分析。

虽然本案的主要责任不在Facebook，但社交网络平台是剑桥分析公司在监测数据时最重要的依仗，Facebook有不可推卸的责任。此外，通过本案可以看出，Facebook的技术和管理有着巨大的漏洞，即与用户有关的信息，未经用户的同意，在用户完全不知情的状况下，同样可能被第三方获取，只要这个第三方经过用户好友的同意即可。也就是说，社交网络上的个人信息，能否被搜索到，决定权不在用户，而在搜索用户的其他人。

本案中另一个被舆论质疑的焦点是，Facebook最初似乎根本没有意识到个人隐私的外泄风险，而与类似英国剑桥分析公司这样的大量的第三方公司进行合作。

在当下这样一个人人都在社交网络上的信息时代，Facebook 一案的警示意义重大，在中国，所有社交网络平台的隐私保护方案可能都存在漏洞，而这些漏洞到底是客观存在的，还是平台运营方借由商业模式考量而放任其存在的？这关乎所有网民的隐私安全。

案例：跨境电商网站失误致服务器泄露数百万用户档案。2019 年 3 月，中国跨境大卖旗下自营网站 Gearbest 泄露了数百万用户的档案和购物订单。名为 Elasticsearch 的服务器每周泄露了数百万条记录，包括客户数据、订单和付款记录。该服务器未受密码保护，允许任何人搜索数据。总部位于深圳的 Gearbest 在欧洲拥有大量业务，在西班牙、波兰、捷克共和国和英国设有仓库，这些国家都适用欧盟数据保护和隐私法。任何违反通用数据保护法规（GDPR）的公司都可能被罚款高达其全球收入的 4%。Gearbest 称自己的服务器是安全的，但是用来临时存储数据的外部工具可能已被其他人访问，导致安全性受到损害。该公司解释，使用外部工具的本意是提高效率和防止数据超载，只有在自动销毁前的三日内的数据才会存储在此类工具中。考虑到可能的数据安全漏洞，他们使用了功能强大的防火墙保护这些工具，以避免任何数据被其他人恶意破坏。

之后的调查证明，这并不是一起单纯的黑客攻击事件，更重要的原因来自技术人员的误操作。2019 年 3 月 1 日，安保团队成员错误地将这些防火墙拆除。这种不受保护的状态直接暴露了这些工具且无须进一步验证即可进行扫描和访问。

这是 Gearbest 多年来发生的第二个安全问题。2017 年 12 月，该公司在所谓的“凭证填充物攻击”之后，账户被攻破。

案例：AI 公司深网视界（SenseNet）360 万人脸识别数据泄露。当前，人脸识别成为应用最为广泛的 AI 技术之一，尤其是在智慧安防中，国内大多数城市都会借助人脸识别、视频监控去打击罪犯、寻找失踪人员等。但智能化的监控也不得不面临着数据泄露的问题。荷兰安全研究人员 Victor Gevers 在推特上曝光，中国一家面部识别公司深网视界存在数据泄露问题，任何人都可以访问其人脸跟踪数据的记录。深网视界是一家专注于计算机视觉和深度学习，主要为视频监控提供智能分析产品服务的公司。而此次数据泄露事件涉及256万人的数据，共计680万条记录。由于开放了数据库，任何人都可以根据SenseNet的实时面部识别来查看个人的身份证信息，可以获取这些记录并跟踪个人，捕捉其行动轨迹。这非常容易引发各种犯罪行为。

本研究采集案例中，有大量因操作失误或管理漏洞导致的数据泄露事件，如上面人脸识别案例，深网视界的数据库保持公开状态长达半年之久。企业的这种疏忽可能带来巨大的危险。另如数据营销公司Exactis服务器未设置加密防火墙导致数亿条记录暴露在公众面前，招聘网站Ladders也没有为数据库设置访问的权限。

在黑客技术愈加强大的当下，攻破企业网站已非难事，没有安全防护的网络服务器，就像没有上锁的大门一样，而数据对于现代企业而言，可视为最核心的商业资产，未加任何保护措施，或安保纪律松散，无异于玩火自焚。

（4）企业内部人员作案，外泄数据非法获益。内部人员在高额利益的驱使下铤而走险，利用职务之便非法获取大量公民个人信息并出卖，已经成为数据泄露的重要源头。2018年全球重大数据泄露事件统计分析显示，16%的政企机构数据泄露事件是由内部威胁导致的，内部威胁已经成为数据泄露的第二大源头。内部人员违规操作、出卖公司利益已经成为公司数据安全的重要威胁。

案例：2017年11月20日，趣店超过百万条学生信息数据疑似外泄，数据维度极为细致，除学生借款金额、滞纳金等金融数据外，甚至还包括学生父母的电话、男女朋友的电话、学信网账号密码等隐私信息。这家企业的内部员工称此事与企业此前的大规模裁员后抚恤金未到位有关，可能是内部员工所为。有离职员工称，早期趣店数据管理就存在巨大安全隐患。

趣店方面后续回应称，趣店一直高度重视用户个人信息安全，不断提高数据安全能力与信息加密强度。同时，在内部建立了严格的用户信息保护制度，针对可能存在的信息安全风险的用户进行安全升级提示。趣店还回应称，地下黑色产业是行业毒瘤，此前多家知名互联网企业都曾深受其害。针对地下黑色产业链中盗取用户账号资产和贩卖用户信息等不法行为，趣店与警方密切合作，建立长效合作机制，进行坚决打击，切实保护用户信息安全。

作为一家互联网金融企业，用户隐私安全是所有商业模式的核心部分，企业信息保密制度不健全，用户数据管理模式疏漏松散，数据管理权限门槛过低，给内部人员窃取数据外泄以可乘之机。很多内部员工都可导出用户数据表格，重要数据一览无余，没有任何脱敏，员工级别越高，可导出的数据就越多。趣店上市前就已经有多个高管离职，而一份多达百万用户的数据，则很有可能是其离职高管泄露的。

案例：2018 年 9 月，杭州警方破获菜鸟驿站信息泄露案。本案中，1000 余万条快递信息被非法获取。作案人身份为菜鸟服务商，其在推广本公司的闸机、微信公众号的同时，将控件程序安装到各个驿站的“巴枪”，获取包裹入库数据，私自打通“菜鸟驿站”同微信公众号之间的数据壁垒，为以后利用微信公众号进行商业推广作准备。至 2018 年 6 月，该程序已非法获取“菜鸟驿站”的快递数据达 1000 余万条。作为菜鸟驿站的运营方，菜鸟网络在本案中有不可推卸的责任。

案例：第三方公司盗窃运营商用户账号，运营商严重违背商业伦理，涉嫌违法。自 2014 年起，新三板上市公司瑞智华胜及合作伙伴以竞标的方式，先后与覆盖全国十余省市的电信、移动、联通、广电等多家运营商签订营销广告系统服务合同，为其提供精准广告投放系统的开发、维护，进而拿到了运营商服务器的远程登录权限。软件开发业务的收入不高，但却能接触到运营商流量，该企业开始清洗账号的登录凭证，操纵用户账户。通过 cookie 不需要输入账号和密码，就可以进入账号，从中获取注册信息、搜索记录、开房记录等数据，也可以用用户的账户执行加关注、刷量等操作。该企业利用用户数据通过加粉等所谓的“互联网营销和推广”盈利。

案例：拼多多出现漏洞，千万平台优惠券被盗取。从 2019 年 1 月 20 日凌晨开始，拼多多网站出现巨大漏洞，用户可以领取100元无门槛券。有大批用户开启“薅羊毛”的节奏，利用无门槛券来充值话费、Q币。4毛就可以充100元话费，疯狂者“一夜未眠”，利用这一漏洞给自己储备好了够用十几年的话费，有网友甚至晒出截图，表示自己账户内有超过50万Q币余额。拼多多在20日中午12点多发表“关于‘黑灰产通过平台优惠券漏洞不正当牟利’的声明”，表示被盗取了数千万元平台优惠券。

电子商务和快递企业掌握着海量公民个人信息，这些信息一旦泄露将造成恶劣社会影响和严重危害后果。网购在线下单、仓库发货、快递物流运输、末端配送等多个环节都存在信息泄露的可能性。过去曾出现多起快递员出售信息的案件，导致大量个人、家庭信息被犯罪团伙掌握，引发巨量诈骗案件发生。我国手机用户的电话受扰率逐年走高，就与此有密切联系。

新形势下，在巨大利益驱使下，黑灰产通过平台漏洞不正当牟利。一些第三方企业不惜铤而走险，或直接盗取算法，或借由委托项目等渠道非法获取个人隐私数据，利用隐私获取巨额利益。此类侵害的组织性更强，泄露一旦发生，对企业的商业损害更大，速度也更快。瑞智华胜的财报数据显示，2015年，其软件开发服务的营收仅187万元、净利润2万元；转型为互联网营销后的2016年，公司营收3028万元，净利润达1053万元，比上年增长500倍。截至该案告破，该企业共窃取30亿条用户数据，对社会造成了巨大损害。值得注意的是，该企业的数据来源于合作的多家通信运营商。通过本案可以看出，这些运营商对于用户数据的权限管理相当松弛，一家营收不到200万元的小公司就可以轻松获取所有运营商用户隐私数据。因此，各级各类企业及其相关人员，一定要树立明确的法律意识，不能见利忘义。企业也要严格建立网购信息的相关保密机制，堵塞漏洞，严防犯罪。

案例：数据堂公司在8个月时间内，日均传输公民个人信息1亿3000万余条，累计传输数据压缩后约为4000G。此次查获的数据隐私性高，案件涉及的上网URL数据包含了手机号码、上网基站代码等40余项信息要素，记录手机用户具体的上网行为，甚至部分数据能够直接进入公民个人账号主页，危害巨大。2016 年下半年，“交易”二字逐渐淡出数据堂的官方宣传和对公司的定位描述。数据堂的交易平台属性已经渐渐隐藏。但其标榜的数据服务业务依然继续。

数据堂是一家上市公司，已采取停牌措施，各项业务受到很大影响。事件发生后，数据堂重新审视了自己的风控体系，为所有业务设定了更高标准的红线。2017 年，数据堂的产品营销线和金融征信线已被关停，仅剩余人工智能业务维持公司运行。

其实，数据堂并非没有意识到数据交易可能涉及隐私而触雷的风险。其在 2017 年报道称，“公司作为一家数据收集和交易公司，必然会和形形色色的数据打交道，国家在不断出台各种法律法规来确保数据来源及交易的合法性，因此如何合法合规地获取与交易数据成为大数据企业，特别是数据资源和交易公司的潜在法律风险”。但不管宣言有多么亮丽，内里则必须建立严格的制度，老老实实遵守法律法规，不踩红线，不存侥幸。数据与商业价值之间的关系必须得到有效监管，才能预防此类事件的再次发生。

四、全面推动我国数据管理升级换代，实施数据保护的全民教育

数据是数据管理信息时代的基础商业素养。从以上案例的调研和分析中，我们看到，隐私数据泄露关涉一个国家的经济运行、商业伦理、文化安全、社会安定，乃至政治治理的众多领域。

从政治治理来看，隐私数据泄露的治理是一个全局性的国家系统工程，需要各级政府及其主官首先在理念上给予充分注意，认识到这个问题的严重性。目前从政府各级官员到企业家都对这个问题认识不足，将其看成小事一桩。这是很危险的。同时，隐私数据泄露的治理也是维护人民群众根本利益的重要工

作。从本研究列举的案件来看，隐私数据一旦泄露，受害面往往十分宽泛，社会影响恶劣，给社会舆论带来负面效应，让人民群众丧失对党和国家的信任和支持。对此我们必须有充分的认识和警觉。

从经济运行来看，隐私信息泄露事件造成了大型企业出现严重危机，带来了经济运行的不同程度的混乱和损失。如黑客攻破雅虎用户账户保密算法，窃得用户密码，造成30亿个账户信息泄露。这一事件是有史以来全球规模最大的单一网站数据泄露事件，最终导致雅虎关张。实际上，不仅仅雅虎、数据堂等企业，许多互联网金融企业、跨境电商都是大数据时代的商业新形态，用户隐私安全是新型数字商业模式的核心部分。他们的成功和兴盛与否，关乎国家整体经济的升级换代与高质量创新发展，绝不可等闲视之。

从商业伦理来看，产业运行中的商业道德的缺位，企业信息保密制度出现漏洞，都会带来严重问题。特别是第三方公司在巨大利益驱使下，公然盗窃运营商用户账号，严重违背商业伦理，并涉嫌违法。如新三板上市公司瑞智华胜及合作伙伴曾以竞标的方式获得多家运营商营销广告系统服务合同，为其提供精准广告投放系统的开发、维护，因而拿到了运营商服务器的远程登录权限。如果到此为止，瑞智华胜并未违反商业伦理和市场规则。然而，在巨额利润的驱使下，该企业共窃取30亿条用户数据。从一个营收仅187万元、净利润2万元的小公司摇身一变为互联网营销公司，营收3028万元，净利润达到令人惊异的1053万元。暴利之下，企业主或完全丧失商业道德，或根本认识不到这种做法是错误或违法的。因为很多创业者在崭新的数字环境下尚未普遍具备新数字伦理的教育准备。

从道德价值与文化伦理来看，前述案例表明，近年来我国隐私数据泄露的事件频繁发生，数量惊人。过度收集，违规甚至违法滥用用户个人隐私信息的事件大量存在，非法数据共享与交易带来的安全挑战愈加严峻。百度董事长李彦宏在谈到数据保护和用户隐私保护的重要性时说，“在过去的几年当中，中国越来越认识到这个问题，而且也一直在加强相关的法律法规的建设”。但李彦宏也表示，中国人相对开放，对隐私问题没有外国人那么敏感。“如果用隐私来交换便捷性或者是效率的话，很多情况下，他们是愿意这么做的。”[①]美国联邦贸易委员会（FTC）通过投票批准了与Facebook达成的和解协议，对后者开出50亿美元的罚单以结束有关针对其隐私问题的调查。FTC的这项50亿美元罚款创下了一项新的纪录，成为有史以来该机构对违反隐私承诺的科技公司开出的最大罚单。此后，巴西司法部以同一原因对Facebook处以660万雷亚尔（约合164万美元）的罚款；欧洲隐私管制机构爱尔兰数据保护委员会也着手调查，Facebook又被罚款超过16亿美元。一系列事件影响，Facebook股价已较年初跌了29.70%（2018年12月25日）。这也从一方面震慑涉嫌违规企业，同时也维护和教育、鼓励了消费者。比起欧美国家，我国大众普遍缺乏明确的个体隐私保护意识，对于大量违背现代道德伦理和文化伦理的错误观念不敏感、不警觉；对于个人隐私权益受到侵害往往采取息事宁人的态度，维权不坚决、不在行，对于互联网信息世界的复杂的运作方式会采取简单接受的态度。如前述Facebook用户信息泄露的事件就在欧美引起轩然大波。Facebook创始人扎克伯格，在6份英国报纸和3份美国报纸上，采用道歉信形式为5000万Facebook用户信息被数据公司“剑桥分析”（Cambridge Analytica）泄露和利用一事道歉。信中，扎克伯格直接对用户表示了道歉，称：“这是对信任的违背，我很抱歉（sorry）我们没有在当时做得更多。”报纸页面用较大字体写着，“我们有责任保护你们的信息。如果做不到，我们就不配提供服务”。[②]但在中国，尽管互联网数据泄露案件频发，但所引发的关注度却令人叹息。李彦宏所谓“中国用户往往愿意以隐私来交换方便和效率”的论调引发了广泛争议，也带来了业界的深

---

① 《李彦宏谈大数据：中国人不敏感 愿意用隐私换便利》，新浪网财经频道，2018年3月26日。网址：http://finance.sina.com.cn/meeting/2018-03-26/doc-ifysqfnf8646820.shtml?from=finance_zaker。

② 承天蒙：《扎克伯格在英美9家报纸登报道歉，正式为泄密说了Sorry》，澎湃新闻，2018年3月26日。网址：https://www.thepaper.cn/newsDetail_forward_2042694。

入思考。中国用户隐私泄露严重，就能够倒推得到中国用户愿意用隐私交换便利的结论吗？其实，中国用户并不是“愿意用隐私交换便利”，当骚扰电话和骚扰邮件、微信铺天盖地，数据泄露已经成为常态，而我们又不得不被迫接受，不得不出卖隐私交换便利，而且出了问题也无可奈何，无法维权，这才是当前的现实。毫无疑问，这种不合理、不道德的状况恰恰需要我们进行一场全民的学习和维权教育。

从文化安全角度来看，像密码 / 口令这种网民 / 企业保护自身网络安全的第一道防护门，却由于多数网民设置密码 / 口令十分随意、简单重复，极易被破解。这种弱口令给大多数网民 / 企业带了巨大损失，成为黑客攻击成功的关键因素。案例证明，52.2% 的泄露事件是由于使用弱口令导致的。一系列的案例告诉我们，必须认真严谨地把好口令第一关。随后发生泄露的事件也要迅速采取措施，如封锁 IP 地址、关闭一些伺服器及在整个网络环境内设立进阶威胁侦测系统等。不是不能，是知不知道或愿不愿意预先设置有效的安全措施予以防范。这里，黑客问题固然是个使全球头疼的严峻问题，而普遍的公民网络安全教育则是刻不容缓的。

从全球发展看，互联网领域发展不平衡、规则不健全、秩序不合理等问题日益凸显。不同国家和地区信息鸿沟不断拉大，现有网络空间治理规则难以反映大多数国家意愿和利益；世界范围内侵害个人隐私、侵犯知识产权、网络犯罪等时有发生，网络监听、网络攻击、网络恐怖主义活动等成为全球公害。在防止隐私数据泄露上，全球各国是一个“人类命运共同体”。2014 年 7 月 16 日出访巴西时，习近平主席就在巴西国会的演讲中指出，“虽然互联网具有高度全球化的特征，但每一个国家在信息领域的主权权益都不应受到侵犯，互联网技术再发展也不能侵犯他国的信息主权。在信息领域没有双重标准，各国都有权维护自己的信息安全，不能一个国家安全而其他国家不安全，一部分国家安全而另一部分国家不安全，更不能牺牲别国安全谋求自身所谓绝对安全”。

如何落实习近平主席的顶层规划，防范隐私数据泄露，如何全面规划网络数据安全的标准体系，从制度层面建设长效防火墙，减少和杜绝大规模的严重隐私数据泄露事件，是我们必须抓紧攻克的难关。

目前我国网络数据安全标准化工作仍存在以下三方面问题：

一是标准体系性不强，标准制定工作缺乏统筹协调，术语定义、分类分级等基础性标准尚不完善。

二是部分关键标准亟须制定，数据安全评估、重要数据保护等重点标准进展缓慢。

三是部分重点领域相关标准仍存在空白，网络数据安全标准对5G、移动互联网、车联网、物联网、工业互联网、云计算、大数据、人工智能、区块链等重点领域高质量发展的支撑作用有待加强。

工业与信息化部等单位编制完成的《网络数据安全标准体系建设指南》(以下简称《建设指南》)，通过顶层设计，制定政府引导和市场驱动相结合的网络数据安全标准体系建设方案，为行业网络数据安全管理提供有力支撑。从标准体系入手，《建设指南》既能解决当前的现实问题，又具有长远的历史意义。

工信部表示，网络数据资源与传统资源不同，其具有流动特性，需要切实加强网络数据全生命周期的各个环节的安全保护，针对各应用领域和业务场景下的不同特点，形成闭环安全管理模式，有效保护用户合法权益，切实维护国家重要数据安全。

《建设指南》指出，到2021年，初步建立网络数据安全标准体系，有效落实网络数据安全管理要求，基本满足行业网络数据安全保护需要，推进标准在重点企业、重点领域中的应用，研制网络数据安全行业标准20项以上。

到2023年，健全完善网络数据安全标准体系，标准技术水平、应用水平和国际化水平显著提高，有力促进行业网络数据安全保护能力提升，研制网络数据安全行业标准50项以上。

有了标准体系，就需要我们遵照体系要求，全面培育我国全体国民的网络安全与隐私保护意识。目前我国社会对此危机的认识还存在许多观念和认识上的问题。隐私数据泄露者与被泄露者均十分缺乏法律意识、维权意识。相当多的人对个人或企业信息被盗的危害性认识不足，或被盗取但无法维权，对此无奈、消极。国家对防止隐私数据泄露的整体监管也还存在着诸多需要解决的问题。因此，推动一个网络安全与隐私保护的全民宣传教育活动是十分必要的。

在2015年12月16日召开的第二届世界互联网大会上，习近平主席指出，互联网虽然是无形的，但运用互联网的人们都是有形的，互联网是人类的共同家园。让这个家园更美丽、更干净、更安全，是国际社会的共同责任。国际社会应该在相互尊重、相互信任的基础上，加强对话合作，推动互联网全球治理体系变革，共同构建和平、安全、开放、合作的网络空间，建立多边、民主、透明的全球互联网治理体系。

（作者：金元浦）

第十一章

网络时代的虚假信息：英国法律对虚假信息的界定及监管

网络信息的生产、传播、获取是现代社会主体信息生产与交流的重要方式，它一方面为人们提供了各领域真实有益的信息从而服务于社会进步，但网络同时也为种种虚假信息提供了传播与扩散的便捷通道，这些网络传播的虚假信息对公民合法权利（如名誉权、隐私权等）、社会正常秩序乃至国家安全已经或正在造成严重的危害。那么，什么是虚假信息，以及如何通过立法加以监管？就现有法律规定来看，对于什么是虚假信息的定义与规定尚不够清晰与准确，存在着模糊与歧义，由此带来的诸如虚假信息事实认定困难，定性定责依据不足等问题对网络虚假信息的治理与监管产生了一定的消极影响。因此，如何完善有关“网络虚假信息”及其概念的法律界说，是实现对网络虚假信息进行有效的管控的逻辑前提，本文尝试就上述问题进行初步的探索，并通过对比英国法律规制网络虚假信息的做法，给我国网络监管立法、执法及体制建设提供一定的借鉴。

随着信息社会建设步伐加快，网络已深入到日常生活的方方面面，成为信息生产、流通、交换的重要平台。每个网民都可以通过网络充分行使话语权，行使信息制造、发布、传播的权利。但是如同现实生活中的信息并非总是真实的、正面的、积极的，充斥在网络上的大量信息也有不少是非真实的、负面的、消极的虚假信息。这些网络虚假信息混淆视听、颠倒黑白，引发群体对立，干扰社会正常秩序。有些虚假信息的制造传播者甚至具有更为险恶的政治目的。习近平总书记指出："网络空间是亿万民众共同的精神家园。网络空间天朗气清、生态良好，符合人民利益。网络空间乌烟瘴气、生态恶化，不符合人民利益。谁都不愿生活在一个充斥着虚假、诈骗、攻击、谩骂、恐怖、色情、暴力的空间。"习近平总书记还强调，"互联网不是法外之地"。这就给我们提出了严峻的任务：为了遏制网络虚假信息泛滥，我们必须进一步建立与健全相关的法律和法规。

但是从我国已有法律规定来看，关于"虚假信息"的法律还存在一些缺陷或瑕疵。本章试图从逻辑学、法传播学和伦理学的角度探索网络虚假信息的界定，以及监管、治理的路径与思路。同时引入英国在防范监管虚假信息立法方面的做法，以对我国相关法律的完善有所启示与借鉴。

一、"虚假信息"界定的法律漏洞与不足

随着中国的日益开放与互联网信息技术的高速增长，网络伦理与网络安全问题成为我们必须面对的重大问题。网络伦理和网络安全的一个重要问题是网

络虚假信息的泛滥。网络虚假信息往往以谣言、诽谤、信息欺诈和数字信息造假等方式欺骗网民，挑起网络事端，试图主导舆论方向，催生社会网络暴力的滋生与蔓延，引发社会对立。尤其在当前国际网络战背景下，敌对方有组织、有计划地制造与输出虚假信息，搞乱一国一地的社会、政治和经济的正常运行，挑唆与离间政府与民众的关系，制造种种网络事端，从而实现其不可告人的网络战险恶目的。延续数月之久的中国香港暴力乱象，就是从虚假信息开始引起和激发的。

网络虚假信息准入门槛低、隐匿性强、欺骗性大，有害虚假内容甄别困难，加之广大群众对它的辨识度低，很容易上当受骗。而且虚假有害信息的连锁社会影响大，追责难。如果随手翻阅手机各种网络自媒体，我们就能看到大量的新闻、广告、消息等，没有时间，没有地点，没有来源，甚至打着“新华社”“人民日报”旗号或标称“外国媒体”的难辨真假的新闻充斥网络。虚假信息泛滥的重灾区是微信与微博，本来这两种传媒的创新形式为言论提供了宽松的自由空间，但无可讳言，它们同时也为谣言、诽谤、信息欺诈，甚至黄赌毒的泛滥、网络暴力的围攻、非法的人肉搜索及各种网络违法行为的发生提供了舞台。当今社会，确有一些人搬弄是非、颠倒黑白、造谣生事、违法犯罪，超越了宪法和法律界限，也突破了应有的伦理道德边界，导致非理性情绪蔓延于网络空间，形成负面舆论潮，造成公众思想的极大混乱。

为了防范网络风险，打击网络虚假信息的泛滥，维护国家利益，各国纷纷出台相应的法律法规，以法律的手段对虚假信息及其危害进行法律监管与治理。

借鉴各国的通行做法，我国也多次出台相关法律法规，对网络虚假信息的制造与传播进行法律规范。如《全国人民代表大会常务委员会关于维护互联网安全的决定》《中华人民共和国电信条例》《中华人民共和国计算机信息系统安全保护条例》《计算机信息网络国际联网管理暂行规定》《互联网信息服务管理办法》《计算机软件保护条例》《互联网上网服务营业场所管理条例》等。最为明确的关于虚假信息的类似定义的表述，是《中华人民共和国刑法修正案

（九）》第二百九十一条中新增的一款："编造虚假的险情、疫情、灾情、警情，在信息网络或者其他媒体上传播，或者明知是上述虚假信息，故意在信息网络或者其他媒体上传播，严重扰乱社会秩序的，处三年以下有期徒刑、拘役或者管制；造成严重后果的，处三年以上七年以下有期徒刑。"[①]

这一法律条文颁布与实施后，为甄别网络虚假信息提供了法律依据，在一定程度上对虚假信息的泛滥起到了遏制作用，当然，我们也看到，由于上述法律规定并非关于虚假信息的特定、专门定义，因此确实存在着如何更准确严谨的表述的问题。

其一，一般来说，概念的界定要符合基本的逻辑规定，即内涵与外延都必须是明确的，从上述关于虚假信息法律规定的条款中可以看到，其关于虚假信息的外延过窄，无法将所有发布和传播可能造成一定负面社会影响的虚假信息行为全部纳入刑法规范范畴内；换句话说，只要编造传播的虚假网络信息不涉及险情、疫情、灾情、警情的四类消息，不论是否造成恶劣后果，除被害人追究民事责任外，虚假信息发布者和传播者不必承担相应的刑事处罚。然而，现今网络虚假信息涉及面极广，不仅存在于扰乱公共秩序方面，还涉及人身攻击、诽谤等情况。虽然新增条款对于遏制网络虚假信息的制造与传播有一定积极作用，但基于其对虚假信息范围划分的局限性，仍难以从根本上杜绝网络传播虚假信息可能带来的不良社会影响。

其二，概念内涵的明确是定义的基本要求，从上述法律规定来看，并无关于"网络虚假信息"的内涵的基本界定，且这种定义法是列举排除法，而不是本质定义或性质归纳定义，这种法律定义的方式造成了概念内涵的模糊。这种表述具有普遍性。笔者查阅了我国多部法律规范，发现司法机关对"虚假信息"这一概念并未作出统一的、具有排他性的、准确的概念定义与法律解释。换句

① 中华人民共和国中央人民政府，《中华人民共和国刑法修正案（九）》，http://www.gov.cn/xinwen/2015-08/30/content_2922112.htm，2015.11.1。

话说，这一重要概念的逻辑内涵的模糊不清，是可以多重定义的，具有一定的主观性。难怪很多人望文生义，只从字面上理解，认为虚假信息就是假信息，这是逻辑上的同语反复，因此也是反逻辑的。

其三，上述定义中，关于何谓“虚假”本是一个需要界定的概念，但却成了前提，蕴含在类似定义的表述之中。这是违反逻辑定义规则的，至少是不够严谨的。从构词结构来看，所谓“虚假信息”由“虚假”与“信息”两个词语所构成。在《汉语大辞典》中，“虚假”的解释为“假的、不真实”[①]，“信息”则是指“事物发出的消息、指令、数据、符号等所包含的内容”[②]，因此，“虚假信息”可以被理解为“不真实的消息”。《汉语大辞典》中的解释是语言学意义而非逻辑学意义的，作一般的理解，也并非说不过去。但从逻辑学的定义规则来看，是犯了同语反复的逻辑错误。但这并不妨碍我们用大众可以理解的“不真实”来说明什么是“虚假”。那么什么是信息的“不真实”呢？我认为可以提出两个条件，只要满足或不满足这两个条件，某信息是否具有“虚假”的性质大体可以确认。第一，发布信息与事实不符；第二，消息内容是能够证伪的，二者缺一不可。

所谓信息与事实不符至少有三种情况：其一，与已知的全部事实不符；其二，与已知的部分主要事实不符；其三，与已知部分事实不相符但与未知主要事实是否相符不能确定。前两种情况判断为虚假信息逻辑上不存在问题。但第三种情况亦有三种可能性：其一，如果已知信息所反映的是主要的已知事实的且与真实情况不相符，则可判定此信息为虚假信息；其二，某信息所反映的已知事实并非全部主要事实，则其真实性取决于其后发现或呈现事实是主要的或次要的；其三，如果是主要事实，且与真实情况不符，则此信息为假，换句话说，某信息所反映事实只是其中的一部分，当主要事实逐渐清晰之后，可能推

① 罗竹风等. 汉语大辞典. 上海：上海辞书出版社，1986：5074.

② 罗竹风等. 汉语大辞典. 上海：上海辞书出版社，1986：601.

翻原先的判断或结论，也意味着原先的信息为虚假信息。

虚假信息应具有可证伪性。证伪主义理论是哲学科学家波普尔提出的相对于证实而言的科学理论的逻辑证明原理，这一原理对于涉及信息真假问题有一定的逻辑借鉴意义。当引入时间概念时，一个信息的真假，在某个确定的时间点上可能无法证实，也无法证伪，但从信息真伪最终形态看，它应该是可证伪的，因为如果判定了某信息具有虚假信息的性质，则必有支撑其为假的根据，这是演绎逻辑所要求的。其逻辑根据在于：如果我们假设具有 p-q 之关系的命题为假，则整个命题为假的条件是，p 为真，但 q 却为假，也就是说，要证明虚假信息为假，只有当其前提为真但结果为假时，命题为假。其他情况均为真。因此，虚假信息在充分条件下，只有且仅有这个条件可能证伪。通俗地说，构成一个虚假信息命题系统为假，其子系统或部分的信息子集中必然有部分或全部为假，否则就不是虚假而是真实信息了。当然，对于复杂信息而言，判定其是否虚假非常复杂，在特定的时间里，大众或媒体得到“真实”信息，并由于决定对媒体事件的态度，可能由于后续事实的不断披露而反转，原因在于信息的真假确认，具有时空特性，这是我们确立某信息是否虚假所要考虑的因素。

二、“虚假信息”内涵外延界说：谣言，诽谤，信息欺诈

笔者梳理了近年来我国法律关于“虚假信息”定义在内涵与外延上的相对模糊性，可能造成网络法律监管的司法实践的风险——难以准确地根据虚假信息定义确定网络信息有关事件的性质。因此，如何对“虚假信息”的内涵和外延作出准确定义，从而在立法上更加精准，对于我国网络环境的治理具有重大的现实意义。

1. 关于“虚假信息”的内涵

明确概念内涵有多种方法，可以是本质概括，也可以是关系定义、功能定

义、有限列举等。例如，前述法律关于虚假信息的定义就是有限列举意义上定义，这种定义法只明确了 A 是什么，但却未定义什么是 A。即未定义虚假信息本身。犹如古希腊哲学家柏拉图认为，如果要定义什么是美，首先应该把“什么是美？”与“美是什么？”区分开来，前者可以用“花是美的”“雕像是美的”等来罗列。而问题在于：美是什么？即界定美本身。如果在尚未定义美本身是什么的情况下，肯定无法确定哪些现象是符合关于美的定义。同理，对于虚假信息也应该先给出定义，然后根据定义的内涵确定哪些信息具有虚假信息的特征。

如果尝试定义的话，我们可以提出几个虚假信息的特征。以内涵特征确定其虚假的性质。毫无疑问，虚假信息的总特征是非真实性。一般伦理情况下，这是没有问题的。但作为法律定义则有所欠缺。就好比用“非假”定义什么是“真”一样，因为这里的“假”仍然需要定义，这种定义是定义中包含被定义项的典型例证。那些如何定义虚假呢？我们认为可以考虑用信息所表述的内容与事实不符，也就是以辩证唯物主义认识论为基础的关于“真”的哲学解释为基本方法论，对传播学意义上的虚假信息的“虚假”进行定义。

与虚假相反的“真”，大体上有两类：一类是“事实之真”；另一类是“价值之真”。关于事实之真，哲学上是这样定义的，如果我们的认识中包含着不依赖于我们主观的关于认识对象的客观成分，则这个认识中包含着真实性。关于价值之真，是指当我们确定某价值为参照系并确认此价值参照系为真时，则与此相反或相异之价值为假，通常称为负价值。依此为据，所谓“虚假信息”应该有两种定义，从事实之真角度对虚假信息的定义与从价值之真角度对虚假信息的定义。由此可以有定义 1：那些不包括或未反映关于对象的部分或全部客观事实的信息，称为虚假信息。定义 2：那些与已经确认为基本的、正面的价值事实相反的且为法律所禁止的信息为虚假信息。

对于第一个定义，主要陈述了信息内容与对象呈现事实是否相符，比较符合人们日常关于“虚假”的常识或感觉。例如，网上关于某类食品可以致癌的信息，或某类告诉人们有50%利息的理财信息，其真实性可以用科学的或经济学的常识予以证伪。

对于第二个定义，大体可以用违反价值事实的情况来确定某信息是否为虚假信息。举例来说，网上经常爆出某地强拆的信息，就信息是否真实或虚假来看，可以以图片、现场影像等证实或证伪，事实判定并不复杂。但拆迁有合法与非法之分，相关信息中是否真实反映这一客观事实，便表现出伦理的价值判断的取向，如某一法律体系所体现的价值，因此也就有了伦理错误和信息违法的概念。从网上传播的各类拆迁的信息传播中发现，许多具有合法性的拆迁事件，往往人为刻意忽视和遮蔽了其合法性事实，重点是着力渲染拆迁如何违反人权、如何残忍、如何使被拆迁者失去家园等，从而引发人们的非理性情绪冲动。这种与事实和法律不符的引导性价值判断，可以判定为“价值事实”为假。因为这些信息明显具有虚假陈述的特点。

当然，关于价值事实之真假定义具有一定的复杂性，会有异议存在。因为价值判断除了与价值事实是否相符之外，往往具有一定的个人主观性，这种主观性表达了信息制作、传播、接受与再传播过程中，对所判定对象的内容持有主观好恶的态度与倾向，这种主观价值倾向尚不能简单地用“虚假”来表述，而是要放在特定的语境中来甄别。因此，违反价值事实的虚假信息的性质有待于进一步研究。

2. 虚假信息的外延及其分类重点

仅仅明确概念的内涵还无法使概念清晰，明确“虚假信息”的外延，是进一步明确此概念的必要条件。根据上述关于“虚假信息”概念内涵的初步厘清，其外延的边界也大体明确了。虚假信息的上位属概念是“信息”，信息可划分为“真实信息”与“虚假信息”，因此，非真实信息即是虚假信息的外延边界。

根据不同的标准，“虚假信息”这一概念外延可以划分不同的层次和类型。

首先，从虚假信息本身的内容划分，可依据一般性质分为政治、经济、文化、军事、科技、教育等虚假信息；根据业态类型又可以划分为工业、农业、农村、城市、商业、金融等领域的虚假信息；根据信息涉及主体可划分为个人、公共、政府、社会等方面的虚假信息；根据传播形式可以分为新闻、广告、文字类、图片类、视频类虚假信息等。我们不可能对各类虚假信息进行全方位的监控与诉诸法律，而是根据虚假信息对社会发展、国家安全、民族团结、个人权利保障的危害程度有重点地进行监管。

其次，根据虚假信息制造与传播主体是否具有主观故意，可将虚假信息划分为“具有主观故意的虚假信息”与“非主观故意的虚假信息”，这里的主观故意，一般来说，虚假信息源的制造者首次传播都是具有目的性与主观故意的，通常其动机主要是负面的、消极的、有害的。但是从虚假信息传播过程中非信源主体而言，其后的传播者即便具有主观故意的动机，但他只为传播而不为信息是否虚假负责。传播者未必知晓某信息为虚假信息，只是在“谝闲传”或“传闲话”中无意将虚假信息传播开来，做了无意的传播者。举例来看，某A制造的信息内容如下：某人与某女性具有特殊关系。此信息的制造者A显然具有主观故意动机，但此信息通过A传播至B再至C，且信息含量未有增减，则传播者B、C可能不具有主观故意，只是好奇或“传播冲动”导致传播行为发生。区分“主观故意的虚假信息”与“非主观故意的虚假信息”的意义在于，当虚假信息造成违法后果需要追究制造者的法律责任时，制造与传播虚假信息的性质有所不同，虚假信息制造者必定具有主观故意，应负主要责任，而传播者可能起的是中介传递作用，要负道德伦理责任。但对信息本身的虚假性不负主要责任。当然，如果造成了相应的法律后果，传播者也要承担相应的责任。

最后，根据虚假信息结果的有害与无害，还可以将虚假信息分为“无害虚假信息”与“有害虚假信息”。所谓无害虚假信息是指：在事实上未给信息侵害对象在财产、金钱、名誉、精神等方面造成实际的法律后果和现实损害的各类信息。虽然这类信息是虚假的，但在传播中并未给信息消费的个人、组织、社会造成现实的危害，不构成违法事实，只需承担道德伦理之责。另一类是具有明确可判定性质的有害虚假信息，它给个人、社会、团体、组织造成了现实的危害，具有明显的违法侵权事实，这类虚假信息称为有害虚假信息。

从中国当前信息侵害的现实来看，谣言、诽谤、信息欺诈、数字造假等是构成“有害虚假信息”的主要类型。其共同点是：一般都具有主观故意动机且具有现实的危害性，即通过歪曲事实真相，以伪遮真，混淆是非，颠倒黑白，从而达到制造者与传播者逃避责任、牟取利益、打击他人、危害社会的种种阴暗目的。这些有害虚假信息之间也还略有些差异，比如信息欺诈更多涉及商业与市场信息，通过发布虚假信息侵害受害者的经济权益；数字造假多发生在政府体制内因为政绩、升迁的运作中。谣言、诽谤、信息欺诈、数字造假等都会对社会、国家、民族、组织、个人造成财产及精神的危害，特别是有些来自境内外的政治谣言会引起社会思想混乱、群体对立、族群分裂乃至社会动荡的严重后果，是当今中国网络有害虚假信息泛滥肆虐的主要存在与表现方式，也是网络信息立法及法律监管与打击的重点。以下我们分别来论述谣言、诽谤、信息欺诈等的特征。

“谣言”一词，主要对应国外英语文献中“Rumor”一词。在《韦氏高阶英语词典》中，“Rumor”一词被解释为“通过人际传播的、尚未证实的消息”[①]，而在《汉语大辞典》中，“谣言”被定义为“没有事实根据的传言”[②]，强调缺乏完整真实的事实支撑、凭空捏造，属于贬义词，具有明显的态度指向性。美国学者奥尔波特（Allport）认为，“Rumor”是指一个“与当时事件相关联的命题，是为了使人相信，一般以口传媒介的方式在人们之间流传，但是却缺乏具体的资料以证实其确切性”。[③]纳普（Knapp）认为，“Rumor”是一

① 梅里亚姆－韦伯斯特公司．韦氏高阶英语词典．北京：中国大百科全书出版社，2009.7：1426.

② 罗竹风等．汉语大辞典．上海：上海辞书出版社，1986：6668.

③ Gordon · Willard · Allport., Leo · Joseph · Postman, The Psychology of Rumor, New York：Holt, Rinehart &Winston, 1948：33.

种“旨在使人相信的宣言，它与当前时事有关，在未经官方证实的情况下广泛流传”。[①] 美国学者彼得森（Peterson）1951 年也在《谣言与舆论》(《*Rumor and Public Opinion*》) 一文中对“Rumor”下了定义:“是人们之间私下流传的，关于公众感兴趣的事物、事件或问题未经（官方）证实的阐述。”[②] 社会学家涩谷保（Tamotsu · Shibutani）认为，“Rumor”是一种“人们在非正式交往中集中智慧为对共同关心的问题构建有意义的理解而进行的交流”[③]，是人们在议论过程中产生的“即兴新闻”(Improvised News)。

西方学者的定义更倾向于将“Rumor”作为中性词对待。这有点类似中国语言文化中的“流言”或“小道消息”。在《汉语大辞典》中，“流言”是: 散布没有根据的话[④]; 其重点在于“流”，即“散布和传播”，事实上，流言中也可能包括一些关于事实的真实反映，但它暂时未得到官方的确认。在中国的文化中，通常认为所谓“谣言”，一般就是具有否定性的、与事实不符的信息或消息，是负面的东西。尽管上述定义中西定义各有侧重，但可以看出一些共同的特点: 谣言是通过人际间传播、没有事实根据或未经（官方）证实的消息。一旦确定某消息为“谣言”，则必定具有与真实事实不相符的性质。

诽谤。所谓“诽谤”，就是“以不实之词毁人”[⑤]。与虚假信息中的“谣言”相比，诽谤具有三个特征: 其一，满足虚假信息特征，即诽谤的内容与事实不符或相反; 其二，诽谤具有语言攻击性; 其三，对被诽谤者造成社会轻视、孤

① Robert H. Knapp, A Psychology of Rumor, Public Opinion Quarterly, Oxford University Press on behalf of the American Association for Public Opinion Research, Volume. 8, Issue. 1 (Spring, 1944), pp. 22–37.

② Warren A.Peterson & Noel P. Gist., Rumor and Public Opinion, American Journal of Sociology, Vol57, Sep. 1951: 159.

③ Shibutani J. Improvised News: A Sociological study of Rumor. Indianapolis: Bobbs Merrill,1966: 17.

④ 罗竹风等. 汉语大辞典. 上海: 上海辞书出版社，1986: 3268.

⑤ 罗竹风等. 汉语大辞典. 上海: 上海辞书出版社，1986: 6622.

立、敌视的现实后果和精神损害。在不同的文化语境中，谣言似乎是个中性词，但诽谤则被明显的定义为有害、虚假，且具有攻击性的信息。例如，英国法律使用“Defamation”“Libel”“slander”来称谓“诽谤”。阿特金（Atkin）爵士早在1936年就对“诽谤”作出过这样的定义：“造成被社会轻视或低估的任何出版物都属于诽谤”①；《英国1952年诽谤法案》将“诽谤”定义为“公开发表虚假内容，这些内容涉及某人的名誉，并造成他被社会正常思维人群轻视或被孤立的后果”②；《英国1996年诽谤法案》认为“诽谤”是“令原告被憎恨、被嘲笑或被轻视；被避而远之；被社会正义的想法降低地位，在贸易、商业、职业上被毁誉”③。

信息欺诈。这是一种有害的网络虚假信息，多表现为电信诈骗。这类信息往往通过广播、电视、报纸、网络、微信、电话等传统媒体与新媒体平台传播，以营利为目的、以利益诱惑为手段，通过设置种种信息陷阱，夸大其词，欺骗社会公众和图谋钱财。这类欺诈在商业、医疗、药品、教育、金融、信贷等与大众生活密切的方面表现尤为突出，对社会公众特别是普通群众的危害尤烈，信息欺诈对社会治理与政府公信力带来严重的挑战。

还有一类信息欺诈是数字造假。造假者通过篡改、编造虚假数字信息欺骗政府、组织，以达到个人或组织的特殊目的。需要特别指出的是，具有主观故意的虚假信息的发布者，可以是个人，也可以是政府、组织。常常发生政府官员出于政绩需要进行数据造假的案例。例如，在各级政府加大环境污染监测以实行科学的污染防治决策时，出现有组织、有目的地篡改环境监测数据，通过欺骗上级组织来达到逃避责任的案例。此外还有各类统计数据造假等。数字造

① Robertson, Geoffrey，Freedom, *the Individual and the Law*，London, Penguin，1993：37。

② 《英国1952年诽谤法案》（*The Defamation Act 1952*），http://www.legislation.gov.uk/ukpga/1996/31/contents，2015.11.1。

③ 《英国1996年诽谤法案》（*The Defamation Act 1996*），http://www.legislation.gov.uk/ukpga/1996/31/contents，2015.11.1。

假类信息扭曲人们对国情、省情、民意的判断，具有很大的危害性。需要通过立法加以约束。

上述关于虚假信息内涵与外延的分析，只是提供一个尽可能边界清晰的定义，目的是为我国相关规范虚假信息的立法提供概念分析的依据和参考，为现实的有害虚假信息的立法监管与有效治理提供较为明晰的、具有确定内涵与外延的概念。

当然，仅仅明确虚假信息的概念还远远不够，我们的目标是在面对复杂的网络媒体和信息流动时，能够提供甄别有害虚假信息的法律规制和监管手段，从而实现网络信息传播的有序化、文明化、合法化。为此，我们可以借鉴英国在网络虚假信息立法、监管、打击非法有害虚假信息方面的做法。

三、英国对网络虚假信息的法律监管

2016年习近平在网络安全和信息化工作座谈会上指出："利用网络进行欺诈活动，散布色情材料，进行人身攻击，兜售非法物品，等等，这样的言行也要坚决管控，决不能任其大行其道。没有哪个国家会允许这样的行为泛滥开来。"事实证明，对网络虚假信息，世界各国纷纷进行必要的规制与约束，通过立法、司法等法律手段对谣言、诽谤、信息欺诈等行为进行防范和打击，这已成为各国维护本国网络信息安全的重要抓手。美国、英国与欧盟等国都对此有较为详尽的规定。英国对于网络监管及网络流言侵权的处置办法，对于我国的法律实践有一定的借鉴意义。本章选取英国做一比较研究。

1. 严格、明确的法律规制，并应时调整以应对网络的变化

英国认为，对于有害虚假信息的打击，道德伦理的抨击与社会批评是重要的，但仅凭道德约束和谴责难以解决现实问题。社会只有更进一步通过确立相应的法律规范，才能使这些行为得到惩处和遏制。也只有诉诸法律，被侵权人

的合法权益才能得到保护。英国是世界上较早对诽谤侵权予以法律规范的国家，其做法是对网络信息内容进行详细分类，实行严格的分级和信息过滤制度，设立专门的机构对互联网进行监管，拥有大批成文法和判例对网络流言引发的侵权进行审判和处罚。

英国关于“诽谤行为”的规制历史悠久，举世闻名。几个世纪以来，关于诽谤，英国法律（成文法和判例法）都对被告适用严格责任原则：即原告不需要证明被告有破坏原告名誉的意图，只需证明被告①发布了有损原告名誉的内容；②这些内容指向原告；③这些有损原告名誉的内容已经公开发表和传播。对被告适用的严格责任原则几个世纪以来都未曾改变，直至“雷诺兹诉泰晤士报”这一法律判例的出现，使得英国判例法中，对于“诽谤罪”的被告开始适用“过失责任原则”代替存续了几个世纪的“严格责任原则”。在《英国 2009 年审判和验尸法案》[①] 中，废除了在英国存续了几个世纪的“煽动和煽动诽谤罪”（an offense of sedition and seditious libel）、“侮辱性诽谤罪”（an offense of defamatory libel）以及“淫秽诽谤罪”（an offense of obscene libel）三项罪名，这是对公民自由表达权保护的巨大进步。

此外，在处理相关诽谤案件方面，英国有大量针对诽谤侵权行为的法律判例为依据，同时辅之以《人权法案》《欧洲人权公约》《英国 1996 年诽谤法案》等成文法作为补充，以限制公民在自由表达时可能带来的诽谤行为。在“保护人的名誉”和“保护言论自由”方面，英国法律更倾向于对人的名誉的保护的价值选择。一直以来，在诽谤案件的处理中所适用的法律原则是：原告只需证明被告发布的具有针对原告的诽谤性内容存在，除非被告提出其他抗辩事由，那么这个“诽谤罪”就能够证据确凿。这个规定是明确而严苛的。但考虑到诽谤及其传播过程的复杂性，在《英国 1996 年诽谤法案》中，减轻了被告非恶意

① 《英国 2009 年审判和验尸法案》（*Coroners and Justice Act 2009*），http://www.legislation.gov.uk/ukpga/2009/25/contents，2015.11.1.

诽谤（unintentional defamation）和无心传播（innocent dissemination）的举证责任，以平衡诽谤侵权行为与言论自由之间可能发生的冲突。

由于信息技术的飞速发展，网络虚假信息传播数量呈几何增长，为了应对网络情况的变化，英国又出台了《英国 2013 年诽谤法案》，增添、细化了关于诽谤行为认定、信息发布者的责任等相关条款，使之更符合网络发展的变化。比如规定：诽谤行为的认定必须基于被告发布全部或者部分内容是否对原告的名誉已经或者可能引起实质性的伤害作为要件；对于全部或者部分涉及公共利益事件的言论，发布者必须在发表言论时尽到相关责任；对于互联网服务供应商（Internet Service Provider, ISP）在侵权行为中责任的划分和认定，对作为信息发布平台提供者的 ISP 采用事前不限制和事后审查制度，更倾向于保护作为第三方的 ISP 权利；以及一次出版标准等[①]。

英国几个世纪以来的成文法和判例法对于诽谤的规制以及保护人的名誉作出了巨大贡献，在面临网络社会带来的变革时也适时作出了调整和改变，通过判例的形成和成文法的制定规范公民行为，对于平衡诽谤侵权的规制以及自由表达二者间的矛盾提出了有实际意义的审视原则以及具有可操作性的规范。这为我国互联网信息监管的立法提供了不错的范本和借鉴经验。

2. 对国家安全和公共秩序的保护

英国也和世界其他国家一样，在这个信息传播方式发生天翻地覆变革的时代，既享受着网络高速信息传播带来的好处，也面临无处不在的可能对国家安全和社会秩序造成严重后果的网络言论：2011 年经过网络煽动和扩大进而造成社会秩序混乱和损失巨大的伦敦骚乱、2012 年英国广播公司（BBC）“新闻之夜”多次暗示麦尔卡平爵士娈童的诽谤性言论在 Facebook 和 Twitter 等社交平台引发民众大范围地抗议和攻击等。这些事件不仅对公民人格，同时也对社会秩

① 《英国 2013 诽谤法案》（*Defamation Act 2013*），英国国家档案馆，http://www.legislation.gov.uk/ukpga/2013/26/contents，2015.11.1。

序造成了极大损害。

英国在对人的名誉进行保护的同时，还有诸多成文法和判例法用于维护国家安全以及公共秩序。比如《英国2003年通信法案》第127条规定“凡是公民利用网络发布或者在明知内容虚假的情况下依旧发布意图制造他人烦恼、不便和不必要焦虑的信息，如果该信息具有虚假性、侵犯性、侮辱性或者恐吓性，那么一经发布即视为违法”[①]；第98条规定英国国家通信管理局Ofcom（Office of Communication，英国政府授权的广播、电视以及通讯产业监管机构）有权对引起公共安全、公共健康和国家安全损害的以及对互联网用户和运营商经济与运作构成威胁的网络违法行为发布警告或者要求暂停业务[②]；并且有权将其认定的“紧急情况”（Urgent Case）报告给相关机构进一步处理，比如英国国家通信总局GCHQ（Government Communications Headquarters，是英国国家情报安全部门）就有权依法对违法者进行监听和监管。同时，《法院报道制度》《公共秩序法》《反恐怖法》《藐视法院法》《国家密保法》《恶意沟通法》《反骚扰法》等法律都有具体条款针对网络信息威胁国家安全和公共秩序的违法行为进行规范和处罚，处罚方式涵盖罚款、强制社区劳动以及入狱等手段。

在依照成文法和判例法对网络信息进行规范的同时，许多政府机构以及半政府半民间组织也对网络信息的监管起到重要作用，比如网络观察基金会（Internet Watch Foundation，IWF）、英国国家通信管理局（Office of Communication）以及英国国家通信总局（Government Communications Headquarters）等。这些机构通过信息过滤、内容分级、信息内容合法性评估等方式作为法律手段的补充，对网络信息进行监管，为公民权利、社会秩序以及国家安全的保护起到了积极作用。

---

① 《英国2003年信息法案》（*Communication Act 2003*）第127条，英国国家档案馆 http://www.legislation.gov.uk/ukpga/2003/21/section/127，2015.11.1.

② 《英国2003年信息法案》（*Communication Act 2003*）第98条，英国国家档案馆 http://www.legislation.gov.uk/ukpga/2003/21/section/98，2015.11.1.

四、经验借鉴与政策建议

（1）立法先行，适时调整，与时俱进。俗话说，不以规矩，不成方圆。网络信息环境的净化与安全建设，第一，要有专门立法，这样才能做到有法可依。从我国关于网络立法的现状来看，我们的研究的确很深入，法律解释和界定还相对滞后，比如，在公布实施的新刑法修正案中，新增了打击网络“虚假信息”的条款，但是对“虚假信息”这一概念尚缺乏一个准确的法律定义。除此之外，在已有立法中，也缺乏具体的、有针对性和可具操作性的法律条文的精确阐释。这必然造成实际司法实践的法律理据不足与无法可依的问题。第二，我国网民众多，网络信息传播状况复杂，条块分割的监管政策不匹配，因此，有必要紧跟网络社会信息传播的动态，抓住变化预测方向，结合实际适时调整和修改法律，制定具有理论原则统一、多层次、系统性、可操作的法律法规。

（2）合理设置机构、加强统一监管。我国目前专门针对互联网信息的国家级监管机构，主要是“中央网络安全和信息化领导小组办公室”、“国家互联网信息办公室”及其下属机构等一些行政部门。但从法律强制力上看，这些行政机构的监管行为和命令都没有法律的强制力来保证实施；从实践上看，也缺乏一套完善的机制将具有潜在社会危害的网络信息报告司法部门进行联合打击。因此，设置专门的互联网信息监管机构，对网络信息内容进行过滤和分级；及时发现危害国家安全、社会秩序以及公民权利的网络信息，并将其交于职能部门进行规范和打击；从源头上治理网络环境并对网络信息发布传播过程加以规范，具有重要的社会现实价值。此外，在有害虚假信息管控方面要理顺法律与行政的关系，立法要慎重，一旦成为法律，就要严格按法律法规执法。即是说，有害虚假信息的立法必要，但要掌握法律与行政处理的边界，许多虚假信息不一定造成危害，因此大量的虚假信息应该交由行政解决，这样可以缓和矛盾，增加社会和谐。

（3）提高网络信息监管的精确度，将监管延伸到信息发布与传播的各个环节。与传统媒体相比，网络传播与传统媒体在信息制造、发布、传播等方面有许多差异。比如，网络新媒体与“自媒体”专业门槛低，人人都是信息源，都是编辑，都是网络写手，信息制造与发布不需要庞大的体制化的采访、制作、审查系统，因此传播成本低，传播效率高，受众多。而传统媒体往往代表体制发声，是政府、政党、人民的思想与声音的传播工具。因此，在信息的采集、制作、加工、出版、发行和传播方面拥有一整套完备的稿件审查制度，保证信息有出处，责任有人负，因为传统媒体要为社会、政党、政府、人民负责。从积极的意义比较，网络新媒体在信息生产与传播方面适应了信息时代的要求，特别是虚拟技术等信息技术增加了人类认识的方式，提升了信息制作、传播方面的效率，同时也使新媒体自身成为某种独立的社会力量，成为推动社会的进步和繁荣精神生产的新工具。从消极的意义上来看，由于新媒体发布门槛低，缺乏精准的监管与把关，某些严重的问题也日益显露出来。为了既充分尊重人们言论自由，也能够打击网络虚假信息，净化网络环境，使其成为守法的、有法可依的信息交流与文化创造的工具，就要加强网络法治建设，在网络媒体的准入、有害信息的过滤、危害结果的法律责任追究等方面汲取、借鉴传统媒体的成熟经验，特别是国外的好做法。从而使网络风清气正，最大限度地压缩虚假信息的网络空间。

（4）在网络监管的同时，我们也要大力开展网络文化的伦理教育。虚假信息往往打着关心爱护或人性人道的旗号，让普通群众真伪莫辨，上当受骗。习近平指出：“我们要本着对社会负责、对人民负责的态度，依法加强网络空间治理，加强网络内容建设，做强网上正面宣传，培育积极健康、向上向善的网络文化，用社会主义核心价值观和人类优秀文明成果滋养人心、滋养社会，做到正能量充沛、主旋律高昂，为广大网民特别是青少年营造一个风清气正的网络空间。”因此我们要进行长期有效的伦理道德教育，打破互联网从娘胎里带来的

“互联网是法外之地”的错误意识，从青少年开始，从学校教育开始，从娃娃抓起，通过长期细致的理论、规则、案例的教育，让青少年在法律之外的广阔文化、伦理、审美领域树立正确的思想意识，提高辨别真假、辨别善恶、辨别美丑的能力，提高自身保护隐私的个体意识，并形成抵制虚假信息的普遍共识、公共舆论和人人喊打的社会氛围。

网络有害虚假信息对社会具有极大的危害，如果不加强监管与治理，会对我国现时代社会发展，国家安全，乃至个人合法权益的保护产生消极影响。笔者建议在网络虚假信息的法治建设方面借鉴国外比如英国在立法与监管方面的经验，根据我国社会、文化的特点，制定出概念明确、具有可操作性的行之有效的法律条文和规制，以实现保护人民言论自由条件下维护公众利益和国家利益的平衡，使我国网络成为法治完备、道德完善、引领社会进步、掌握先进技术和保证信息安全的新型平台。

（作者：申楠）

第十二章

网络时代的虚假信息：融媒体时代“辫子新闻”真实性的伦理学考察

真实是新闻的基本伦理原则。融媒体时代“辫子新闻”的内容生产具有融合性特征，一方面为人们提供了更为丰富的信息资源，另一方面也面临着内容真实性把关的挑战。规范“辫子新闻”生产，确保其内容的真实性与合乎新闻伦理，是发展融媒体传播的重要内容。

在旗鼓烽烟、口耳相传时期的远古人类，不会想到有一天人人举着麦克风实现了“所有人对所有人的传播”。进入21世纪，一路高歌猛进的互联网科技为普通公众发声赋权，彻底改变了现代人类的传播活动。被此起彼伏的信息海洋所裹挟，每个人成为声音洪流的一分子，或响亮或沉默，却都难以远离现实沸腾的喧嚣。Web3.0时代的到来，让传统意义上传播活动的受传者同时也成为内容的生产者、传播者，新闻传播机制发生巨大变化，自媒体传播成为普遍行为，由传播到互播的关系转变，改变了以往的新闻生产环节，参与性、互动性、移动化、微传播成为媒介传播新生态的突出特征，“辫子新闻”[①]应运而生。

“辫子新闻”的出现源于UGC（User Generated Content，用户生成内容）技术的实现，美国学者谢尔·以色列认为“辫子新闻”内容生产由三股线交织在一起形成了“辫子”：一是传统媒体新闻生产；二是公民新闻，也称作自媒体新闻，属于非传媒从业人员的外行传播，主要目的是与他人分享；三是互联网网站等社会性媒体，其生产的内容从严格意义上说不都具有新闻属性，却是新事物新内容不断萌生和传播的场所。随着传统媒体与新兴媒体不断深入融合，微博、微信、微视频、客户端“三微一端”的传播新态势已经形成，“辫子新闻”作为融媒体传播的产物成为一种常见的新闻形态。

① 美国学者谢尔·以色列在《微博力》（中国人民大学出版社，2010年出版）一书中提出“辫子新闻”的概念，指传统媒体与新媒体融合过程中产生的一种新的交织拧结的新闻形态，即“辫子新闻”（braided journalism）。

一、“辫子新闻”内容生产的特征

网络媒介技术的发展让个人话语空间得以延展到公共领域前台，普通公众通过社会性媒体、个人通信工具可以随时随地向社会发布自己在某个特定时空中看到或听到的“新闻信息”“公民新闻”渐渐兴起，引发全民 DIY 新闻的狂欢。与此同时，传统媒体新闻生产在新媒体媒介环境下谋求转型，没有采取与社会性媒体、自媒体的对抗态度，而是顺应融合趋势寻求合作，这便催生了“辫子新闻”。“辫子新闻”的出现改变了传统媒体时代人们获取新闻的方式，融合性是其新闻报道的特点，这体现在“辫子新闻”是专业媒体从业人员与普通公众交织性报道的一种新闻形态。在“辫子新闻”形成中，社会性媒体与自媒体传播拓宽了传统媒体的信息来源与传播渠道，恪守“5W”（when，where，what，why，who）报道原则的传统媒体传播与具有“5A”（anyone，anywhere，anytime，anything，anyway）传播特征的自媒体传播相融合，使得“辫子新闻”可以兼具传统新闻的专业性、严肃性与自媒体新闻的开放性、互动性，在一定意义上是对新闻内容生产传播格局的优化重组。“辫子新闻”成为传统新闻的一种丰富、补充，乃至成为融媒体时代新闻传播的机制性建构。

1. 资源的共享性。社会性媒体和自媒体传播成为人们交换与共享信息资源的普遍模式。“公民记者”在日常生活中偶然遇到有新闻价值的事件并记录下来，通过自媒体或者社会性媒体发布、传播，与他人分享讨论，是现在媒介社交圈中每天都在发生的事情。公民性的新闻资源对于不在新闻事发第一现场的专业媒体是一种新闻资源补充与共享，它的特点是与全球知识体系相关联，为传统媒体提供了更广阔的内容资源及传播空间。媒介融合趋势下的传统媒体对社会性媒体和自媒体传播多抱有开放的态度，充分利用这些新媒体传播资源，整合报道素材挖掘新闻主题。以 BBC 为例，其国际部就曾向尼日利亚北部当地村落赠送手机，使之与BBC保持联络，以便及时了解当地政府与居民关于土地权利之争的最新进展情况，进而在得到的事实基础上进行专业视角的调查报道。此外，英国天空电视台利用Twitter等社交媒体获取新闻资源；《纽约时报》专门设有“社会性媒体编辑”岗位，随时从社会性媒体新闻资源中发掘有新闻价值的内容素材。我国很多传统媒体也竞相开通了官方或个人的网站、微信公众号、微博、博客等，以便及时聚合与共享新闻资源。

2. 传播的合作性。一方面，社会性媒体与自媒体传播成为传统媒体信源之一，为传统媒体提供新闻线索与跟进调查的议题；另一方面，以网站、微博、微信公众号等为代表的社会性媒体和自媒体成为公众发布新闻的公共平台；此外，传统媒体以及职业记者通过开设微博、微信公众号，丰富传播方式与内容表达，补充完善新闻报道，提高关注度与吸引力。这种“辫子新闻”的合作性传播使得新闻自由度得到提高，报道视角多样化，内容更加丰富立体。以CNN在2006年设立的“I@Report”（我报道）栏目为例，此栏目鼓励普通公民记录身边新近发生的新鲜事，并提供或上传到CNN专门电子邮箱或者网站专门频道，由CNN编辑和播发。在2007年美国弗吉尼亚理工大学枪击事件中，CNN获得的400多段影音图片资料来自普通公民，CNN正式报道采用的就是该校学生用手机捕捉到的现场情景。CNN还制定了一套测评体系对公民报道的质量优劣进行评价，将其中20%表现优秀的“公民记者”评为超级明星，以资鼓励。融媒体时代，CNN选择了与市民报道合作的新闻生产方式，积极顺应变化趋势。

3. 内容的开放性。“辫子新闻”重视普通公众的参与性，无论是信息数量还是发布速度，公民新闻都比传统媒体新闻具有优势，此外，“公民记者”的积极参与以及“辫子新闻”不限时不限地的特性使得新闻议题更为广泛，内容更具有开放性。“公民记者”通过自媒体、社会性媒体传播打破了时空限制，发挥了传播的社会潜力，能够迅速、及时地对世界任何一个角落的突发事件进行即时报道传播。韩国“OhMyNews”网站是一家成功的公众式新闻媒体，其奉行“每个公民都是记者”“开放进步”的新闻理念，通过普通公众的参与报道新闻的方式来打造出韩国最大的独家新闻媒体，成为韩国业界新媒体的领头羊。“OhMyNews”网站在内容上采取开放态度的同时，采取用户实名注册制，遵守新闻编审制度，聘请专业编辑对公民提供的新闻进行核实、把关，体现了新闻专业主义对新兴新闻形态的把关意识。

4. 议题的生成性。“辫子新闻”在生产过程中，因为不断会有新信源的出现而使得内容得到延展，因此在对某一个话题进行报道时，往往又衍生出另一个话题新闻。传统媒体通过跟进普通网民在社会性媒体上的意见流，可以挖掘主题设置议题，并加以深度报道。例如，央视《焦点访谈》的主持人敬一丹开设了个人微博，其团队在每条微博后的网民跟帖讨论中，挖掘有新闻价值的新议题，作为今后节目制作的内容和选题，在“两会”期间敬一丹还利用微博征集“两会”话题，直接采纳网民的新闻选题。

二、关于“辫子新闻”真实性的拷问

新闻传播是为了帮助人们认识和了解真实的世界，新闻信息的真实性与准确性对人类改造客观世界的实践活动具有基础性决定作用。真实性是新闻的生命和本质特征。相比过去，如今信息社会里信息显然已不是稀缺资源，反而有过度丰富之嫌，因此对新闻信息的甄别与选择，就显得颇为重要。相对于传统媒体新闻而言，“辫子新闻”的生产过程与特点决定了其内容真实性需要经历更多环节的考验。

（一）真实性与及时性的矛盾

关于什么是新闻的真实性问题，学界已有广泛而深入的探讨，一个基本观点是：新闻的真实性是认识论意义上的真实，即认识的真实性、真理性，也就是说如果人的认识确切地反映了客观事物及其规律，即可谓“真”，反之则谓“假”。真实性是新闻的本质要求，是新闻传播活动要遵循的基本准则，也是全球新闻传媒行业共同遵守的媒介伦理。美国著名媒介伦理学者克利福德·克里斯琴斯（Clifford G. Christians）在提出“全球媒介伦理”（global media ethics）观点时，将真实（truth）、人类尊严（human dignity）、非暴力（non-violence）并列为三项基本原则，他认为，真实性是指新闻报道必须反映事实的核心和本质，要还原新闻事件发生时的社会语境才能确切地反映事件真相，新闻真实是由事件本身、态度、文化、语言共同形塑出来的。[①]

新闻传播活动不能被简单地认为是客观的数据传输，实际上是社会知识的生产过程。新闻不但投射现实的镜像，而且要出色地阐释事件，不断逼近更深层次的“真相”。面对纷繁复杂、动态多变的现实世界，把握新闻的真实性，意味着抓准议题的核心、明悉事物的本质以及洞察潜藏的社会关联，无限抵达“真相”。专业而优秀的记者对报道对象有相关的知识积累、审慎的判断、严谨的分析，能够提炼出核心事实，并进行更为深入的描述，不但为受众提供充分的信息服务，而且厘清脉络、探察根源，为社会问题的解决提供建设性思路。这也是传统媒体新闻公信力和权威性得以确立的基础和原因。

不同于传统媒体时代，融媒体时代的特征是新旧媒体融合发展，相互补充、相互丰富，新闻传播活动的载体和渠道得到极大拓展。然而，融媒体时代新闻传播奉行“无事不报、无报不快”的传播观念，取代了“事实第一性、新闻第二性”的传播准则。作为自媒体传播主体的公众是非职业传播者，缺乏新闻专业素养与专业主义精神，在内容生产过程中难免制造各种杂音。通常一个新闻出来，尤其是重大的、反常的、与日常生活相关的、奇人异事的内容，会得到自媒体、社会性媒体的快速转发传播，与此同时，还常常增味儿加料、情绪化

① Christians, C. G. et al.（2008）. Toward a Global Media Ethics：Theoretical Perspectives. Ecquid Novi.：African Journalism Studies, 29（2）, 135—172.

评论、娱乐化表达，内容孰真孰假已然难辨，从而造成许多不实传闻，削弱了融媒体新闻传播的公信力。这里凸显出了融媒体时代媒介伦理失范的矛盾，即信息技术与新闻伦理的矛盾：及时性与真实性的矛盾。新媒体新闻传播的重要特征是快速而及时，然而新闻伦理却要求对传播的内容采取严谨的核实查证。技术主义支配下的新媒体传播中，新闻传播的伦理道德的维度被弱化了，新媒体新闻传播“去道德化”（amorality）现象突出，为了追求所谓新闻效应，丢弃或者远离道德准则的传播行为时有发生。克利福德·克里斯琴斯认为，融媒体时代的新闻传播面临的危机不是对规则的违背，而是新媒体传播出现“无规范的真空”（the vacuum of normlessness）。当传播活动陷入媒介技术支持下的对时效与目标的狂热追求，道德、理想、情怀便被埋葬于新媒体技术的机械应用中，技术的卓越取代了道德的卓越。融媒体媒介环境下如何确保“辫子新闻”的真实性也面临这样的伦理困惑。

（二）丰富了新闻真实的维度

（1）新媒体传播全息式的信息源优势为“辫子新闻”无限接近“真相”提供了可能性。由于新媒体传播具有内容开放、表达自由、身份遮蔽的特点，能够集聚各种视角观点、多方不同声音，具有广泛的大众性，使新媒体传播具有自我查核、自我纠错特性，当虚假的新闻消息流出时，常常因为网民的质疑与考证被揭穿，因此从这个角度来讲，有利于信息的去伪存真。此外，新媒体传播为知识水平高的专业人士提供了发声渠道，他们可以从专业角度深入地辨析问题、澄清是非，在与网民探讨事实本相的过程中，也渗透着科学与理性精神，这对倾向迷信和盲从的人群是潜移默化的启蒙。

（2）多方面内容资源汇聚使新闻真实的呈现更加立体化。融媒体传播环境下新闻真实的形态也更加立体化，这体现在从报道真实到幕后真实，即除了被媒体报道出来的新闻真实，隐藏于新闻报道内容背后的真实以及没被媒体报道框架选取却客观存在的真实；从整体性真实到细节性真实，新闻事件发生的所有细节，包括全部事实和事实的各个层面细节的真实；从客观真实到人性真实，因为自媒体传播的匿名性，人们的表达更为随性、不受约束，在客观真实呈现的过程中，同时流露出情感、情绪、态度等人性的真实，使得“辫子新闻”的真实性更加丰满复杂。这种立体化的新闻真实从某种程度上丰富和深化了公众对事物的理解认知与反思批判能力。

（3）传统媒体与新媒体传播相结合出现辟谣式新闻。新媒体传播没有内容专业加工的流程环节，因此具有“去专业性”，使新闻真实呈现出原生态真实，乃至出现内容上繁杂、真伪并存的局面。尤其是，自媒体传播因为追求速度与轰动效应，常常爆出虚假新闻或者失实消息，传统新闻媒体需要凭借其专业性以及社会资源基础介入到自媒体传播过程中为其纠错，或者直接核实真伪，或者给予专业分析解释，通过传统媒体的权威性与公信力还原新闻的真实性。故此，自媒体传播的不严谨性与传统媒体的专业性结合在一起，出现了辟谣式新闻。辟谣式新闻的出现，一方面澄清了事实真相，另一方面也在社会上倡导质疑精神，这些无疑捍卫了新闻“真实性”的原则。

（三）遭遇新闻真实性的把关困境

（1）作为“辫子新闻”生产主体之一的“公民记者”媒介素养水平有限，缺乏新闻伦理自觉意识。丹·吉尔默（Dan Gillmor）提出“自媒体”概念时就指出：“草根新闻的兴起伴随着严重的道德问题，包括真实性和公然欺骗。”自媒体信息发布门槛低，“公民记者”大多具有草根性、大众化等特征，没有经过新闻的专业训练，不受职业伦理道德约束，对传播内容的选取和信息价值的判断能力参差不齐。因此，“辫子新闻”相对于传统媒体新闻来说，内容的不确定性较高，时常会有假新闻、伪新闻的出现，固然新媒体传播有自我纠错的能力，但是这种自我纠错在杂音泛起的传播环境中仍然犹如乌托邦般的存在。比较可行的办法是依靠传统媒体去证实或澄清，然而对于传统媒体来说，由于“辫子新闻”具有融合性新闻特征，因此对其内容的把关具有一定难度。传统媒体新闻需要经历专业记者，编辑的采、编、写、审、校等各个把关环节才能播发，“辫子新闻”则因为具有草根性公民新闻的因子，其部分内容难以完全纳入专业审核流程，因此“辫子新闻”时常出现失真情况。主要表现有：散播恐慌性消息，比如灾难消息，造成社会恐慌；制造不真实的具有争议性的话题，比如2016年年初关于上海姑娘逃离江西农村的报道，后被证实为虚假杜撰；发布有失严谨、不负责任的夸张性消息，比如讹传“国内抽检发现，市售55%的不锈钢水壶都使用非食品级的‘高锰钢’，长期使用有可能损害神经系统”这种看上去科学的报道，实则是夸大性的不实消息。

（2）“无脑”转发或者多次转发传播的“辫子新闻”真实度难以保证。网民大众的跟风心理、猎奇心理、娱乐心态导致他们很多缺乏独立思考判断能力和社会责任意识，新闻常常一经发布，大量转载、转发、转播行为便在短时间内完成。在不同类型的媒体间的转发传播过程中，因为转发或者转播主体的理解偏差或者断章取义式地转发，或者转发时加上自己的评论，甚至表达极端观点，就会造成新闻内容“保真度”的削减，甚至事实内容完全走样。2015年中国科学家屠呦呦获得诺贝尔奖，随即微信朋友圈被题为《感谢青蒿，感谢四个人》的屠呦呦“致辞”刷屏，该文当晚获得“10万+”的阅读量，后来此文被证明是网民杜撰。这篇“致辞”的作者是武汉某期刊工作人员，觉得屠呦呦的致辞过于学术化，于是就撰写了更通俗易懂的“致辞”，命名为《“屠呦呦”获奖致辞：感谢青蒿和四个人（民间版）》，然而在这篇致辞被疯狂转发的过程中，“屠呦呦”名字的引号和“民间版”的标注被去掉，原本是个戏作，结果被很多媒体认为是屠呦呦的真实致辞而大量转载，阅读量甚至超过屠呦呦本人的真实致辞。

（3）新媒体传播“把关人”监督机制被弱化甚至缺失，不受新闻传播机制监管。新媒体不断涌出的信息源，压缩了记者编辑的审度与判断时间，为了抢时效争夺受众市场，第一时间发布成了传播实践最被强调的规则，从而造成内容空洞、观点偏颇、内容芜杂的低质新闻大行其道。学者陈力丹认为，融媒体时代出现了大量不加以核实的“断言式新闻”，挑战着传统的“确证式新闻”模式。与此同时，为谋求大众市场份额最大化，炮制“肯定式新闻”来一味迎合受众的观念和趣味，全然放弃怀疑精神和对事实的确证。此外，包括门户网站在内的社会性媒体正向聚合型平台转型，不再负责内容生产，而更多的是成为为用户提供信息交换和共享的场所，由此而催生出“聚合式新闻”——一种杂糅了流言、事实、猜测、想象的新闻形态，这对受众的知识水平、批判能力是一个考验和挑战。

三、“辫子新闻”真实性的伦理学反思

虽然“辫子新闻”具有不同于传统媒体新闻的新特质，但是它作为新闻的本质没有改变，真实性依然是其需要遵循的基本新闻伦理原则。然而，需要特别强调的是：一方面，我们要看到“辫子新闻”真实性的缺失会对社会造成不容小觑的负面影响；另一方面，我们还要看到“辫子新闻”对所谓新闻真实的过分追求同样也是违背了基本的新闻伦理。

（1）“辫子新闻”内容不实会导致人们错误认知客观事物，从而出现行为错误。新闻作为现代社会的必需品是因为它为人们提供关于世界和社会的确凿信息，帮助人们准确认识和把握现实世界，从而在实践中选择正确的方向和路径。同时，人们通过新闻信息的传播了解更为广阔的外界事物，增长了关于世界的知识和理解力。如果新闻失真，提供不实信息，甚至虚假内容，不能客观真实地反映事物本身和内在规律本质，那么将导致人们对客观事物的认知发生偏差、错位，最终导致行为实践的错误乃至社会失范。2008 年 10 月，CNN 以公民参与报道的“I@Report”栏目发布了一条新闻报道，称苹果公司创始人乔布斯突发胸口疼痛呼吸困难，紧急召来医师诊治。据称这则消息来源于一个可靠的不愿意暴露姓名的内部人士。受此消息影响，苹果计算机股票一开盘立即暴跌 10

点，世界各国网民关注转发乔布斯的相关消息。这则消息后来被苹果公司证实为假消息，苹果股价才得以及时反弹。虽然“I@Report”强调实时性和现场目击性的新闻，CNN网站上有“看与不看、信与不信，风险自负”的宣示，并注明“这是未经过滤，也未经编辑制作的新闻”，但是仍然不能消除新闻失实所带来的社会负面影响。

（2）“辫子新闻”真实性缺失的最终后果是导致媒体的公信力下降、权威性受损，最终影响整个社会的价值走向。新闻是一个社会权威信息的来源，真实性原则是其生命线，因为新闻传播的价值取向引导着整个社会文化的价值取向，在社会运行机制中具有社会调适、舆论引领和文化整合功能。如果新闻传播违背真实性的基本原则，虚假新闻不实消息屡屡出现，其最终后果是弱化了新闻媒体的社会功能和价值担当，不能正常发挥调适社会心理、确立社会认同、建立社会信任、规范社会秩序的功能，从而影响整个社会正常有序的运作。

（3）“辫子新闻”追求真实要有伦理道德底线，要摒弃不道德地追求新闻真实。然而，“辫子新闻”传播中的“真实”不能简单地等同于“有闻必录”的“真实”。作为社会公器的新闻媒体既肩负社会责任也承担社会义务，信息过剩的融媒体媒介环境下，新闻媒体要主动担当起公共信息“过滤器”的角色，判断信息内容是否有报道价值，进而甄选出有新闻意义和价值的事件加以报道，而不是“有闻必录”，乃至为了博取公众眼球去违背社会基本伦理道德，挑战媒体良知的底线，甚至是违反法律。比如，不该以追求新闻真实为由不经当事人同意便暴露其隐私，甚至通过人肉搜索将其暴露于网络暴力之中。新闻的真实性固然追求事件真实，但是并不是只要事件真实，就可以公开报道、广泛传播，新闻的真实性与科学中的真实性不同，传播是一个社会行为，因此还有一个考量标准就是价值判断，这意味着即便事件是真实的，还要从媒介伦理的角度去判断是否会引发社会冲突、是否违背社会伦理道德、是否会伤害到他人等。新闻发布者要有社会责任感和伦理道德意识，追求内容的新闻性、真实性需要一个伦理道德的限度，并不是所有的真实内容都可以拿来做新闻报道。

四、“辫子新闻”传播亟待专业规范和伦理意识

“辫子新闻”的出现反映出融媒体时代传播更加趋于活跃，也为有序传播带来了挑战。数字网络技术的发展深刻地改变了新闻业态结构，传播环节的不确定性增多，使得核查“辫子新闻”的真实性相对复杂而困难。因此，规范融媒体传播还需加强，一方面要依靠外部制度规范，另一方面还要依赖于来自内部的伦理约束。

（1）加强融媒体传播过程中信息核实环节，制定事实核查制度，设立相关核查更正机制。鉴于融媒体时代“辫子新闻”的盛行，很多媒体机构都强调信息核实工作的重要性，从新闻职业道德到新闻业务层面对记者、编辑在内容采编写过程中如何核实信息，制定了详细的操作程序和明确的规定守则。比如《美联社广播新闻手册》《路透社新闻工作手册》《BBC 编辑规范》，都将信息核实列为重要的工作准则。美国《华盛顿邮报》、英国《卫报》、德国《明镜周刊》也都对新闻来源、匿名新闻、新闻信息的交换等有明文规定，以保证新闻消息的真实性。美国顺应网络时代新闻业的发展趋势，还设立有事实核查网站和事实核查项目，比如由宾夕法尼亚大学安娜堡公共政策中心推出的 Factcheck 网站，对受到网民质疑的内容进行核查更正；美国最为知名的核查项目 PolitiFact，发挥记者和互联网力量对受到质疑的问题进行核定，2015 年该网站针对总统候选人唐纳德·特朗普在竞选中的 77 条“断言”进行核定，最后结果表明其中 76%的断言是“错误”的，特朗普断言被该网站评为“2015 年度谎言”。

（2）打通传统媒体与新媒体两个舆论场，形成互监、互证、互纠机制。一方面，完善传媒行业内部的相互监督；另一方面通过社会公众对新闻内容实施监督纠错。由于融媒体环境下“辫子新闻”生产过程互动性强，公众既是新闻传播的受众，也是参与者，同时还是监督者，要让普通公众通过新媒体平台真

正发挥监督新闻内容真实性的作用，同时也引导他们约束自身的传播行为以符合媒介伦理道德。

（3）加强媒体行业自律和媒体从业人员自律。加强和完善媒体行业自律组织职能，自 2013 年起，我国陆续设立省级新闻道德委员会，下一步工作需要强化其职能的常态化、规范化。此外，可以借鉴国际方面的经验，设立新闻评议会等组织，对新闻媒介机构及传媒从业者的职业道德行为进行评议，受理社会公众对新闻工作者职业道德行为的投诉。加强新闻记者协会对媒体行业的约束力，使其社会职能不仅限于服务和公关，在行业自律方面也能起到切实的督导作用。与此同时，加强媒体从业人员自律，要特别针对新媒体从业人员进行业务培训，提升个体的综合素质，提高和加强新媒体从业人员的媒介素养和职业道德意识。

（4）完善融媒体时代相关新闻法律法规的制定。虽然目前我国针对互联网方面的新闻传播法规已出台了《互联网新闻信息服务管理规定》《互联网出版管理暂行规定》《互联网视听节目服务管理规定》《互联网电子公告服务管理规定》等，但是仍然需要跟进融媒体时代新闻传播的现实问题，继续完善健全，加强针对性和可落地性，尤其是在信息内容的采集、核实、编辑、传播、网络伦理等方面，加强法律化的规范治理。

（5）普及公民媒介素养教育。传播学者克罗斯提出一个公式：谣言 = 事件对受众重要程度 × 事件模棱度 ÷ 公众批判能力，直观地反映出受众批判能力在甄别真假新闻中不可忽视的重要作用。在传统媒体时代，媒介伦理只是对专业媒体和媒体从业人员来说的，融媒体时代的媒介伦理则关系到媒介舆论场中的所有人，传播的内容不再仅仅由职业媒体人把控，普通公众也成了内容的生产者和传播者，因此媒介伦理规范的范围和对象已不同于传统媒体时代，普通公众的媒介素养也应该在媒介伦理规范的完善过程中被纳入其中，要重视提高广大网民的媒介素养水平，让他们认识到，在享有发布信息权利的同时也要履行对发布内容自觉把关的责任和义务。

只有恪守新闻伦理原则并且内容真实的新闻才能在揭示真相的同时，真正履行新闻的社会责任、发挥新闻的社会效益。“辫子新闻”作为融媒体环境下的新闻形态，亟需传统新闻专业主义和新闻伦理道德的规范。无论什么时代，无论传播方式如何，确保新闻的真实性与合乎新闻伦理原则始终是新闻传播的底线，是新闻传播者的基本守则，是媒体公信力和权威性的根基，也是一个良好有序社会的基本价值取向。

（作者：张力）

第十三章

丧文化——青春焦虑与反现代性

丧文化是一种会过时的潮流，但背后的集体焦虑并没有过时。当下这一轮丧文化与过去100年中的“迷惘的一代”“垮掉的一代”以及中国在现代化进程中的各种迷惘现象产生的情势类似，新技术带来新社会行为的大量变化，引起社会关系的重新组织，反现代性的行为虽然不受主流倡导，却始终伴随着现代性的发展而存在。这一轮丧文化的发生也是处于社会发展变化时期，在社交媒体兴起之后，经过一系列类似导火索的现象铺垫，以破窗效应爆发的社会思潮。如今整个时代处于焦虑视野，每一轮的“丧”除了浪潮般的存在外，也许能给我们带来更深层的启示。

用“丧文化”命名的这一波社会风潮渐渐降温，再提“丧文化”仿佛已经错过风口。不过，当媒体掌握了文化风潮的命名权，分担了研究者的很多工作的同时，我们反而要更专注，研究越容易显得像“跟风”，就越具有重要的意义：互联网文化仿佛词汇爆发的台风过境，研究的意义是穿过鱼龙混杂破坏力惊人的“外围大风区”和“漩涡风雨区”，进入晴朗的风眼，冷静观察。

媒体意义上的“丧文化”退潮了。由于进入的是眼球经济的大众文化视野，又搭乘的是没有印刷发行周期的互联网，流行和过时都变得极快。“丧文化”指的是通过网络表现出来流行在青年人群体中带有颓废、绝望、悲观等情绪和色彩的语言、文字或图画，以“废柴”“葛优躺”等为代表，反映出当前青年的精神特质和集体焦虑。[①] 虽然“丧文化”三个字已经逐渐退出了流行，但“丧”还在，以“肥宅快乐水”等新的标签重新活跃在社交网站，为各种媒体贡献新的流量。所以本文继续沿用“丧文化”的叫法，但关注的是这一类的文化现象。

当“丧”频繁以各种形式出现在我们当下视野，它从来就不只是一个符号或者不断更新的符号库。虽然公认 2016 年“葛优躺”在网络爆红是这一轮“丧文化”正式发端的标志，葛优扮演的角色躺在沙发上的经典场景却是创作于 1994 年出品的情景喜剧《我爱我家》，距离如今的“葛优躺”已有 23 年。这部电视剧诞生于中国 20 世纪 90 年代经济社会快速发展变革的时期，记录的是一个家庭的日常，但反映的则是国家的过往和改革开放的积极展望。剧中在计

① 萧子扬、常进锋、孙健．从“废柴”到“葛优躺”：社会心理学视野下的网络青年“丧文化”研究．青少年学刊，2017（03）：3—7+31.

划经济体制下成长起来的老一代机关干部傅明不得不逐渐改变观念，接受市场经济；贾志国和贾志新则直接投身于市场大潮当中；和平女士作为一个京韵大鼓的演员代表着传统文化的衰落，连保姆小张也充满了意气风发的时代弄潮儿气息。[①] 这个背景下由葛优扮演的季春生，在贾家蹭吃蹭喝，邋遢、失败、懒惰，代表了时代积极潮流中令人不悦的“拖后腿”的人。“葛优躺”在21世纪重新被发现时，对外形的解读仍是邋遢与懒惰，但已不是被厌弃的对象，成为压力之下人群对于减压和躲避的向往。

这种从过去的形象中重新生发意义的现象并不鲜见，至少说明对符号的解读会随着语境的变化而有不同的阐释，或产生超越时代的共鸣。语境孕育了文化、阐释了文化、塑造了文化。

一、相似的语境与相似的“丧文化”

任何文化概念的产生都有相应的语境。我们很容易见微知著地试图从一件小事去理解更为宏大的背景，也太经常将“背景”作为一个模糊的底色，很少会注意到任何一种现象不仅被这种“背景”塑造，他们的表现、意义和影响都处在一种复杂的关系中，被其渗透和影响。而且这一关系从来不是一个被固定下来的“背景”，是一个不断变化的语境。在现实分析中，“语境”一词常被简化，或视为具体性、地域性和经验性的描述，如解释某词含义时常说的“具体语境”。站在如此微观视角一切都具备特殊和不可复制性。虽然不是每一种语境都是由其区位场域、地域辖域及本体论图解的综合考量，其复杂程度也不至于将每一事件变成孤例，不同的语境总会凝聚、汇总、综合成为一种情势，变成

① 汪冲．为什么好看的国产情景喜剧“绝种”了？．《Vista 看天下》杂志微信公众号，2018年3月25日．

一种具有相似性的语境环境。①

这不是说要将我们的思路从以小见大的角度倒转，理解在一种相似的语境下，一定会有一种很似曾相识的现象出现，而且它又会被变化了的语境重新塑造。不过至少可以帮助我们解释，每当社会发生高度转型，人们被置身于“一个既不能充分占有也不能绝对离开的旧状态”② 和新状态之间时，年轻人中就会产生某种迷惘与失落，这便是“丧文化”们诞生语境的其中一个方面。

丧文化的出现并非空前绝后的一枚孤例，“丧文化”可能是一个新词，但仅在过去 100 年里，它早已频繁地以其他面目出现了。

海明威在散文里引用了格特鲁德·斯坦因“迷惘的一代”（the Lost Generation），后来这个词在 1926 年成为他著名小说《太阳照常升起》题记而成为对“一战”和“二战”之间“不尊重一切”“醉生梦死”的美国作家的总结，他们在作品中表现出对美国社会失望和不满的情绪。他们被传统价值观塑造，但却与战后世界的新现实格格不入，又迟迟找不到新的生活准则。于是只能按照本能和感官来反叛过去的理想和价值观。

“二战”之后美国社会再一次出现了类似的青年，他们被称为“垮掉的一代”。他们抵制主流文化试图建立的文化新秩序，挑战传统价值。生活简单，厌恶工作学习，拒绝承担社会义务，讨厌机器文明，寻求绝对自由、纵欲和沉沦。

进入 20 世纪 60 年代，从“垮掉的一代”中又生发出了“嬉皮士”（Hippy）。与前两种代际人生不同，嬉皮士出现在相对和平的年代，“二战”后美国经济的迅速发展，出现了许多富裕家庭，他们的孩子中有许多人抛弃富裕，赞美和感受贫穷、简单和随意的生活。嬉皮士的出现还得益于另一种社会现实：大众传媒的勃兴。这些主要集中在文学领域的流派是由媒介造成的。在大众传

---

① 劳伦斯·格罗斯伯格．文化研究的未来．庄鹏涛等译，北京：中国人民大学出版社，2017：28–29、38.

② Hall, Stuart, 1995, “Not a Postmodern Nomad: A Conversation with Stuart Hall”, Arena, n.s., 5: 51–71.

播媒介主要依靠书籍和报纸的年代，掌握了话语权的作家和记者成为各种思潮的引领者。在20世纪50年代，美国家庭电视机的普及率从1950年的9%发展到1959年的88%。大众传媒赋予了普通民众和玩音乐的人带领某种思潮的机会，与嬉皮士同时表现在音乐领域的，就是摇滚乐的诞生。

对于身处这些时代的人来说，每一代人都认为自己生活在巨大的危机之中，经历巨大的变革，转型时代的直观感受是“从物质和生活现实来看，世界并非它应该呈现的方式”，其实是一场现代性危机。这一看似囫囵吞枣的论断有意模糊了各个国家和地区在16世纪以来呈现出的表现形式各有特征甚至明显迥异的危机表象，旨在克服传统研究视域中强调具体文本的特殊性，将文化现象碎片化的处理方式。为的是强调这些社会现象的出现，并不是在单一语境下发生的，而是在多种复杂力量的共同作用下孕育的。

二、“丧文化”细读

这一轮的“丧文化”发生也是处于社会发展变化时期，在社交媒体兴起之后，经过一系列类似导火索的现象铺垫，以破窗效应形式爆发的社会思潮。除了社会发展变化这一老生常谈的社会背景之外，还有几个关键词值得注意：社交媒体、导火索、破窗效应。这些因素与社会变革的角力与共同作用，汇成了被人称为“丧文化”的文化现象。

在20世纪90年代，中国引进了在欧美已经大火的“心灵鸡汤”，开始在国内出版中文版。这种以积极向上、激励人心为主的语言，将通往成功和幸福的路径删繁就简变身为由主观心态可以获得的捷径，鼓励人们不断努力以达到自己的目标。在社会经济繁荣发展的势头中，鸡汤类的励志文本鼓励普通人投入到经济发展的洪流中，鼓励人们从自身角度看齐成功的标本，暗示处于失败后的难过、自卑、孤独和不自信状态中的人们，可以通过努力取得真正的成功，可以调整心态发现生活中的美好，可以发现自己并不是一个人，能够找到自己的归属感，“实现终极人生价值”“成为更好的自己”。这一轮“心灵鸡汤”热随着2008年经济状况的下行开始受到质疑，人们发现成功、快乐和社会认可与心灵鸡汤里写的那些简单因果并不相同。人们开始广泛调侃“反式鸡汤”和“毒鸡汤”，由于此时社交网络还处于发展初期，这些对于心灵鸡汤的反抗只存在于相应的社交圈子里，比如微博、博客和有固定群体的年轻人媒体上，属于民间同道中人交流调侃的话题。

虽然2011年推出的即时聊天工具微信与之前已经称霸数年的QQ非常相似，但却实际上标志着社交媒体的一种巨大变化。第一，微信继承了QQ的庞大用户群，精简了QQ的复杂界面和功能，很大程度上脱去了QQ迎合青少年用户的特征，功能更集中和明确；第二，微信发端于移动互联网，通过手机号码的绑定，增加了用户的真实性，替代了手机短信的功能；第三，语音消息的普及降低了使用的门槛，儿童和老人都可以无障碍使用；第四，充分发挥了熟人关系链和朋友圈、在线的隐私性，让用户感觉更舒适。这些变化实际上重构了中国网络社交媒体的用户群体，更多普通民众得以接触社交媒体，并成为社会舆论的一部分，而且不同地域和文化水平、生活态度的人通过朋友圈和微信群依靠熟人社会打破了边界，构成了前所未有的扁平舆论场。

过去不接触网络的中老年用户和小城镇、乡村用户成为网络的主力，这一点在其他文化行业已经很明显，比如在中国电影市场，被比喻为小镇青年的三四线城市和广大县级市的年轻电影观众，被视为中国电影票房的未来。仅从2014年至2015年，中国三四线城市的票房占比就从25%跃升到55%。他们虽然不都是内容的原创者，但对其他用户的原创以“10W+”（10万以上的转发量）的方式表达了自己的态度。与此同步的是自2014年李克强总理在夏季达沃斯论坛上正式提出的“大众创业，万众创新”，由此带动全国大众创业的热潮，激发了经济发展的活力，迎来了热火朝天的积极进取的场面。

这样的语境中，过去没有接触过“心灵鸡汤”的人群有了更多机会看到各种励志的文字、图片和视频，各种处于事业各种阶段的人也需要这类故事感人、配图精美、理论“靠谱”的励志文学，长辈也有了比自己说话听上去更完整有理又可以“一键转发”的“教材”和例证。再加上社会一直倡导的“正念”“正面思考”“态度积极”价值观指引下，经各种力量促成，鸡汤文再一次达到高潮。

但相应地，这一轮“丧文化”却以前所未有的姿态，尤其是在中国这样的传统社会里迅速发酵，直接原因也是显而易见的：第一，传统的家长说教被延伸到了年轻人的“自有领土”网络上，本身这个年龄段就有的叛逆心理被放大、加速了反叛思维；第二，经过 2015 年创业潮的风起云涌，市场对第一批创业企业进行了大浪淘沙，大部分失败的创业企业退出市场，活下来的慢慢发展，带动后来新一轮的创业潮。随着第一波创业热的退潮，媒体甚至发出了“中关村创业大街的咖啡凉了”这样的感叹。很多“正能量”的拥趸发现励志文学太容易把现实中的问题简单化，让人虚幻地以为只要做到了简单的几件事就一定可以成功。于是反鸡汤的情绪再一次顺势成为一个发展小高峰，并且从“葛优躺”之后，在破窗效应的层叠融汇之下形成以马男波杰克、悲伤蛙 Pepe、懒蛋蛋和有四肢的咸鱼等为表现的丧情绪符号系统，指示着丧文化的四大核心：废柴、消极、懒惰、没有梦想，变成一股正儿八经的“丧文化”潮流。

不过如果仅仅把“丧文化”当作破坏社会情绪、消弭青年本应具有的积极向上能量、缺乏担当意识的幼稚情绪宣泄，恐怕太过武断。在如今的时代，在整个文化研究界都忍不住将一切归因到经济的粗暴逻辑下，再将文化现象的分析局限在社会意义不足以理解其背后的强大推动力了。这一轮丧文化相比过去迷惘的一代、垮掉的一代，具有了新的特征。

与过去思潮有很大不同，当年美国的“心灵鸡汤”就是一个成功的商业品牌。这本自第一辑出版就成为各大畅销榜第一位的图书至今已经出版了 250 辑之多。除了图书，公司的 50% 受益都来自周边衍生产品，包括狗粮、食品、杂货、美容健康产品、睡衣、拼字游戏、电影、电视剧等产品和网络团体，其利润在开发三年之后增长了 10000%。

而丧文化在出现以后很快成为一种营销方式，商业产品已经借助丧文化产生了一些有影响的营销案例，如负能量文案的 UCC 咖啡和线下快闪营销活动“丧茶”，还有“爱无能小酒馆”“没希望奶茶”“消极杯”等。但丧文化不是仅限于负能量，其本质是揭示生活的真相，给焦虑中的年轻人一种安全感。这种真相除了令人失望外，还有一种将生活的底牌和盘托出，鼓励人们勇于面对失败、失望、失落，甚至敢于自我调侃和幽默的力量。虽然如今对于丧文化还是跟风在营销上，但除了关注受众外，我们还应该看到那些脑洞大开，站在丧的风口积极进取的年轻人，我们能看到“没希望”“爱无能”，更应该能看到后面策划这个概念的青年创业团队。佛系也好，丧也好，他们的商业推动者很多都是年轻人自己。因此，相对于过去纯粹在社会思潮上的颓废，丧文化将颓废与积极进取都发展到过去不曾有过的高度。

三、“害怕的世纪”：现代性的反叛

阿尔贝·加缪在 1948 年的《时事：政治文论》里说：“17 世纪是数学的世纪，18 世纪是物理学的世纪，19 世纪是生物学的世纪，而我们 20 世纪则是害怕的世纪。”[①] 关于“现代”，在过去的 400 年间都未有定论，与“文化”等词一样，越常见，越难有统一的认识。大致的共识是，在本质之外，现代在表现形式上主要包括三个特性：其一为印刷、通信等传播技术的发展，便是本文所着重梳理的媒介发展对于文化现象在创造、传播等方面的变化；其二是军事技术的发展；其三便是政治、经济与文化等方面的制度表现，这一点是我们通常作

① 保罗·维利里奥．无边的艺术．张新木、李露露译．南京：南京大学出版社，2014：3.

为背景纳入对文化现象考察的核心。新的技术带来新的社会行为，行为的大量变化引起社会关系的重新组织，这便是一般意义上现代性对社会的影响。正因为其影响之巨，反现代性的行为虽然不受主流倡导，却始终伴随着现代性的发展而存在。

关于社会发展，人们的共识是感觉时间越来越被压缩了。从生物学角度，史前文化的变迁是数百万年甚至上亿年，旧石器时代的变迁是以千年计算的，进入农业时代时间被大大压缩，总长度不过千年。工业化进一步加快了社会变迁，尤其是20世纪以后，人类社会的发展速度变得飞快。大众媒体在数字化背景下更是光速发展。梅洛-庞蒂曾说，“在这个以否定和忧郁情感去替代确信的世界中，人们尤其不会去尝试着面对事物”。世界处于一种集体焦虑的期待视野，“人们在一种神经质的状态下竭力等待意外，这种状态会约束任何的主体间活力”①。

媒介发展既提供了更多舒缓神经的娱乐工具，也进一步刺激了焦虑的发生。屏幕给我们带来了“远程客观性”，虽然可以通过视频、直播等手段实现身临其境的效果，我们的双眼反而因此闭上了，不再观察四周，只观察屏幕里的东西。而屏幕里的东西在最初是以耸人听闻来吸引眼球，如今走向不同极端：一方面，将奇异发展到极致，电影将感官刺激登峰造极，网络直播吞食异物甚至自残伤人；另一方面，吃饭、睡觉，甚至长达若干小时空无一人的街道监控镜头都能成为直播内容，吸引数以万计的人在线观看。人们很难再被真正地触动，对周遭的事物失去了真实的兴趣，即时通信抹去了一切。如同法国另一位哲学家莫里斯·布朗肖所说的，“封闭外部，在内部用等待和排除来构成外部”。用维利里奥的观点来看，“这是一种反常的等待，由贪婪和焦虑共同构成的等待，而我们关于可见与不可见的哲学将其命名为恐慌”②。

---

① 保罗·维利里奥. 无边的艺术. 张新木、李露露译. 南京：南京大学出版社，2014：5.

② 同上，6、18。

有理论认为现代性理论的文化逻辑其实从来没有被完全实现过，从不同程度上来说都是失败的课题，如福柯所言：“问题化是由话语和非话语构成的整体性实践，这种实践有正确与错误之分，并且构成了值得思考的客体。”“不识庐山真面目，只缘身在此山中”，我们所处的现代性，决定了我们对于现代性可能性的想象边界。不管多么剧烈地反对现代性，人们只能从内部来评价，这也决定了所有反现代性的行为，肯定并且始终带有自己所反对的现代性特征。于是过往这些丧文化容易被看作孤立的个体和碎片，单个的文化思潮都只是一阵涟漪，更容易被解读为文人的呻吟和年轻人的天然叛逆。他们具有的先锋性和深刻性都被颓废和幼稚的表象所遮蔽，注定只能成为浪潮，一波一波地融化在平静的大海中。

（作者：意娜）

第十四章

尬文化——互联网密谋下的青春“无畏”展示

尬文化是一种流行的文化类别，它产生于互联网时代这一现实语境中。尬文化一出现，便融入多种类型的文化形式之中，以“尬”为槽点的综艺、以“尬”为噱头的影视、以“尬”为风格的舞蹈、以“尬”为特色的营销、以尬为内容的泛娱乐等，赋予尬文化以多样化内容。尬文化的生长与传播，与互联网时代消费主体的代际转换紧密相连，是“90 后”“00 后”群体在“小圈子”文化中达成自我认同的体现。尬文化尽管打上了娱乐的底色，但在传播与实践中体现了互联网对共享、平等、开放的价值追求。

尬文化，是当下一种流行的网络文化。作为一种不可忽视的文化现象，“尬”不仅成为2017年年度汉字评选出的热词，是社会热点的真实体现，而且逐渐融入文化产品的内容和形式中，一定程度上反映出当下社会的审美趋势。尬文化的走红看似有违常规，但绝非毫无缘由。如果将其置于互联网时代这一特有的语境之下，则不难发现，尬文化的产生与流行与以互联网为基础文化格局及其相关生产关系、文化秩序的重大改变存在紧密的联系。或者说，尬文化仅是整个互联网文化建构的“冰山一角”，其背后是一场积蓄已久、极具深刻和颠覆性影响的密谋。

一、互联网时代：尬文化产生的现实语境

任何文化现象的产生与流行，都不是孤立存在的现象，而是有着较为广泛而深刻的社会基础。尬文化作为一种互联网文化，它客观存在于互联网时代，而毋庸置疑，互联网时代已成为当今世界一个最为基本的现实。随着互联网时代的到来，互联网逐渐成为电力取代蒸汽之后又一社会最为基础性的生产力，这就必然要创建以互联网为载体的文化及其生产关系，而尬文化就是互联网文化构建中的一种文化形式。

尬文化，全称或可称为“尴尬文化”。尴尬本是人们与生俱来的情绪机制，通常用来描述让人感到难为情、无所适从的状态，具有某种反思的属性。但是，这种具有反思性的情绪机制，在互联网时代随着杰式rap尬唱、鲜肉尬演、花样尬植等各种尬文化的轮番出场，逐渐具有了一定的文化接受度。关于尬文化

的起源，并没有一个明确的说法。有论者认为，尬文化源于尬舞，虽然尬舞最初用于指代美国早期的街舞对抗，但近年随着杀马特群体斗舞视频在网络的广泛传播，赋予了“尬舞”具有某种贬义。[①]还有论者认为，少女魔幻剧《舞法天女朵法拉》“一言不合就跳舞”的表演风格，被网友戏称为是一部“观看5分钟，尴尬两小时”的神剧，正是这部神剧成为尬文化在全网流行开来的基础。[②]如果说，这两种渠道只是推动了尬文化的集中爆发，使人开始关注和研究这一文化现象，那么，早已充斥在互联网空间中的“大尺度戏，太尴尬”“令人尴尬的大尺度拍摄”等为噱头的媒体宣传，已在为尬文化的流行推波助澜。

需要指出的是，上所述及的三种路径均依赖和依托于互联网。或者说，尬文化的生长和传播以互联网为载体，是互联网文化的类别之一。尽管尬文化与“哥/姐文化”“丧文化”“怼文化”“宅文化”“颓废文化”“弹幕文化”“二次元文化”等其他类别的互联网文化，与传统的价值认识相比较而言其存在和流行显得不太合乎时宜，但它们却展示出自身与互联网的深度融合。它们虽往往遭受蔑视与非议，却以一种无畏的姿态投入社会文化总体中，并以其文化实践在互联网空间中不断创造和推广文化符号资源、文化话语资源。“这个关于生命的新概念因此在自然和文化或者‘人工的’程序之间的区分方面是中立的——地球和全球市场都表现为一个巨大的自我调控的生命体系，它的基本结构以制造密码和解释密码、传递信息等术语得以定义。”[③]因此，尬文化等互联网文化类型，并不只是纯粹的表象，而是有意义的载体，在其建构自己的文化想象和空间的背后，隐藏着互联网文化力图表达或争取政治、经济、社会、文化秩序或权利。

互联网作为基础性生产力在社会各领域的渗透，必然要求建构属于自我的

---

① 曾于里．尬文化：杀马特的逆袭．黄金时代，2017（第10期）．

② 田丹．尬文化发展路径及媒体传播分析．广西职业技术学院学报，2017（第6期）．

③［斯］斯拉沃热·齐泽克．幻想的瘟疫．胡雨谭、叶肖译．南京：江苏人民出版社，2006：197.

文化。因此，从尬文化产生的外部因素来看，自 1990 年互联网诞生后历经 30 多年的应用与推广，培育了尬文化产生的土壤。“网络建构了我们社会的新社会形态，而网络化逻辑的扩散实质地改变了生产、经验、权力与文化过程中的操作和结果。虽然社会组织的网络形式已经存在于其他时空中，新信息技术范式却为其渗透扩张遍及整个社会结构提供了物质基础。”[①]或者说，互联网革命推进了社会的创新发展，它不仅革新了文化传播方式、文化生产方式、文化治理方式和思维逻辑方式，而且动摇和冲击原有的文化秩序、文化伦理，使得传统的价值观念不再具有统一性和示范性。因此，以在传统的文化秩序尚未完全消退，而以互联网为主导的新文化秩序尚未形成构成了尬文化存在的时代语境。

可以说，“尬文化”“丧文化”“怼文化”“宅文化”“颓废文化”等互联网文化类别，是在文化及其价值观经历着各种冲突、碰撞、重组和整合的情况下出现的，而其之所以能够出现，在于它们在互联网空间中被无限放大。就尬文化而言，以上述及的三种路径都是整个互联网空间中一个极其微小的事件，但互联网的传播速度快、覆盖面广、渠道广泛，以及各类媒体的炒作，使得事件本身的效应被迅速放大。如杰式 rap 尬唱仅是一个 71 秒的演出，郑州人民公园的“尬舞”也是非专业舞者的即兴发挥，但是这些视频经过互联网的不断转载、表演者的明星效应 / 新奇效应、粉丝的公开讨论，以及媒体为吸引眼球的报道，瞬间将其放大为一个公共事件，使“尬”成为一种文化现象。

需要指出的是，在新旧文化秩序交替乃至冲突的语境中，互联网文化的构建是互联网与各类文化要素的不断融合与试错的过程。这也就意味着，尽管与尬文化相关的各种文化现象会不断涌现，但其本身也会经历一个内容或形式的补充或删汰。由此而言，尬文化的内涵和外延并不固定，是一个具有生长性和包容性的概念。

---

① 曼纽尔·卡斯特. 网络社会的崛起. 夏铸九等译. 北京：社会科学文献出版社，2001：569.

二、祈向多元：尬文化的内容与形态

尬文化是一种正在生长的互联网文化类别，而其本身的内容与形式在互联网的推动下实现了快速成长。这一方面得益于互联网与文化的深度融合，催生出各类文化业态，另一方面得益于尬文化一经出现便迅速与流行和娱乐相结合，使尬文化融入到了多种类型的文化形式之中，展示出尬文化的多元内涵。

第一，以尬为槽点的综艺。综艺是一种具有较强娱乐性的节目形式，随着“互联网 +”时代的到来，网络综艺成为传统电视综艺之外的重要娱乐节目。但是随着各大平台纷纷涉足综艺类节目，综艺的竞争日趋激烈，打破综艺的同质化竞争就显得尤为重要。因此，以尬为槽点的综艺虽略显失宜但却颇具创意，也这构成了《吐槽大会》的独特之处。《吐槽大会》作为一个现象级的网络综艺，通过吐槽邀请嘉宾的缺点、槽点、黑点，将“男神”“女神”的明星嘉宾或权威人士“拉下神坛”，展示出他们的真实自我。《吐槽大会》的幽默、诙谐乃至讽刺，在现场的“尴尬”和爆出的“笑料”中，瞬间瓦解掉笼罩在明星艺人身上的道德优良与品格高尚，体现出在互联网文化秩序的重建中，统一的意识形态开始丧失，多元的话语体系开始建立。

第二，以尬为噱头的影视。影视节目向来是娱乐的重要内容。影视娱乐产业在具体的产业操作中善于借势、蹭名气、蹭热度，尬文化作为热点和卖点，自然也引来影视节目的关注。

系列喜剧电影《尴了个尬》、励志网络大电影《尬情少女》，无不主打尬文化的市场效应。不仅如此，爱奇艺的原创电影评论节目《电影尬聊室》，哔哩哔哩弹幕网的《尬聊电影》系列，无不以“尬”为名，均是旨在通过“尬文化”的噱头提升热度。以尬为话题的影视及影视评论类节目的出现，展示出尬不仅是一种文化现象，而且成为重要的产业要素，在市场化和产业化的过程中进行着内容和形式探索。

第三，以尬为风格的舞蹈。尬舞本义是两个或两个以上的人所进行的舞蹈技能比拼，在沿用的过程中，又多形容那些场面令人尴尬的舞蹈。但随着尬文化在互联网空间中的广泛传播，以及一些综艺节目中常有尬舞的即兴植入，如“迪丽热巴跑男大跳尬舞”“黄渤和谢娜即兴尬舞”“小花旦杨紫大跳尬舞”等，使得尬舞具有了极强的娱乐性质。因此，尬舞又多用来形容一些人舞蹈功底不强、舞技不高、姿势不标准的人自嗨的舞蹈。以尬为风格的舞蹈的流行，既彰显出当代文化的娱乐精神和娱乐形式，丰富和拓展了娱乐的内容、手段和形式，又体现出当代娱乐文化多元和不同的价值追求。

第四，以尬为特色的营销。营销是生产组织根据市场变化，及时设计和选择的产品销售手段，以满足市场需求的过程。而为了拉近产品与消费者之间的文化距离，自然会对市场上新出现的文化热点进行创意性利用。如珀莱雅以“干尬肌”为主题所做的肌肤补水视频广告营销，向消费者推广“肌遇漂流瓶，告别干尬肌”的概念。这种以抓住“尬”文化潮流的特色营销方式，不仅使广告显得更加时尚，更容易为年轻的消费者所接受，而且能培养年轻和重视的消费群体。从营销方式来说，这种蹭热点的营销能够借热点之势提升产品自身的曝光率，达到事半功倍的营销效果。

第五，以尬为内容的泛娱乐。尬文化的流行，不仅限于尬与各类具有产业性质的文化业态相结合，一些与日常生活相关的文化形态，如“尬唱”“尬聊”“尬笑”“尬问”“尬植”等构成的文化形态，对尬文化的流行也有较强的推动作用。从整体上来说，“尬唱”“尬聊”“尬笑”“尬问”“尬植”等，均带有极强的娱乐精神，它以一种不在乎的姿态进行搞笑或自嘲，反映了互联网时代文化的生产者和消费者的随性和洒脱。尬文化所体现出的泛娱乐精神，是大众文化从边缘向一切领域渗透和拓展的结果。而互联网文化在秩序的重构的过程中，不可避免地与大众文化相结盟，它不仅要呈现娱乐的内容，而且要将娱乐成为表现一切内容的形式。

从以上论述来看，尬文化表现的内容和形式并不固定，其文化形态的生产者和参与者均存在一定差异。菲斯克也曾指出："文化是一种人们积极参与的生产意义的过程，它不是传承或能强加于人的一套先在成型的既定的意义。"[①]可以预见，随着互联网对文化生态的重组和文化新秩序的重建，尬文化探索与实践的路径会进一步拓展，所衍生出的文化形态及其文化形态的更新速度会进一步加快。这也就意味着，尬文化的内涵和外延都十分宽泛，体现出极强的包容性和生长性的特征。因此，尬文化的生长性意味着在尬文化还处在不成熟的发展阶段，在其发展过程中可能会出现杀马特式斗舞、生硬的广告"尬植"等不良因素，而包容性则意味着在其生长过程中，尬文化会与更多的业态相融合，催生出更多的文化形式。尬文化的生长性和包容性特征，既体现出文化秩序新旧交替之际的必然症候，也体现出互联网文化在文化新秩序尚未形成之时的增殖和突进。

三、代际转换：尬文化及其消费群体

尬文化已衍生出多种形态，它的生长与发展除作为载体的互联网的推动之外，还需审视尬文化的消费或受众群体。或者说，尬文化的存在以其消费受众为基础，正是有了消费需求，才有了尬文化的生长与传播。

那么，尬文化的消费群体又应如何界定呢？从一种较为广泛的意义上来说，我国文化消费群体的主力正在经历着一场从"80后"向"90后""00后"的代际转换。某种程度上，这一代际转换具有颠覆的意义，即它提升了互联网文化消费在整个社会消费中的地位和作用。1990年，蒂姆·伯纳斯-李发明互

① [美]罗伯特·C·艾伦编. 重组话语频道：电视与当代批评理论. 麦永雄等译. 北京：北京大学出版社，2008：325.

联网，而后开通世界上第一个 WWW 网站，以此为根据，可以说“90 后”“00 后”构成了互联网社会的常住民。从 2018 年发布的统计数据来看，“90 后”群体约占整体网民的 30%，是人数最多的群体，“00 后”群体约占整体网民的 19.6%。[①] 也就是说，“90 后”“00 后”占据了互联网网民的半壁江山，而面向“90 后”“00 后”消费群体的代际转换，则构成了互联网文化兴起的背景。有论者认为，“网络化是‘90 后’的本质生活……网络化生存是‘90 后’的生活本质”。[②] 一言以蔽之，“90 后”“00 后”构成了互联网文化消费的主体，而这一群体必然要密谋为自己找寻适合自身喜好的文化类别。

尬文化作为互联网文化的重要类别，与作为受众的“90 后”“00 后”年轻群体的消费喜好存在着紧密的联系。不可否认，从影响范围来说，尬文化仍属于小众文化，“尬演”“尬舞”“尬唱”“尬聊”“尬笑”“尬问”“尬植”等也仅是在“90 后”“00 后”这一年轻群体范围内流行，但这并不影响尬文化本身的存在。一方面，互联网对文化消费市场的细分，使得尬文化这类小众文化具有生存的空间；另一方面，“90 后”“00 后”群体在文化认同上坚持的是自我认同，而非群体认同。即，与“70 后”“80 后”等群体相比，“90 后”“00 后”群体的鲜明个性使得他们更喜欢“小圈子”文化，同时，尬文化本身具有的随性与洒脱、自嘲与搞笑，与“90 后”“00 后”群体所追求的行为、喜好与价值观形成某种契合。可以说，在二者的互动中，尬文化不断生发出新的文化形态，而“90 后”“00 后”在这类小众文化里进一步彰显自我。

由此，可以认为，尬文化是互联网时代文化消费主体的代际转换，为适应新的消费需求而产生的文化类别。且在二者的互动中，随着娱乐化的进一步渗入，尬文化成为冲在最前沿的时尚文化类别之一。用娱乐化的方式消费尬文化，并选择娱乐化的媒介与消费者进行情感互动，不仅是尬文化的特别之处，也是

① 中国互联网络信息中心.《第 41 次中国互联网络发展状况统计报告》，2018：25.

② 陈映茹. 多元的群体 偏离的印象——对中国“90 后”社会特征的解析. 当代青年研究，2014（第 2 期）.

这个时代最鲜明的特色。

四、互联网精神：尬文化内在的价值追求

尽管娱乐是尬文化的特色，但在纷繁的娱乐表象背后，仍然汇聚着现实背景、社会心理、媒介传播等复杂因素。诚如波兹曼所言：“每种技术都有自己的议程，都是等待被揭示的一种隐喻”，“和大脑一样，每种技术也有自己的内在偏向。在它的物质外壳下，它常常表现出何种用场的倾向。”[①] 也就是说，当我们讨论互联网时，并非孤立地来看待它，而是要将其置于社会文化的语境中。尬文化的出现，并不像其表面那样仅以一种娱乐的形式融入各类文化形态之中，是为“90后”“00后”所喜爱的一种文化现象，而是融注互联网在这一时代所展现出的所特有的价值追求。

因此，要揭示尬文化所蕴含的时代隐喻，就必须回到尬文化本身。罗兰·巴特曾描述过这样一幅意味深长的“尴尬相”，在尴尬的场景中，“每个人所处的角色都让另外两个人感觉到，而在谈话中又不能不考虑各自特色的角色……我知道你知道他知道：这便是窘迫的公式，无端地难为情，又要硬性屏住，找出一些毫不搭界的扯淡来当话题”。[②] 这一“尴尬相”揭示了身处尴尬语境中的人的选择和心态，即已感受到彼此的尴尬，却又不互相揭穿，在尊重“各自特色角色”的基础上，“硬性”找出一些“不搭界”的话题继续演绎这一尴尬的场景。这也就意味着，尴尬的主体之间存在彼此的认同，如果我们将尴尬视为自我反思的注脚，那么，尬文化在互联网的流行就不仅仅是偶然性的事

① ［美］尼尔·波兹曼．娱乐至死．章艳、吴燕莛译．桂林：广西师范大学出版社，2009：74.

② ［法］罗兰·巴特．恋人絮语：一个解构主义的文本．汪耀进、武佩荣译．上海：上海人民出版社，2009：112.

件，而是共享文化逐渐为社会所接受的必然。因此，一旦揭开“尴尬相”，就会使当事人蒙羞，各自的角色就失去了应有的意义。所以，尬文化提醒了我们是谁，曾经是谁以及将来可能会是什么样，阐明了我们和其他人共同分享的社会，主体间认同、彼此尊重和协作共生，是互联网时代的文化基础。

尴尬的处境中尽管有不可言说的妙处，但将娱乐的方式打破尴尬，却给了尴尬一种另样的结局。尤其是娱乐在互联网上成为所有的话语表征并统治一切领域的语境中，人们越来越多地将“尴尬”视为无伤大雅之事，并开始用尬文化的方式来处理事务。一些综艺节目乃至现实生活中，以“呃……好尴尬，哈哈”的话语笑场形式化解尴尬成为一种常态。在这种尴尬场景中，表演者与受众，或担负各种角色的人，不再将交流、表演视为一种严肃和庄敬的公众话题，即使那些被封为“男神”“女神”的公众人物也绝非完美无瑕，跟你我一样都是存在不可回避缺点的真实人。可以说，尬文化的语境中，剥去了当事者权力、财富、地位、身份、容貌等标签，揭示出在互联网的世界中没有仪式，没有宗教、没有神学、彼此是可以平等相待的真实的自我。

面对尴尬，以“呃……好尴尬，哈哈”为形式对尴尬的自我揭示，无需通过识别自相矛盾来验证之前存在错误或造成的误解，所有的事件成为一种独立的存在，被剥夺了与过去、未来或其他任何事情的联系。“我们从一种喜剧的眼光来看待这个世界，就像桑丘·潘沙，从一定的距离之外享受着视觉的悬置，此时此地，我们可以暂时抛开现实，又能身处现实的体验之中。”[①] 自我揭示破解尴尬的话语笑场形式，将当事者从尴尬的场景予以悬置，正是这种悬置区隔使得当事者可以以更加积极、包容、开放的心态来看待自身。也正由于此，越来越多的人能够容忍各类影视剧中可能存在的穿帮，甚至一些二次元的网络文化产品专门以剪辑穿帮情节为乐事，并以此为基础进行再创作。因而，尬文化看似玩世不恭，却是互联网文化所秉持的开放包容精神的彰显。

---

① Simon Critchley. On Humour.Routledge. 2002，88.

当互联网日益成为社会发展最为基础性的生产力，势必会将文化传统从固有的生产关系中解放出来，并在催生多种互联网文化形式与内容的过程中，生成新的文化秩序、伦理秩序。尽管在各种互联网文化形式的涌动和更迭中，在新生代群体对新文化内容的创造与选择中，人们难免会产生“互联网使文化堕落”的怀疑情绪，对“尬文化”“丧文化”“怼文化”等持有一定偏见乃至进行批判，但不可否认，它们或多或少地包含着互联网所赋予的价值精神，是互联网密谋重构以互联网为主导的文化新秩序的探索与实践。

（作者：王林生）

后　记

文化产业在急速发展的同时也产生了诸多乱象，暴露了许多深层的结构性隐患。健全现代文化产业体系和市场体系，推动各类文化市场主体发展壮大，需要从根本上破解文化产业领域存在的深层次问题。强化文化产业的伦理建构与隐私保护，无疑是当下重建秩序场景的重中之重。文化产业的伦理建构关切到文化内容、产业主体、产业行为、产业运营、文化传播等多个领域，是一个复杂的系统性工程。隐私保护是文化产业伦理的重要范畴之一，但随着人们对信息安全的格外重视，隐私保护也成为政府治理、学界探讨的热点话题。

《重建秩序的场景：文化产业发展的伦理建构与隐私保护》一书是集体完成的，部分章节是国家社科基金重大项目“文化产业伦理研究”的研究成果。本书由金元浦主编，作者包括金元浦、范玉刚、郑小九、意娜、吴维忆、张力、王林生、柴冬冬、申楠等，他们来自中国人民大学、中共中央党校（国家行政学院）、河南理工大学、中国社会科学院、南京大学、北京社会科学院、杭州师范大学、西安交通大学等高校或科研机构，在各自领域均有较为丰富的成果。本书的编撰，得到他们的大力支持，在此表示衷心感谢。

几十年来我和这些年轻的朋友们一起讨论，一起笔耕，一起谈笑，一起经历挫折与痛苦，也一起享受成功的快乐。回想当年，我也是弱冠少年，曾许多次回到故乡浙江浦江，近十多年更加频繁。其实一个城里孩子并未真正在那里生活过，那是父辈的故乡，却依然会有浓浓的乡愁……

千里奔行一甲子，认祖归宗喜乐途。尝经灵隐攀弥勒，左搂右抱乃牛虎。初见村屋曾“巍峨”，城中小子入园圃。学生不解桑农事，返从书本分五谷。鸡鸣山溪有野雉，少小未曾听鹧鸪。昔曾蹙眉看浦江，今者叹美翡翠湖。当年回乡黄髫儿，满村爷娘吾不识。忽忆兄长郑重事，命我焚香拜先祖。三品夫妇画中人，金氏明季有五福。宗亲大族绵绵远，疑避官祸进山坞。共称天名金狮岭，百年必出博冠儒。耳顺再返新城镇，族中大佬齐相聚。县尹恭迎陪前后，宣纸铺就待墨幅。我告京城一文士，无款无势唯有书。亲中堂表水晶族，不缺金钱喜文读。青山据曾童童岭，百万杉入炼钢炉。而今山山又更绿，金鼓巽玉仙女瀑。我爱葱葱林中路，平平溪流无今古。

注：当年十四五岁，与兄元洲“返”故乡浦江度春节。兄属牛，我属虎，故曰牛虎。

现今我已走过70年的人生路程。已经过了“登山则情满于山，观海则意溢于海，我才之多少，将与风云而并驱矣”的少年意气的年代，但似乎学术的重担尚未完全卸下。忽一日，老骥兴来，有诗一首：

我乃昆仑诗狂客，欲为文房穆天子。少入西疆奉王母，及长雪域净菩提。海青养我擎龙手，天精入魂动地辞。敢约今世留遗响，何须元寿八千季！

生活着，工作着，是美好的。

本书能够顺利出版得益于中国工人出版社的邀请，葛忠雨老师、傅娉老师辛苦且高效的工作促成了此书与读者见面，在此对中国工人出版各位同仁的贡献与智慧一并致谢。

金元浦

2021年初春于北京

图书在版编目（CIP）数据

重建秩序的场景：文化产业发展的伦理建构与隐私保护 / 金元浦主编.
-- 北京：中国工人出版社，2021.3
ISBN 978-7-5008-7589-5

Ⅰ.①重… Ⅱ.①金… Ⅲ.①文化产业—产业发展—研究—中国 Ⅳ.①G124

中国版本图书馆CIP数据核字（2021）第037086号

重建秩序的场景：文化产业发展的伦理建构与隐私保护

出 版 人 王娇萍
责任编辑 傅 娉
责任印制 黄 丽
出版发行 中国工人出版社
地 址 北京市东城区鼓楼外大街45号 邮编：100120
网 址 http://www.wp-china.com
电 话 （010）62005043（总编室） （010）62005039（印制管理中心）
（010）62379038（社科文艺分社）
发行热线 （010）62005996 82029051
经 销 各地书店
印 刷 北京盛通印刷股份有限公司
开 本 710毫米×1000毫米 1/16
印 张 17.25
字 数 252千字
版 次 2021年7月第1版 2021年7月第1次印刷
定 价 58.00元
